스피드 경영의 실행전략
RTE

스피드 경영의 실행전략

RTE

마이클 휴고스 지음 | 딜로이트 컨설팅 코리아 옮김

21세기북스

우리가 사는 세상은 이제 '찰나'의 타이밍을 기준으로 변화하고 있다. 넘쳐나는 정보의 바다 속에서 일어나는 모든 사건이 즉시 기록되어 전 세계 사람들에게 알려지고 있다. 그 결과 우리가 소위 'RT(Real-Time)'라고 부르는 세상이 등장했다. '리얼타임(RT)'의 세계에서는 행동이 끝나는 즉시 그에 따른 결과를 얻는다. 잘못된 선택이나 부적절한 행동에 대해서도 예전보다 훨씬 빨리, 훨씬 더 큰 어려움으로 그 결과가 닥쳐온다. 효과적인 선택이나 적절한 행동 역시 훨씬 빠르고 큰 성공이라는 결과로 다가온다.

따라서 현대의 조직과 사람들에게는 이 RT의 세계에 대한 이해와 경험이 과거 어느 때보다도 절실해졌다. 나는 지난 20여 년 동안 IT 분야에서 일하면서 이 문제를 계속 생각해 왔으며, 내 아이디어를 실제 업무와 프로젝트에 적용할 기회를 얻을 수 있었다. 가장 유용하고 효과적인 아이디어는 흔히 사이버네틱스(cybernetics) 및 일반 시스템 이론과 밀접한 관계가 있다.

신시내티대학(University of Cincinnati) 재학 중에 나는 이 2가지 개념을 처음 접했다. 나는 건축과 도시계획을 공부하면서 엔지니어링, 경제학, 사회학, 디자인 등의 학문과 정보를 연결시킬 방법을 모색하고 있었다. 그 과정에서 제이 포레스터(Jay Forrester), 노버트 비너(Norbert Wiener), 스태포드 비어(Stafford Beer) 등의 인물을 알게 되어 그들의 책을 읽었다. 그리고 그들의 아이디어를 바탕으로 대학에서 배운 이론과 테크닉을 이해하고 체계화했다. 그 무렵 설계했던 프레임워크 구조는 지금까지도 이용하고 있는데, 경험을 통해 꾸준히 업데이트하기 때문에 시간이 지날수록 이 구조의 유용성과 정확도는 더욱 증가하고 있다. 덕분에 나는 사이버네틱스와 일반 정보 이론을 바탕으로 한 기초 구조가 RT 세계를 이해하고 운영하는 매우 효과적인 방법임을 믿게 되었다.

나는 현재 IT를 통한 비용 절감 및 생산성 증대를 발판으로 새로운 기회를 이용하여 수입 증가를 꾀할 수 있도록 기업을 돕는 일을 하고 있다. 지금까지 나는 IT를 통해 수익을 증가시키는 효과적인 방식과 그렇지 않은 방식에 대해 많이 배워 왔다. 수많은 컴퓨터 산업 연구와 비즈니스 관리 보고서를 면밀히 조사하였고, 앞서 경험한 다양한 사람들과 대화를 나누거나 그들의 책을 읽었다.

이 책은 RTE를 이해하고 확립하는 방식을 경영 브리핑 방식으로 구체화시켰다. 여러분은 매우 바쁜 시대를 살고 있다. 나는 이 사실을 누구보다도 잘 알고 있다. 따라서 가능한 한 간결하고 분명하게 요점을 전달하기 위해 최선을 다했음을 밝혀 둔다.   ·

– 마이클 휴고스(Michael Hugos)

"살아남는 종(種)은 가장 강하거나 가장 똑똑한 종이 아니라 변화에 가장 훌륭하게 대처하는 종이다." - 찰스 다윈- (본문 중에서)

오늘날 숨 쉴 틈 없이 변해 가는 경영 환경 속에서 기업의 변화 능력과 스피드는 대단히 중요한 이슈로 자리잡고 있다. 그러나 기업과 경영의 문제를 다루는 많은 전문가들에 의하면 인간은 변화를 거부하거나 두려워하는 존재로 인식되고 있다. 하지만 끊임없이 진화해 온 인간의 역사를 면밀히 들여다보면 상반된 사실을 발견할 수 있다. 즉, 인간은 근본적으로 변화를 추구할 뿐 아니라 끊임없이 더 나은 무언가를 찾는 본능을 가지고 있는 것이다. 이 책은 지금껏 기업 경영상에서 사람들이 변화를 싫어하는 것처럼 보였던 것은 오히려 기업이 행해 온 유연하지 못한 방식, 즉 단편적 어플리케이션 패키지로 복잡하고 유동적인 문제에 대한 답을 모색하려는 경향, 혹은 몇 사람에 국한된 통제 방식과 임의적인 전략 전달 방식에 기인하고 있음을 강조한다. 요컨대 RTE를 논하기에 앞서 좀 더 근본적인 문제로서 '인간은 과연 변화를 원하는가'라는 질문으로부터 출발하여 풍부한 실제 예시를 보여 줌으로써 해답에 접근하고 있다. 이러한 맥락에서 즉각적 변화 대응의 패러다임인 RTE를 논하는 가운데 존 로이드의 OODA, 6시그마, DDB, 미 해병대 전략 원칙인 VSM 등 다양한 변화 대응 방식을 소개하고 있다. 이 방식들을 조합하여 RTE 시스템 다이내믹스 모형을 제시하고 있으며, 이를 통해 스스로 통제할 수 있는 자생 조직의 원리를 다루고 있다.

그렇다면 어떻게 변화를 거부하는 체제, 즉 사람들이 안주하기 쉬운 일상적인 업무로부터 사람들을 해방시킬 것인가? 20만 년 동안 고도로 진화한 인간의 두뇌를 어떻게 하면 효과적인 사고와 의사 전달, 그리고 문제해결을 할 수 있는 발전적인 일을 하는 데 사용할 수 있을까?

"민첩한 RTE는 계층적인 명령 및 통제 구조를 이용하지 않는다." (본문 중에서)

분산된 통제 구조를 지향하는 RTE 하에서의 인간은 더 이상 아무도 알아주지 않는 일상적이고도 반복적인 일을 지루하게 하려 하지 않는다. 대신 지속적인 문제 발견과 이것의 능동적인 해결로 끊임없이 진화하는 과정에 동참하게 된다. RT 조직의 구성원들은 회사의 모든 업무를 세부 사항까지 속속들이 알아야 할 필요는 없지만 회사 각 분야의 업무, 그리고 작업의 지표와 중대한 개요는 이해해야 한다. 이 정보를 매일, 매시간 끊임없이 전달받아야 한다.

민첩한 RT 조직의 구성원들은 마치 한 몸인 듯 움직이는 새 떼나 물고기 떼처럼 군집 행동을 가능하게 하는 동일한 세계관을 가지고 있다.

매시간 전달받는 동일한 전략적 정보를 통해 매 순간 현재 상황과 업무 진행 상황을 이해한다면 전략적 목표 달성에 큰 효율을 가져올 수 있다. 구성원의 개인 행동이 결합하여 더 큰 효과를 내고, 쉴 새 없이 변화하는 세계에 체계적으로 대처하여 조직의 목표를 성취하는 것이다. 구성원들이 이 사실을 깨달을 때 비로소 기업이 원하는 민첩한 무리 행동이 나타난다.

RTE 환경에서 사람들이 조직적으로 행동하여 반복적으로 크고 작은 성공을 거두면 효율성과 수익성이 끊임없이 증가한다. 실제로 이 책은 고객 서비스 담당 직원과 영업 사원이, 영업 사원과 마케팅 담당자가, IT 담당자와 모든 직원이 효과적으로 협력한다면 실로 놀라운 일이 벌어질 것이라고 예고한다.

이 책은 RTE의 정의와 기본 원리, 그에 따른 적용 효과를 명확하게 짚어 주고 있기 때문에 기업 경영진은 물론 각 조직의 리더들에게 좋은 지침서가 될 것이라고 믿는다. 나아가 원리 위주의 이론서에 머물지 않고 실제 적용을 다루고 있으며, 실행 과정에서 생길 수 있는 오류를 생생히 다룸으로써 살아 있는 정보를 실무자들에게 전달하고 있다. 이런 맥락에서 기업의 모든 실무자들이 공감대를 기반으로 실행에 옮길 때 그 가치가 더욱 커질 것이다.

더불어 딜로이트 컨설팅은 국내 기업이 이러한 **RTE** 패러다임을 성공적으로 도입하고, 나아가 실시간 비즈니스 경쟁력을 확보하여 전략, 조직, 프로세스, 테크놀로지 간 체계적이고도 유기적인 협의 체제를 구현하는 데 기여할 수 있도록 최선의 노력을 다할 것이다.

마지막으로 이 책이 번역되어 발간되기까지 바쁜 컨설팅 프로젝트 일정 속에서도 참여해 준 황정목 이사, 심태호 이사, 원형준 매니저, 박형일 컨설턴트, 김도균 컨설턴트, 김세진 컨설턴트, 라성환 컨설턴트에게 감사드리며, 아울러 (주)북 21의 아낌없는 도움과 지원에 진심으로 감사드린다.

- 정대형(딜로이트 컨설팅 코리아 전무)

|차 례|

제 **1** 장 **RTE의 전망** · 13

RTE의 정의 | 가속화되는 변화 | RTE가 하는 일 | 조화의 중요
성 | RTE의 하루

제 **2** 장 **RTE의 출현과 진화** · 31

과학적 이론 및 원리 | 측정 및 관리 기법 | 비즈니스 어플리
케이션

제 **3** 장 **RTE를 위한 조직 구조** · 65

복합 적응 시스템 | 시스템 다이내믹스 | 자생 시스템 모형 |
소프트 시스템 모형 | RTE 설계 | 자기 조정 비즈니스 단위
의 잠재력

제 **4** 장 **RTE를 위한 변화 수용** · 89

피할 수 없는 변화 | 변화는 두려움을 부른다–기업이 변화에
실패하는 이유 | 당신이 원해야 변할 수 있다 | 리더십이란
무엇인가? | 변화 프로세스 구축 | 변화 과정의 8단계

제 **5** 장 **관찰–정향–판단–행동** · 111

전투기 조종사 방식 | OODA 루프의 중심 개념 | RTE의 민
첩성 | 새로운 것을 창조하는 강화 피드백 | 종합–RTE의 다
이내믹스

제 **6** 장 **정보기술(IT)의 활용** · 135

기술을 이용한 RTE 지원 | 새로운 IT 전략을 향해 | 민첩한
RTE를 위한 IT 인프라스트럭처

제 7 장   RTE 시스템 구축과 도전 · 163

조직에 필요한 IT | 시스템 구축 담당자 | 핵심 테크닉

제 8 장   RTE 시스템 개발 · 193

새로운 정보 시스템 구축을 위한 응용 전략과 전술 | 시스템 설계를 위한 전략적 지침 | 프로젝트를 진행할 때 반드시 지켜야 할 전술적 원칙 | 정의–설계–구축 프로세스 | 정의–설계–구축 프로세스의 이점 | 복잡성에 대처하기

제 9 장   강화 피드백 루프의 형성 · 215

정의–활동의 기초 | 설계–업무 흐름과 시스템 설계 | 구축–시스템 구축과 롤아웃

제 10 장   통제에 대한 환상 · 249

무리와 군집 | 정보와 통제의 분산 | 위대한 비즈니스 게임 | 자기 조정 피드백 루프의 활용 | 강제적인 시스템의 부정적 단면 | Real-Time 경제의 이윤 | Real-Time 시스템 설계 및 설치

제 11 장   성공적인 프로젝트를 위하여 · 269

3대 핵심 체크 영역 | 경영진을 위한 체크 리스트 | 시스템 구축 담당자를 위한 체크 리스트

제 1 장

RTE의 전망

우리 경제는 현재 정보기술(IT)과 비즈니스 업무 처리의 융합이 만들어 낸 이른바 'RTE(Real-Time Enterprise) 시대'에 진입했다. 지난 40년 동안 컴퓨터가 비즈니스 업무 처리에 광범위하게 이용되어 왔으나 이제 새로운 변화가 일어나고 있다. 사람들의 특정한 니즈에 맞추어 다양한 IT를 제공하는 맞춤형 서비스가 등장한 것이다.

RTE는 무차별적 다량의 데이터가 아니라 필요한 특정 정보를 전 조직에 걸쳐 개개인에게 지속적으로 전달하는 조직을 의미한다. 사람들은 과거 어느 때보다 높은 효율성과 변화 대처 능력을 갖추기 위해 이러한 정보를 매시간, 매일, 매주 이용하여 업무를 수행하고 있다.

유능한 경영인이라면 재정, 경영, 마케팅, 판매의 본질뿐 아니라 정보기술 적용의 원칙까지도 제대로 이해하여 기업에서 일어나는 일상적인 문제에 대처할 수 있는 능력을 갖추어야 한다. RTE가 등장함에 따라 IT 활용이 기업의 생존과 성공의 핵심 요소로 떠올랐기 때문이다. 경영인은 이제 정보 체계에 대해 외부 전문가의 조언에 의존하기보다는 스스로 IT 활용법의 기본 원칙을 이해함으로써 현재와 미래의 정보 체계를 평가할 수 있어야 한다.

기업 장부를 정리하는 회계사, 공장을 운영하는 관리인, 고객에게 제품을 판매하는 영업 사원이 있듯이 컴퓨터 시스템에도 이를 설계하고 운영하는 전문가가 있게 마련이다. 경영인이 이러한 업무와 관련된 세부적인 사항까지 모두 알아야 하는 것은 아니다. 업무의 상호 연관성을 파악하고 고객에게 제품과 서비스를 전달하여 이윤 창출 방법을 제시할 수 있도록 업무 전체의 틀을 이해하고 있으면 된다.

이 책은 IT를 효과적으로 이용하여 RTE 체계를 구축하고 지속시키는 과정에 필요한 핵심 개념을 비즈니스 브리핑 형태로 제시한다. 제1장과 제2장에서는 RTE의 바탕이 되는 과학적 근간과 업무 처리 과정에서 발생하는 주요 이슈를 대략적으로 살펴본다. 제3장부터 제6장까지는 IT가 기업계 전반에 대대적인 영향을 미치게 되면서 기업 구조와 업무 방식이 어떻게 변화하고 있는지를 담았다. 그리고 나머지 장에서는 기업 경영인이 RTE의 세계로 진입하기 위해 필요한 시스템 개발의 필요성을 인식하고 그 과정을 감독할 방법에 대해 구체적으로 논의한다.

RTE의 정의

RTE를 이해하려면 20세기 초 전기가 처음 등장했던 때를 생각해 보면 도움이 될 것이다. 전기는 전선을 통해 공장, 사무실, 가정으로 전달되었다. 이렇게 전력이 공급되면서 건물 자체가 변했고, 건물 내에서 일어날 수 있는 활동이 크게 변했다. 사람들은 조명, 난방, 엘리베이터 운행 등 어떠한 설비를 작동시키는 데 전기가 이용된다는 사실을 신기하게 생각했다. 하지만 지금은 이 사실을 신기하게 생각하는 사람이 아무도 없다. 이제 우리는 건물에 전력이 공급되는 것을 당연하게 생각한다. 만일 전력이 공급되지 않는다면 어떤 방법으로 일해야 할지 참으로 난감할 뿐이다.

RTE 시스템을 바탕으로 한 IT의 확산은 이와 유사한 결과를 가져오고 있다. 현재 IT 기술 덕분에 실시간으로 정보를 전달할 수 있게 되었고, 이로 인해 조직의 업무 체계가 변화하고 있다. 각 기업들은 기존 시스템 인프라를 발전시켜 RTE 시스템을 구축하고 있다. 다시 말해, 기존 시스템을 바탕으로 기본 업무를 수행하는 한편 새로운 IT를 도입함으로써 중요한 이벤트를 즉시 파악하여 대응 방안을 마련하는 것이다. 이는 과거에 전력이 가져왔던 변화와 마찬가지로 지금은 매우 경이로워 보이지만, 머지않아 이 역시 일상의 일이 되어 버릴 것이다.

경영 및 기술 관련 전문 조사 기관인 가트너(Gartner)는 RTE를 '최신 정보를 이용하여 핵심 비즈니스 업무의 실행 및 관리 과정에 있어서의 지연을 혁신적으로 제거함으로써 경쟁 우위를 확보하는 조직'이라고 정의했다.[1] 하지만 가트너는 RTE 개념에 있어서의 IT가 실시간 기업이 되기 위한 필수 조건이기는 하지만, 기술 그 자체가 전부는 아니라고 지적한다. RTE의 중심 개념은 기술이 아니라 업무 절차를 꾸준히 개선하고 고객에게 더 훌륭한 가치를 전달함으로써 더 많은 이윤을 내기 위해 변화하는 환경에 적응하는 것이기 때문이다.

가속화되는 변화

기업계에서 RTE 체계가 확대되는 데 일조한 일련의 사건을 간단히 살펴보자. 산업혁명 이후 세계 경제와 기업의 변화 속도는 꾸준히 빨라져 왔다. 그리고 20세기에 잇달아 나타난 혁신의 물결로 인해 변화는 더욱 가속화되었다. 1900년대 초반 헨리 포드(Henry Ford)를 비롯한 몇몇 경영인이 생산 라인을 도입하여 대량 생산 체계를 마련함으로써 저렴한 가격으로 엄청난 양의 제품을 제공할 수 있게 되었고, 이로써 현대 소비자 사회가 등장하게 되었다.

자동차, 가전제품, 의류 같은 기본 필수품을 손쉽게 구할 수 있게 되자 사람들은 자신의 욕구와 니즈를 보다 충실하게 충족시켜 줄 전문화된 제품을 요구하기 시작했다. 이에 따라 기업은 시장을 분리해 각 시장에 맞는 제품을 생산, 판매하는 업무를 각기 다른 부서에 맡기는 구조로 변화했다. 제너럴 모터스(General Motors)가 이러한 변화 과정을 겪은 전형적인 예이다. 제너럴 모터스는 하나의 기업체로서 시장 전체에 자동차를 판매하기보다는 각기 다른 소비자 집단에 각기 다른 종류의 자동차를 판매하는 여러 집단으로 나누어진 기업이 되었다. 이 같은 구조는 모든 현대 기업의 모델이 되었다.

1950년대부터 1970년대까지 경영 연구 기법과 기술이 지속적으로 발전함에 따라 기업 간 경쟁은 더욱 가속화되었다. 1980년대 도요타(Toyota) 등 일본의 여러 기업은 린 생산 방식을 도입하여 전 세계의 제조 방식을 바꾸어 놓았다. 생산 공정의 속도는 빨라졌고, 효율성과 대응도는 증가되었다. 1990년대에 들어서자 컴퓨터와 통신 기술이 한층 더 발달하면서 RTE 이론이 현실화되기 시작했다. 린 생산 방식이 제조 방식에 혁신을 불러일으킨 것과 같이 RTE의 등장은 제조업의 체계와 업무 처리 방식을 크게 변화시켰다.

지난 20년 동안 린 생산 방식으로 경쟁력을 갖추지 못한 전통적인 제조 기업은 서서히 사라져 갔다. 앞으로 20년 동안 RTE 체계로 변화하지 못하는 기업 역시 이와 마찬가지로 사라져 갈 것이다.

RTE 체계를 성공적으로 구축하려면 기업은 엄청난 변화를 겪어야만 한다. 이는 또 다른 IT와 관련한 일시적 유행이 아니라 진정한 변화의 물결이다. RTE에 IT가 사용되는 것은 사실이지만 IT가 전부는 아니다. 이러한 변화를 일으키는 주된 힘은 오히려 RTE에 내재된 '부를 창출하는 능력'에 있다. 앞으로 몇십 년 동안은 RTE 경영방식으로의 변화와 이를 뒷받침하는 시스템 기반을 형성하는 과정이 경제를 주도하는 새로운 힘으로 떠오를 것이다. 사실 이런 변화는 이미 시작되었으며, RTE 경영방식을 채택한 기업이 성과를 거두게 되면 이러한 변화는 더욱 가속화될 것이다.

RTE가 하는 일

RT 조직은 고객 및 공급업자와 함께 지속적으로 변화하고 조화를 이루는 형태로 업무 처리 방식을 습득한 기업이다. RTE는 시장 환경 및 내부 업무에 대한 지속적인 정보의 흐름을 수용하고 분석하여 그 결과에 따라 조직을 운영한다. 또한 내부 업무의 효율성을 지속적으로 조율하고, 시장에서 새로운 기회를 찾아 신속하게 대처한다.

현재 RTE는 월, 분기, 혹은 연 단위로 운영되는 전통적인 산업 혁명 시대의 조직을 대체하고 있다. 전통적인 조직의 반응 속도는 매우 느리다. 대부분의 정보가 서류를 통해 전달되고, 커피 한 잔 가격이 15센트에 불과하며, 경제계 전체가 매우 느린 속도로 움직이던 시대의 경영 관행을 따른다.

오늘날과 같은 경쟁적 시장 환경에서는 하루, 혹은 시간 단위로 업무 성과나 시장을 분석하여 내부 경영의 효율성을 극대화하고 새로운 기회를 발견하여 재빨리 반응하는 기업만이 성공할 수 있다. RTE가 지니고 있는 핵심 경쟁력은 다음과 같다.

- **고객 서비스 향상을 통한 이윤 증가**: 오늘날에는 시간에 쫓기며 바쁘게 살다 보니 대가를 많이 지불하더라도 더욱 빠르고 편리한 서비스를 원하는 고객이 많다. 제품을 신속히 전달하고 높은 퀄리티의 신제품을 적시에 도입하는 기업이 성공한다.
- **고객 만족도 향상**: 빠르고 적절한 고객 서비스 제공은 고객 만족

도를 향상시킨다. RTE는 고객의 니즈에 관심을 갖고 이에 맞는 제품과 서비스를 제공할 수 있어야 한다.

- **업무 효율성 증가**: 새로운 IT를 적극 활용한 비즈니스 프로세스의 리엔지니어링은 업무 처리의 속도와 효율성을 개선시킬 수 있다. 그 결과 상당한 비용 절감이 가능해진다.
- **의사결정 방식 개선**: 경영인은 시기 적절하고 정확한 정보를 바탕으로 더욱 훌륭한 결정을 내릴 수 있고, 기업은 실시간 데이터를 이용해 리스크를 줄이고 보다 나은 업무 성과를 거둘 수 있다.[2]

조화의 중요성

RTE 시스템을 도입해 변화에 신속하게 대응한다면 기업의 경쟁력은 더욱 높아질 것이다. 하지만 속도만으로는 충분하지 않다. 합리적이고 통제된 방식의 대응이 필요하다. 속도와 통제가 적절히 혼합되어야 기업은 조화롭게 발전한다. 통제력 없이 속도만 빠른 기업은 운전대 없이 가속기만 달린 자동차나 다름없다. 그 결과는 사고 발생으로 이어질 뿐이다.

기업은 다른 업무 영역에 미칠 영향을 고려하지 않은 채 특정 업무의 속도를 증가시키지 않도록 유의해야 한다. 다른 업무 활동에 혼란을 일으키면서 특정 업무의 속도만 증가시킨다면 역효과가 나타날 수밖에 없다. 속도를 높이려면 어떤 대가를 치러야 하는지 신중하게 고려해야 하는 것이다. 업무 과정의 질이나 기업의 리스크 통제 능력이 저하되는데 속도만 높인다면 무슨 소용이 있겠는가?

기업 내 여러 부서의 목표는 종종 서로 충돌하게 마련이다. 재고 관리 담당자는 재고를 줄이고, 영업 사원은 고객에게 최대한 제품을 많이 팔기 위해 노력해야 하며, 신용 판매 담당자는 영업 사원들이 신용 불량 고객에게 제품을 팔지 않도록 사전에 예방해야 한다. 경영진은 모든 부서를 만족시킬 수 있는 인센티브 플랜을 마련해야 하며, 각 부서들은 타 부서를 충분히 이해함으로써 효과적인 상호 작용을 통해 서로 조화를 이루어야 한다. 이는 상당한 노력을 필요로 하는 과정이다.

실시간의 세계에 진입하는 조직이 명심해야 할 몇 가지 사항이 있다. 우선 단순히 신기술만 도입할 것이 아니라 RTE가 되기 위한 노력의 중심에 탄탄한 경영 전략이 존재해야 한다는 것이다. 그리고 IT 적용에 앞서 업무 프로세스를 전체적으로 재설계하고, 자사와 고객들에게 가장 큰 가치를 전달할 수 있는 업무 프로세스 개선에 초점을 맞추어 업무의 우선순위를 명확히 해야 한다.

RTE의 하루

가상 인물의 하루 일과를 예로 들어 RT 조직의 업무를 이해해 보자. 당신이 기업을 상대로 경영상의 운영 리스크와 관련 채무에 대한 보험 상품을 판매하는 대규모 보험 회사의 중역이라고 가정하자.

지난해 당신은 북미 지역 부사장으로 승진한 뒤 목표 시장 세 곳에서 시장 점유율을 증가시키기 위해 야심찬 계획을 세우고 각 지역 관리자와 영업 사원들에게 계획서를 전달했다. 모두들 전반적인 상황과 자신의 임무를 제대로 이해한 덕분에 원하는 결과가 나타나기 시작한다. 하지만 만족하기에는 아직 이르다. 방심하지 말고, 계획을 실행하는 과정에서 일어나는 여러 가지 상황에 효과적으로 대처해야만 한다.

매일 아침 사무실에 출근하면 당신은 가장 먼저 책상 위에 놓인 완전 평면 스크린의 윈도우를 켠다. 북미 지역 업무 상황을 도식적으로 나타낸 표가 나타난다. 도표에서 네모 칸은 상품 판매, 업무 처리, 수입, 지출 등 기업 업무의 여러 부분을 나타낸다([표 1-1] 참고). 당신은 이 윈도우를 '대시보드(dashboard)'라고 부른다. 이 윈도우를 보면 조직 내 핵심 분야의 상황을 한눈에 알 수 있기 때문이다.

윈도우에 입력되는 데이터는 하루 종일 쉴 새 없이 업데이트되기 때문에 당신은 현재의 상황을 정확히 알 수 있다. 월별, 사분기별로 발표되는 정태적인 보고서와는 확연히 다르다.

오늘 아침 대부분의 네모 칸은 녹색이다. 이는 업무가 계획대로 잘 진행된다는 의미이다. 하지만 총수입을 나타내는 칸은 노란색으로 되어 있다. 당신은 의아해하며 그 칸을 클릭한다. 관련 업무를 모니터하기 위해 지정해 둔 핵심 지표가 나타난다. 2개는 녹색이지만 신사업 성공률을 나타내는 세 번째 지표가 노란색이다. 당신은 이렇게 생각한다.

'신상품 판매 실적이 저조한 데다가 추세선(데이터의 추세를 그래픽으로 나타낸 것으로, 앞으로 일어날 문제를 예측하고 분석하는 데 이용)이 상승 곡선을 타지 않고 있어. 앞으로 몇 달 동안 이런 상태가 계속된다면 연간 목표 매출액을 달성하지 못할 거야.'

표1-1 기업 대시보드 샘플

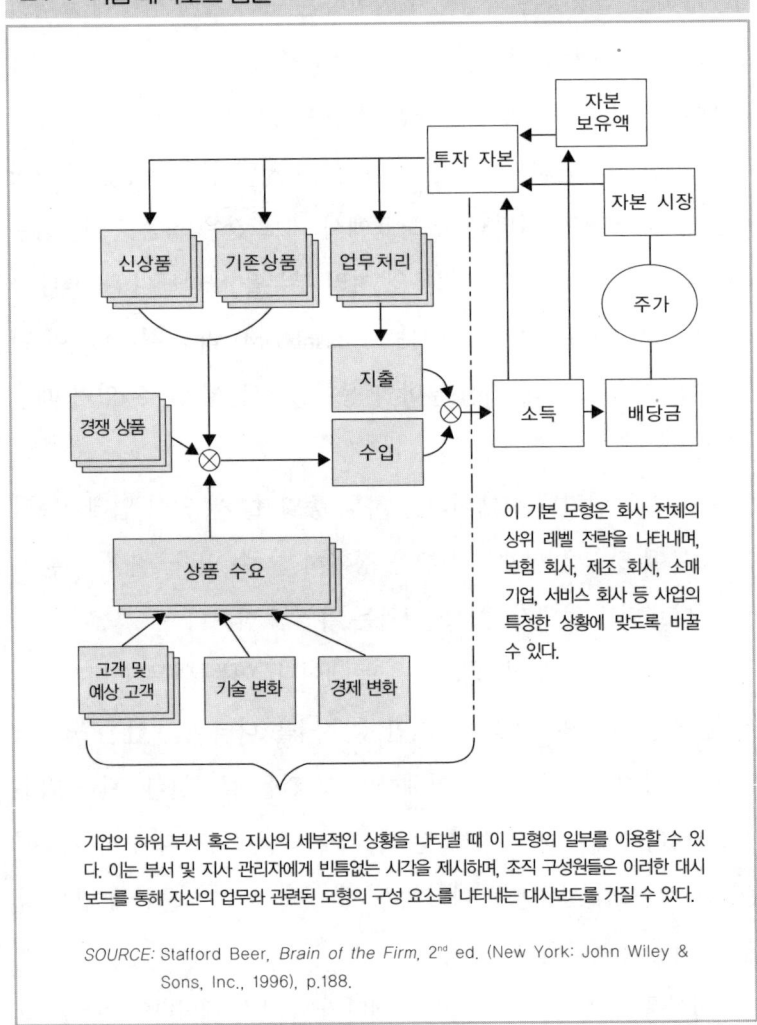

이 기본 모형은 회사 전체의 상위 레벨 전략을 나타내며, 보험 회사, 제조 회사, 소매 기업, 서비스 회사 등 사업의 특정한 상황에 맞도록 바꿀 수 있다.

기업의 하위 부서 혹은 지사의 세부적인 상황을 나타낼 때 이 모형의 일부를 이용할 수 있다. 이는 부서 및 지사 관리자에게 빈틈없는 시각을 제시하며, 조직 구성원들은 이러한 대시보드를 통해 자신의 업무와 관련된 모형의 구성 요소를 나타내는 대시보드를 가질 수 있다.

SOURCE: Stafford Beer, *Brain of the Firm*, 2nd ed. (New York: John Wiley & Sons, Inc., 1996), p.188.

이번에는 신사업 성공률의 버튼을 누른다. 미국, 캐나다의 각 주와 지방의 상황을 볼 수 있는 지도가 나타난다. 5개 지역은 녹색이지만 북중부 지역은 노란색, 북동부 지역은 빨간색이다.

'여기는 캐롤린 담당 지역이군. 그녀에게 전화를 걸어야겠어.'

그날 아침 캐롤린은 일찍 출근했다. 커피를 준비한 다음 대시보드 윈도우를 켰다. 캐롤린의 대시보드도 당신 것과 비슷한 내용을 나타내지만, 여기에는 북동부 지역의 자료만 담겨 있다. 당신의 대시보드에서는 북동부 지역의 상품 판매 칸이 노란색으로 나타난 반면 캐롤린의 대시보드에서는 붉은색이다. 그녀는 즉시 그 항목에 주의를 기울인다.

캐롤린이 상품 판매 칸을 클릭하자 신사업 성공률이 붉은색으로 나타난다. 그녀는 성공률 버튼을 클릭하여 지난달 판매 할당량이 적힌 목록을 살펴본다. 목록은 지난달 자사가 목표량을 달성했는지의 여부와 그렇지 못한 경우 어떤 회사가 판매 실적이 양호했는지를 보여 준다. 캐롤린은 목록에 여러 번 등장한 경쟁 업체에 주목한다. '이트 유어 런치(Eat Your Lunch, Inc.)'의 신상품 판매율이 놀라운 속도로 증가하고 있다.

'이 회사를 좀 더 면밀히 주시해야겠어. 이트 유어 런치 사가 상품을 판매할 때마다 곧바로 경고 신호를 보내는 기능을 대시보드에 첨가해야겠군.'

그녀는 수화기를 들고 영업 사원 몇 사람과 통화를 한다.

그녀가 핵심 영업 담당자 네 사람과 통화를 한 결과 몇 가지 흥미로운 정보를 얻어 상황 평가를 마칠 무렵 당신이 캐롤린에게 전화를 건다. 그녀는 당신에게 이렇게 말한다.

"지금 신사업 성공률을 살펴봤는데, 혹시 이트 유어 런치 사라고 기억하세요? 우리는 그 회사 별 거 아니라고 생각했었잖아요. 그런데 그 회사가 자사 보험 상품에 몇 가지 새로운 특징을 첨가한 것 같아요. 가격 면에서는 우리 상품보다 떨어지지만 고객들은 그 새로운 특징을 좋아하는 것 같아요. 제가 며칠 동안 이 문제를 철저하게 조사하겠습니다. 이게 지금까지 그 새로운 특징에 대해 알아본 결과인데…."

전화를 끊자마자 당신은 이트 유어 런치 사에 대응할 방법을 구상하기 시작한다. 본사 직원들과 함께 연구한 끝에 자사 제품에 경쟁 회사 신상품의 특징뿐 아니라 몇 가지 새로운 특징을 첨가한다. 처음 대응책을 연구할 때는 좀 더 시간을 가지고 완벽한 상품을 만들어야겠다고 생각했었지만 지금은 생각이 바뀌었다. 지금 당장 이 새로운 특징을 첨가해 판매를 시작해야겠다고 결정하고, 비서에게 오늘 오후 마케팅과 신상품 개발 전담 부서 회의를 준비하라고 지시한다.

"마케팅과 신상품개발팀에게 새로운 특징을 첨가했을 때 앞으로 36개월 동안 어떤 결과가 나타날지 시뮬레이션 프로그램을 통해 알아보고 결과를 가져오라고 전해 주세요. 또, 이 상품의 보완점에 대해 생각해 보라고 지시하세요. 오늘 당장 결정을 내려야겠습니다."

일주일 후 북동부 지역 영업 사원인 크레이그의 대시보드에 상품 경고 신호가 나타난다. 크레이그는 고객의 니즈에 맞추어 기존 상품에 첨가할 수 있는 몇 가지 새로운 특징을 살펴본다. 그는 이 특징을 적용시키면 고객이 원하는 상품을 내놓을 수 있을 것으로 생각한다. 그는 자신의 담당 지역 고객 및 예상 고객 데이터베이스를 훑어본 뒤 몇몇 고객사의 핵심 인물과 그들의 선호도 및 관심사가 적힌 목록을 연다.

'이 새로운 특징에 관심을 가질 고객사가 많겠군. 당장 그들에게 연락해야겠어.'

그는 새로운 특징에 대한 정보와 함께 도착한 업데이트된 가격 모델을 이용하여 목표 회사의 보상 실적, 업무 성과, 그 밖의 다른 요인 등의 관련 변수를 고려하여 각 가격에 맞는 다양한 상품을 제시할 수 있다. 여러 가지 경우를 가정하면서 상품 모델을 살펴본 그는 고객이 반드시 흥미를 가질 몇 가지 제안을 완성한다.

다음날 아침 크레이그는 애크미(Acme Services Company) 사의 실무자를 만나러 간다. 그 실무자는 바로 지난 주에 이트 유어 런치 사의 직원이 찾아와 매우 혁신적인 보험 상품 몇 가지를 소개하고 갔다고 말한다. 크레이그는 자신이 준비해 온 최신 상품의 특징을 열거하면서 그것이 애크미 사에 어떤 도움을 줄 수 있을지를 설명한다. 실무자는 관심을 보이며 신상품의 가격을 묻는다.

크레이그는 자신의 노트북을 열어 무선 인터넷으로 자사의 웹사이트와 연결해서 새로운 가격 모델 중 한 가지를 보여 준다. 그는 실무자가 자사에 필요한 요소를 정확히 이해할 수 있도록 여러 가지 상황을 가정해 본다. 그런 다음 그 모델에 몇 가지 수치를 입력하고 '계산' 버튼을 눌러 그 결과를 실무자에게 건넨다. 실무자는 의자에 깊숙이 앉아 결과를 살펴보며 고개를 끄덕인다. 크레이그는 생각한다.

'우리는 재빠르게 경쟁 업체의 움직임을 간파하고, 일주일 만에 그에 대응할 만한 새로운 특징을 제시했어. 이렇게 함으로써 신사업 성공률 면에서 상대를 앞지르고, 기존 고객에게 더 많은 상품을 판매하는 거야.'

■경영진 인사이트 Executive Insight

RTE 세계에서 살아가기

톰 하몬드(Tom Hammond)는 상품 거래 결제 기관(Board of Trade Clearing Corporation)의 전(前) 최고 경영자이자 현(現) 시카고 상품 거래소(Chicago Board Of Trade, CBOT)의 거래 업무 담당 부사장이다. 그는 상품 거래에서부터 업무 처리에 이르기까지 여러 업무를 맡으며 20년이 넘도록 재정 분야에서 일해 왔다. 주식, 상품, 선물 거래는 RTE 업무이다. 톰은 지금 우리가 진입하려 하는 세계에서 이미 오래전부터 활동해 온 노련한 경영인이다. 그는 다음과 같이 말한다.

"현재 재정 시장은 중대한 변화를 겪고 있습니다. 사람들은 과거에 실제 업무(실제 거래와 결제)를 중요시하면서 그에 대한 대가를 지불했습니다. 하지만 현재는 실제 업무보다는 애프터 마켓 분야, 즉 리스크 경영과 자본 경영을 중요시합니다. 이와 관련된 기술을 습득하고 여러 분야의 시장에 적용하여 이전에는 불가능했던 여러 가지 일을 할 수 있게 되었죠. 이를테면 장기 채권처럼 한 가지 시장에 집중하기보다는 다양한 시장에 자신의 지식을 활용하는 겁니다. 거래와 결제 업무의 경우, 거래가 많아질수록 이를 처리할 직원이 더 많이 필요했기 때문에 경상비 지출이 계속 증가했습니다. 때로는 직원을 아무리 증원해도 인간의 능력으로는 처리할 수 없을 정도로 거래량이 많았던 경우도 있었지요. 그러나 경상비 지출을 줄여 그 비용을 업무 자동화에 투자한다면 더 많은 거래를 처리하여 더 많은 투자 수익을 얻을 수 있습니다. 과거 여러분이 거두었던 최대 실적은 앞으로 처리할 업무량에 비하면 보잘것없는 것이 됩니다. RTE 체계로 진입하려면 업무 자동화에 막대한 투자를 해야 합니다. 하지만 일단 투자를 하고 나면 병목 현상을 없앨 수 있어 그야말로 무한대로 업무를 처리할 수 있어요. 전자 상거래에 대한 패러다임의 변화는 아직 끝난 것이 아닙니다. 모든 것이 자동화되고 있어요. 현대 경제에서는 유통이 가장 중요합니다. 유통 체계를 지배한다면 세상이 여러분의 것이 될 겁니다."

그가 말하는 '유통'이란 CBOT가 고객에게 거래 서비스를 전달하는 방법을 가리킨다. CBOT에서 거래하는 고객이 많아질수록 규모의 경제(자본 집약의 경제성과 관련된 개념으로, 같은 제품이라도 더 많이 더 크게 생산할 때 제품의 단위당 가격이 하락하는 현상)는 더욱 커질 것이다. 톰은 실제 거래에 초점을 맞추었던 과거와는 달리 이제 CBOT의 거래량을 증가시키는 문제에 관심을 두고 있다.

"우리는 대규모 자동 거래 시스템을 구축하여 현재 거래량을 증가시킬 방법을 모색하고 있습니다. 나는 지금 고객 거래 시스템에만 우리 프로그램의 인터페이스(interface)를 연결할지, 아니면 이 인터페이스의 명세(재료나 제품, 공구, 설비 등에 대한 구조, 성능, 특성 등의 요구 조건을 규정한 것)를 다른 사람에게 공개할지의 여부를 비롯해 다양한 문제를 고려하고 있습니다. 우리는 거래 시스템 공급업자와 파트너십을 형성하고, 그들과의 거래 및 결제 시스템에 인터페이스를 설치하기로 결정했습니다. 따라서 우리의 유통 시스템은 소프트웨어 파트너의 능력에 따라 움직이는 셈이지요."

톰은 거래량을 증가시키기 위해 수수료를 내려도 거래 수익은 여전히 높게 유지될 것이라고 말한다.

"수수료가 50% 정도 줄어도 거래량이 400% 증가하기 때문이에요. 일단 고객이 여러분의 시스템에 연결되면 큰 불상사가 발생하지 않는 한 고객은 여러분을 떠나지 않을 겁니다. 기존 시스템을 다른 시스템으로 교체하는 비용이 상당히 비싸거든요. 따라서 여러분은 이 시스템 하나로 시장을 점유하고 유지할 수 있게 되는 겁니다."

그는 거래량이 증가할 때마다 이를 수동으로 처리하는 인프라스트럭처(infrastructure; 생산이나 생활의 기반을 형성하는 기초적인 시설)를 확립하려면 막대한 비용이 들지만, 자동화 거래 시스템을 설치해 지속적으로 시장 점유율을 증가시킨다면 설치 비용을 충분히 충당할 수 있다고 덧붙였다.

CBOT는 현재 정기적인 거래의 자동화 시스템 확립에 주력하는 한편 이례적이거나 간헐적인 거래에 인력을 투입하는 방안을 고려 중이다.

"우리는 틈새시장이라고 할 수 있는 이례적인 거래나 복잡한 상황 등에 인력을 투입할 계획입니다. 고객들은 앞으로 정기적인 거래에는 많은 수수료를 지불하지 않게 될 것입니다. 하지만 이른바 공개 경매라는 직접 거래에 맞는 시장은 여전히 존재합니다. 최고의 서비스를 원하고 또한 그만큼의 대가를 치를 의향을 가진 고객이 있기 때문이죠. 이런 시장에는 더욱 복잡하고 더욱 섬세한 거래 전략이 필요합니다. 따라서 이러한 시장에서는 자동화된 업무보다는 노련한 업자가 성공할 것으로 예상됩니다.

뿐만 아니라 상황이 복잡해질수록 그에 대처하기 위한 시스템은 더욱 단순해질 겁니다. 단순한 시스템이라야 쉽게 이용할 수 있고, 또 복잡한 상황에서는 단순한 대처법이 필요한 법이니까요."

그는 이용하기 어려운 복잡한 시스템보다는 단순한 시스템을 이용해야 더 큰 효과를 거둘 수 있다고 덧붙였다. 이 같은 변화 과정에서 우려되는 점은 없는지 묻자 그는 잠시 생각하더니 이렇게 답했다.

"여러분이 통제할 수 없는 요소들이지요. 여러분에게 큰 영향을 끼치지만 회사 외부에 존재하는 요소들 말입니다. 문제 처리 속도가 빨라질수록 리스크도 커지지요. 1초에 30건을 거래할 수 있다면 1시간에 몇 번이나 리스크와 맞닥뜨리게 될지 생각해 보세요."

톰은 현재의 일반 업무 시스템이 지원하는 고객 면담 시스템을 왜 RTE 체계로 바꿔야 하는지 설명했다.

"거래가 발생한 후에 상황이 변했는데도 원래의 계획대로 후속 업무를 진행하는 경우가 흔히 있습니다. 시장에서는 하루 22시간 거래가 진행되는데, 사무실에서는 하루에 한 번 업무를 평가하니까요. 또 한 가지는 많은 회사들이 가격 경쟁에 뛰어들면 마진이 매우 적어지기 때문에 시장을 많이 확보해야 돈을 벌 수 있다는 점입니다. 현재 시장은 20~30개의 업체가 모두 성공을 거둘 만큼 넓지가 않습니다. 이는 시장이 점점 좁아지고, 이에 따라 리스크도 더욱 커진다는 뜻입니다. 반드시 유통 담당 파트너와 전략적으로 협력해야 한다는 얘기입니다."

RTE 세계에는 수많은 기회와 흥미진진함이 존재한다. RTE 시스템에 투자하면 새로운 시장 진입이 훨씬 더 쉬워진다.

"신제품을 더욱 빠르고 저렴하게 제공할 수 있습니다. 새로운 시장에 대한 장애 요소는 사실 5년 전부터 상당히 줄어들었죠. 이제 우리의 잠재 고객은 더욱 다양해졌습니다. 앞으로 10년 동안 나는 생애 최고의 흥미로운 경험을 할 겁니다."

톰은 RTE 운영에 대해 다른 분야의 경영인들과 동일한 몇 가지 의견을 제시한다.

"여러분이 어떤 위치에 있든 현재 위치에 지나치게 만족하거나 다른 사람에게 밀려나지 않을 거라고 안심하지 마세요. 지금도 수많은 기업들이 새로운 기술을 이용해 시장에 진입하려고 노력하고 있으니까요. 인터넷의 밴드위스(bandwidth; 데이터 통신에 사용되는 주파수의 범위)는 극적으로 확장되고 있으며, 이로 인해 기술을 업무에 적용하는 여러 가지 새로운 프로젝트와 기회가 등장할 겁니다. 기업의 목표에 부합하는 프로젝트를 서둘러 마련하세요. 기회라고 확신할 수 없거나 투자해서 높은 수익을 올릴 수 없다고 판단되면 처음부터 시작하지 마시구요. RTE 세계는 지도에도 없는 새로운 땅입니다. 자신의 목적지를 잊지 말고 기업의 특정한 욕구를 나침반으로 이용하십시오. 그렇게 하지 않으면 제품 연구에 막대한 비용을 투자하고도 수익을 올리지 못하게 될 것입니다."

제 2 장

RTE의 출현과 진화

RTE를 더욱 자세히 파악하려면 먼저 몇 가지 공통된 기본 아이디어를 이해할 필요가 있다. 이를 위해 [표 2-1]을 바탕으로 RTE의 기본 이론을 구체적이고 효과적으로 설명하겠다. 이 핵심 이론을 익히면 RTE와 관련된 개념과 어휘를 습득할 수 있고, 이를 바탕으로 RTE의 전체적인 그림과 구체적인 업무 처리 방식을 이해할 수 있다. 이 기본 개념은 다음 장에서 언급할 RTE의 구축 및 운영 과정을 이해하는 데에도 도움이 된다.

RTE는 최근 들어 갑작스럽게 등장한 새로운 개념이 아니다. 사실 지난 80년에 걸쳐, 혹은 그 이전부터 RTE의 원리와 실례는 꾸준히 소개되어 왔다. 1930년대 벨 연구소(Bell Laboratories)를 비롯한 여러 기관과 대학에서 RTE에 대한 중대한 연구를 진행했으며, 1940년대 후반부터 1950년대 초반까지 독창적인 책자와 논문을 통해 RTE의 이론과 용어가 소개되었다. 그리고 지금까지 수많은 학자들이 지속적인 연구와 경험, 적용 사례를 통해 RTE에 대한 지식을 쌓아 왔다. 이 지식을 3가지 범주로 나누면 다음과 같다.

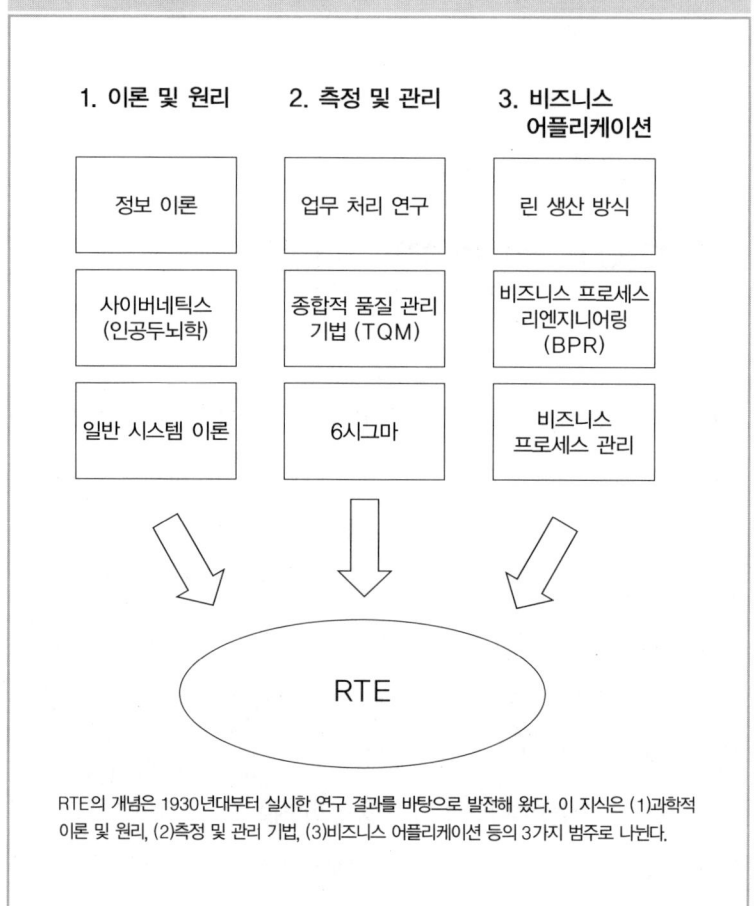

표 2-1 RTE의 뿌리

1. 이론 및 원리	2. 측정 및 관리	3. 비즈니스 어플리케이션
정보 이론	업무 처리 연구	린 생산 방식
사이버네틱스 (인공두뇌학)	종합적 품질 관리 기법 (TQM)	비즈니스 프로세스 리엔지니어링 (BPR)
일반 시스템 이론	6시그마	비즈니스 프로세스 관리

RTE

RTE의 개념은 1930년대부터 실시한 연구 결과를 바탕으로 발전해 왔다. 이 지식은 (1)과학적 이론 및 원리, (2)측정 및 관리 기법, (3)비즈니스 어플리케이션 등의 3가지 범주로 나뉜다.

1. 과학적 이론 및 원리

2. 측정 및 관리 기법

3. 비즈니스 어플리케이션

이 세 범주를 브리핑 형식으로 더욱 자세히 살펴보도록 하자.

과학적 이론 및 원리

RT 조직이나 프로세스를 이해할 때 바탕이 되는 3가지 이론이 있다. 첫 번째는 '정보 이론'으로, 정보 개념에 대한 정의와 함께 정보를 사용하고 전달하는 방법을 제시한다. 두 번째는 '사이버네틱스'이다. 이는 정보와 피드백 루프(프로그램 중 반복 사용되는 일련의 명령이나 그 명령의 반복 사용)를 이용하여 비행기의 자동 조종 장치에서부터 인간의 신경계 작용에 이르기까지 다양한 과정을 통제하는 방법을 제시한다. 마지막으로 '일반 시스템 이론'은 앞서 언급한 두 이론을 토대로 시스템이 작동하는 방식과 원리를 제시한다.

» 정보 이론

1948년 벨 연구소의 연구원 클로드 섀넌(Claude Shannon)은 〈벨 시스템 테크니컬 저널(Bell System Technical Journal)〉에 '통신의 수학적 원리(A Mathematical Theory of Communication)'라는 논문을 발표했다. 섀넌은 이 논문에서 이후 정보 이론 분야의 토대가 될 몇몇 이론을 제시했다. 현재 우리는 그의 이론을 이용해 통신 시스템의 효율성을 평가하며, 통신 시스템의 설계 및 구축 과정에서 발생하는 문제를 해결하고 있다.

또한 그는 정보의 정확한 정의와 정보 평가 방법을 제시했다. 그는 〈루슨트 테크놀로지(Lucent Technologies)〉 백서에서 '정보란 예상할 수 없는 소식을 포함한 상징'이라고 정의했다.[1] 이는 이미 알고 있는 사실을 제시하는 데이터는 정보가 아니라는 뜻과 같다. 다시 말해, 이미 알고 있거나 다른 자료에서 쉽게 유추할 수 있는 데이터는 필요 없다는 의미이다. 이런 데이터는 메시지에서 생략하거나 줄여 써도 의사를 전달할 수 있다. 예를 들어 "You dont hve 2 snd evry ltr o ech wrd 2 b undrstd(You don't have to sound every letter of each word to be understood. '모든 글자를 정확히 발음해야 의미를 전달할 수 있는 것은 아니다' 라는 뜻의 문장을 모음을 생략해서 발음한 것)"라고 말해도 의미를 충분히 전달할 수 있다.

정보를 원천에서 목적지로 전달하는 과정은 [표 2-2]처럼 다섯 단계를 거친다. 이 다섯 단계는 다음과 같다.

표 2-2 정보 전달 과정의 5단계

원천 ➡ 암호기 ➡ 채널 ➡ 해독기 ➡ 목적지

1. 전달 과정은 정보를 보내는 원천에서 시작한다.
2. 단어나 음표 혹은 그림 같은 상징을 통해 정보를 메시지로 암호화한다.
3. 정보 운반 능력을 지닌 채널을 통해 메시지가 전달된다.
4. 다른 접점에서 수신자가 정보의 암호를 해독한다.
5. 목적지에 이르러 정보는 수신자에 의해 해석된다.

섀넌은 이 다섯 단계를 이용해 정보 이론의 구성 요소를 밝히고, 이 과정에서 각 요소의 담당 역할을 일련의 등식 혹은 수학적인 모형으로 제시했다. 이 수학적 모형을 이용하면 정보의 개념과 최적의 정보 전달 방법을 알아낼 수 있다. 이를테면 엔지니어는 이 모형을 통해 얼마나 많은 정보가 다양한 종류의 통신 채널로 전달되는지를 파악하고 데이터 압축과 에러 수정 원칙, 특정한 속도로 데이터를 전달하는 데 필요한 밴드위스를 자세히 알 수 있다.

섀넌이 논문을 발표했던 1948년에는 가장 큰 통신 케이블이 1,800건의 음성 대화를 전달할 수 있었다. 반면 오늘날에는 머리카락보다 가느다란 광섬유 하나가 640만 건이 넘는 대화를 전달한다. 우리가 진입하려 하는 RTE 세계에서는 더욱더 방대해질 정보를 처리할 수 있는 능력이 필요하다.

» 사이버네틱스

'사이버네틱스' 라는 용어는 1940년대 후반에 처음 등장했다. 하지만 지난 20년 동안 대중적으로 이용되면서 원래 의도하지 않았던 의미를 지니게 되었다. 즉, 이 용어는 그동안 사람들에게 센세이션을 불러일으키며 회자되었는데, 지금은 컴퓨터로 처리되는 미래 지향적인 어떤 것을 지칭하는 상당히 근사한 의미로 사용되기도 하고(사이버스페이스, cyberspace), 반대로 매우 음산한(사이보그, cyborge) 의미로 사용되기도 한다.

하지만 이 책에 나오는 사이버네틱스는 이 같은 사회문화적인 의미와는 구분되어야 한다. 사이버네틱스는 RTE의 이해에 있어 매우 중요한 용어이다. 따라서 이 책에서는 이를 원래 의미대로 정확하고 엄격하게 사용할 것이다.

매사추세츠공과대학(Massachusetts Institute of Technology) 교수인 노버트 비너는 《사이버네틱스》라는 동명의 책에서 '조타수'라는 뜻을 가진 '키버네트(kybernetes)'라는 고대 그리스어를 이용해 사이버네틱스라는 용어를 처음 만들었다.[2] 비너의 정의에 따르면 사이버네틱스는 기계나 동물을 막론하고 모든 통신과 통제에 대한 이론을 포함한다.[3] 그는 또한 통제를 '메시지를 전달하여 수신자의 행동을 효과적으로 변화시키는 행위'라고 정의했다.[4]

사이버네틱스 연구의 핵심은 이 세상에 기계적, 전자적, 생물학적, 경제적, 사회적 과정 등 여러 가지 과정이 존재하지만 이 과정을 통제하고 운영하는 법칙은 모두 동일하다는 사실이다. 다시 말해, 모든 통신 과정의 구조와 작용은 같은 용어로 표현하고 연구하며 같은 원칙을 적용할 수 있다.[5] 따라서 각기 다른 분야의 전문가와 연구원들은 동일한 언어를 사용하면서 서로의 지식을 토대로 발전할 수 있는 것이다.

사이버네틱스의 가장 중요한 개념은 피드백과 호메오스타시스(homeostasis; 항상성)이다([표 2-3] 참고). 피드백은 긍정적인 피드백과 부정적인 피드백으로 나뉜다. 호메오스타시스란 평형 혹은 균형 상태를 뜻한다. 목표로 정한 평형 상태를 이루거나 유지하려면 여러 가지 과정을 거쳐야 한다. 이와 관련된 여러 개념을 좀 더 자세히 살펴보자.

어떤 프로세스의 출력이 다시 입력으로 쓰여 프로세스가 가속화될 때 이를 '긍정적인 피드백(Positive feedback)'이라 일컫는다. 이

전 프로세스의 출력을 토대로 지속적으로 출력이 쌓이기 때문에 긍정적인 피드백의 효과는 첨가적인 성격을 띤다. 즉, 구르는 눈 덩이와 같은 효과가 나타나는 것이다. 만일 긍정적인 피드백을 그 대로 방치해 둔다면 프로세스는 폭발하거나 붕괴할 것이다. 예컨 대 핵 원자로의 연쇄 반응, 인구 폭발, 복리로 증가하는 자본 등은 긍정적인 피드백이다.

'부정적인 피드백(Negative feedback)'은 어떤 프로세스의 출력 을 목표 성취 과정을 지원하는 다른 프로세스의 입력에 사용할 때 나타난다. 부정적인 피드백은 교정적인 성격을 띤다. 프로세스에서 목표로 하는 성과와 실제로 일어나는 성과를 끊임없이 비교하고, 이 두 성과의 차이를 바탕으로 하여 어떤 조치를 취하기 때문이다. 즉, 프로세스의 성과를 조절하여 목표와 가장 가까운 결과를 얻는 다. 이를테면 미리 정해 둔 속도를 유지하도록 자동차 엔진을 조종 하는 크루즈 컨트롤(cruise control), 미리 정해 놓은 온도를 유지하 도록 난방 장치를 조절하는 온도계 등이 부정적인 피드백이다.

'호메오스타시스'란 어떤 프로세스가 환경 혹은 설정된 기대치 와의 균형을 맞추기 위해 적절한 레벨로 처리되는 상태를 일컫는 다. 부정적인 피드백은 호메오스타시스로 정의되는 성과의 단계로 프로세스를 지속적으로 진행시킨다. 반면 긍정적인 피드백은 새로 운 레벨의 성과로 프로세스를 이끌어 새로운 호메오스타시스 상태 를 만들어 낸다. 따라서 부정적인 피드백은 호메오스타시스를 유지 하고, 긍정적인 피드백은 호메오스타시스의 정의를 새롭게 바꾼다.

표 2-3 피드백 루프

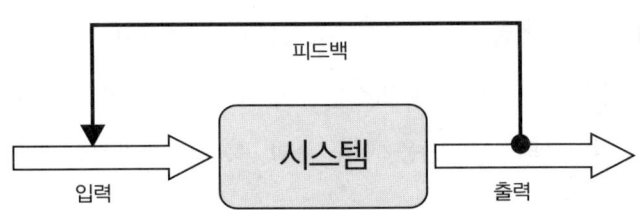

시스템 작용으로 얻은 출력 정보가 다시 그 시스템의 입력에 쓰인다.

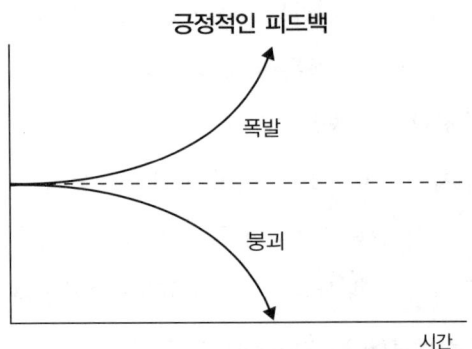

시스템이 같은 출력을 계속 산출하도록 이끈다면 이는 긍정적인 피드백이다.

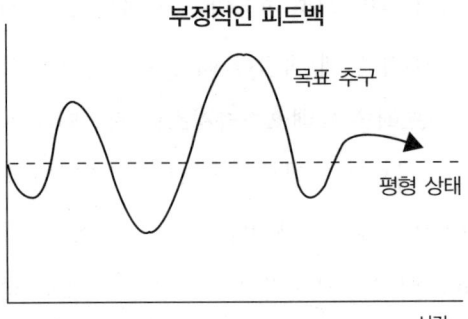

시스템이 이전 출력에 반작용함으로써 평형 상태를 이루려 한다면 이는 부정적인 피드백이다.

» 일반 시스템 이론

1950~1960년대 RTE 개념은 정보 이론과 사이버네틱스가 제공하는 지식을 바탕으로 발전했다. 그러다가 1960년대 말에 이르러 루드빅 폰 베르탈란피(Ludwig von Bertalanffy)와 W. 로스 애쉬비(W. Ross Ashby)라는 뛰어난 두 연구원에 의해 일반 시스템 이론, 혹은 시스템 과학이라는 이론이 완성되었다.

루드빅 폰 베르탈란피는 《일반 시스템 이론: 토대, 개발, 적용(General Systems Theory: Foundations, Development, Applications)》[6] 이라는 책을 통해 자신이 25년 동안 여러 논설이나 논문에서 발표했던 자료를 종합해 더욱 발전된 이론을 발표했다.

그는 현대 과학의 발전 과정을 연구하다 보면 중대한 한 가지 사실을 발견할 수 있다고 지적했다. 즉, 물리학, 화학, 생물학, 경제학 등을 독자적으로 연구하는 학자들은 결국 모두 비슷한 문제에 봉착하게 되고, 이를 해결하기 위해 비슷한 개념을 제시한다는 것이다. 베르탈란피는 이에 대해 다음과 같이 말했다.

"특정한 종류, 구성 요소의 본질, 구성 요소 간의 관계나 역학에 상관없이 모든 일반 시스템이나 하위 부류에 적용되는 모형, 원칙, 법칙이 존재한다. 이에 우리는 일반 시스템 이론이라는 원칙을 제시했다. 이 이론의 주된 목표는 시스템에 일반적으로 적용되는 원칙을 도출하고 체계화하는 것이다."[7]

시스템 이론은 특정 상황의 상태를 분석하기보다는 변화 유형이나 상호 관계를 이해하는 이론이다. 시스템 이론에 따르면 각 구성 요소의 작용만 조사해서는 전체 시스템의 작용을 설명할 수 없다고 한다. 다시 말해, 구성 요소가 상호 작용하거나 연결되는 방식을 이해해야만 '전체가 구성 요소의 단순한 합보다 커지는' 수많은 경우를 설명할 수 있다는 것이다. 이때부터 사람들은 '전체란 서로 관련된 구성 요소의 합과 그 관계' 라고 이해하기 시작했다.

시스템 정의

'시스템'이란 인간이 자신의 생각에 의해 만든 세계의 모형이다. 그러나 실제 세계를 똑같이 복제한 것은 아니다. 시스템은 서로 관련된 구성 요소의 모임과 그 요소 간의 관계이며, 이 구성 요소의 상호 작용을 통해 목표를 성취한다. 시스템 모형은 특정 현상의 작용을 조사하고 이해하기 위해 처음 등장했다. 공동의 목표를 이루기 위해 협력하는 구성 요소의 집합은 모두 시스템이라고 부를 수 있다.

시스템에는 일관성, 패턴, 목적이라는 특성이 있다. 시스템의 모든 구성 요소는 명확하고 일관적인 방식으로 서로 관련되어 있으며, 이 상호 관계에 따라 시스템 구조 형성 패턴이 결정된다. 따라서 시스템은 무작위적인 방식이 아니라 특정한 목표를 성취한다는 목적의식을 바탕으로 작용한다.

시스템은 또한 자기 조정성과 영속성을 지닌다. 시스템 환경에 문제가 발생하면 시스템은 구성 요소의 상호 작용을 통해 문제를 해결하고 평형 상태, 즉 호메오스타시스를 되찾는다. 이런 특성 때문에 변화하는 환경 속에서도 시스템이 유지되는 것이다.

애쉬비는 '필수적 다양성의 법칙(Law of Requisite Variety)'을

제시하여 시스템의 영속성을 정의했다. 이 법칙에 따르면 처리해야 할 문제가 다양한 시스템일수록 작용과 대응 방안 또한 다양해야 한다. 급속하게 변화하거나 예측할 수 없는 환경에 대처할 시스템을 설계할 때는 특히 이 법칙이 매우 중요하다.

일반 시스템 이론은 정보 이론과 사이버네틱스에 토대를 둔다. 그리고 정보를 바탕으로 시스템의 구성 요소가 상호 작용하여 긍정적이거나 부정적인 피드백이 일어난다. 이 피드백에 따라 구성 요소가 다시 특정한 방식으로 작용하면 전체 시스템이 변화하는 것이다.[8]

일반 시스템 이론과 사이버네틱스는 매우 밀접하게 연관되어 있으며, 근본적으로 동일한 문제를 연구한다. 《프린시피아 사이버네티카 웹(Principia Cybernetica Web)》을 인용해 보자.

두 접근 방식을 굳이 구별하자면 시스템 이론은 시스템의 구조와 모형에 초점을 두는 반면 사이버네틱스는 시스템의 기능, 즉 시스템의 통제 방식이나 구성 요소, 다른 시스템과의 상호 작용 방식에 초점을 둔다. 시스템의 구조와 기능은 분리해서 이해할 수 없으므로 사이버네틱스와 시스템 이론은 한 가지 접근 방식의 두 가지 양상으로 간주되어야 한다.[9]

이 3가지 이론(정보 이론, 사이버네틱스, 일반 시스템 이론)은 모든 RTE 작용의 이해와 개념 파악에 기본이 되는 사항이다. 따라서 이를 바탕으로 RTE 시스템의 효과를 이해하고 RTE를 설계할 수 있다. 아울러 가장 좋은 RTE 구축 방법과 RTE가 경제에 미칠 변화를 이해할 수 있다. 이제 업무 처리 관리에 이용할 수 있는 RTE의 다양한 기술을 살펴보자.

측정 및 관리 기법

지난 60년 동안 조직의 평가 과정과 업무 처리 과정을 관리하기 위해 수많은 기술이 개발되었다. 여기에서는 가장 영향력이 큰 3가지 기법, 즉 오퍼레이션스 리서치(Operations Research, OR), 종합적 품질 관리(Total Quality Management, TQM), 6시그마(Six Sigma)를 살펴보도록 한다. 이 3가지 기술을 이용하면 RTE를 효과적으로 운영할 수 있다.

» 오퍼레이션스 리서치(OR)

오퍼레이션스 리서치는 제2차 세계 대전 중 공장의 생산 공정을 체계화하거나 적의 잠수함을 탐지하는 데 최적의 방법을 찾는 등 다양한 문제에 대한 해결책을 모색하는 방법으로서 시작되었다. 일명 '경영과학'이라고 부르는 OR은 문제해결과 의사결정의 과학적인 방식이다. OR에서는 문제가 발생하면 그것을 분석하고 문제의 구성 요소를 구분하여 다양한 등식과 수학적 모형으로 작성한다. 그런 다음 컴퓨터 시뮬레이션을 이용하여 다양한 선택에 대한 결과를 예측하여 최선의 방법을 확인한다.

기업과 정부를 비롯한 여러 단체는 가장 효율적인 업무 처리 과정을 설계하거나 인력, 시설, 자금 등의 제한된 자원을 효율적으로 이용하여 최상의 결과를 얻을 방법을 결정한다. 이 과정에서 여러 가지 문제에 직면하게 되는데, OR을 이용하면 이 같은 문제에 효과적으로 대처할 수 있다. 월트 디즈니 월드(Walt Disney World) 등의 일부 기업에서는 이미 대기 이론(큐 이론, queuing theory; 예상할 수 없는 숫자, 시간, 비슷한 순서를 고려하여 시설 설비를 적절하고 경제적으로 제공할 때 따르는 문제를 취급하는 경영과학의 한 분야)이라는 OR 기술을 이용하고 있다. 이들 기업은 이 이론을 이용하여 사람 및 상품의 흐름을 가장 효율적으로 처리함으로써 인기 있는 놀이 기구와 전시물을 효과적으로 관리하는 것이다.

이 외에 문제해결에 사용할 수 있는 다른 OR 기술을 살펴보면 다음과 같다.

- CPM(Critical Path Method) 혹은 PERT(Project Evaluation and Review Technique): 상호 관련 업무를 효율적으로 조정하고 처리하는 방법을 제시한다. 이 기술은 어떤 프로젝트에서 한 업무가 다른 업무의 전후에 일어나거나 동시에 일어날 때 발생하는 문제를 해결한다.
- 선형계획법(linear programming): 여러 분야에 제한된 자원을 배분하여 특정 목표를 성취할 때 이용한다. 이 기술은 이미 정해진 광고 예산을 다양한 매체에 효율적으로 배분하거나, 생산 계획을 통해 여러 제품에 대한 수요 예측과 대처 방법을 제시한다.
- 네트워크 모델링(network modeling): 네트워크 개념으로 설명할

수 있는 상황을 분석할 때 이용한다. 통신 시스템이나 도시 도로 교통 시스템에 적용하면 네트워크를 통해 최대한 많은 메시지를 전달하거나 네트워크 내의 한 지점에서 다른 지점으로 이동하는 시간을 최소화할 수 있다.

» 종합적 품질 관리(TQM)

TQM 확립에 가장 큰 공헌을 한 학자는 W. 에드워즈 데밍(W. Edwards Deming)이다. 그는 50년 동안 일본과 미국의 여러 공장에서 이 기법을 개발하고 적용했으며, 교육도 실시했다. W. 에드워즈 데밍, 카오루 이시카와(Kaoru Ishikawa) 박사, 필립 B. 크로스비(Philip B. Crosby) 등의 학자들이 TQM에 쓰이는 여러 도구와 프로세스를 정의하여 대중화했다.

TQM은 품질이란 조직 내에서 개발되는 문화라고 간주한다. 따라서 기업 경영진이 먼저 이 문화를 수용한 뒤 전 직원에게 전달해야 한다. TQM의 가장 뚜렷한 특징은 품질 담당 집단을 이용한다는 점이다. 이 집단은 문제해결 능력과 품질 관리 기술 교육을 받은 직원들로 구성되어 있다.

기업은 모든 직원에게 품질 관리 도구의 활용법을 교육시킴으로써 다양한 분야의 업무 처리 과정을 향상시킬 수 있다. 이러한 도구를 몇 가지 살펴보자.

- **원인-결과 다이어그램**(cause-and-effect diagrams): 물고기 뼈처럼 생긴 구조를 이용한다고 해서 '물고기 뼈 다이어그램(피시본

다이어그램, fishbone diagrams)'이라고 부르기도 한다. 품질 관리
팀이 브레인스토밍을 통해 문제의 원인을 분석할 때 이 다이어
그램을 쓴다.

- **체크 시트**(check sheets): 특정 상황에 관한 적절한 데이터를 최
대한 쉽게 수집하고 자료를 체계화하는 양식이다. 컴퓨터 스프
레드 시트가 점검 표로 자주 이용된다.

- **파레토 차트**(pareto charts): 여러 가지 데이터나 사건의 발생 빈
도 분포를 나타내는 막대그래프로, 특정 상황에 가장 큰 영향을
미치는 사건을 알아낼 수 있다.

- **히스토그램**(histograms): 데이터 집단의 특정 변수 분포나 변화
를 보여 주는 또 다른 막대그래프이다. 예를 들어, 클래식 음반
이나 붉은색 스포츠카를 구매하는 고객을 연령대별로 확인할 수
있다.

- **산포도**(scatter diagrams): 업무 처리 과정에서 두 요인의 직접적
인 관계를 보여 주는 그래프이다. 예를 들어, 주문 접수자 수와
고객 대기 시간과 관련된 데이터를 분류하고 분석하여 이 두 요
인의 상관관계를 파악할 수 있다.

- **트렌드 차트**(trend charts): 시간에 따라 변화하는 상황을 보여 주
는 그래프로서 일일 판매, 재고 변화, 배달 건수, 주간 판매와 같
은 지표의 변화 추세를 알아볼 때 쓰인다. [표 2-4]에 이와 같은
도구의 예를 실었다.

표 2-4 품질 통제 도구

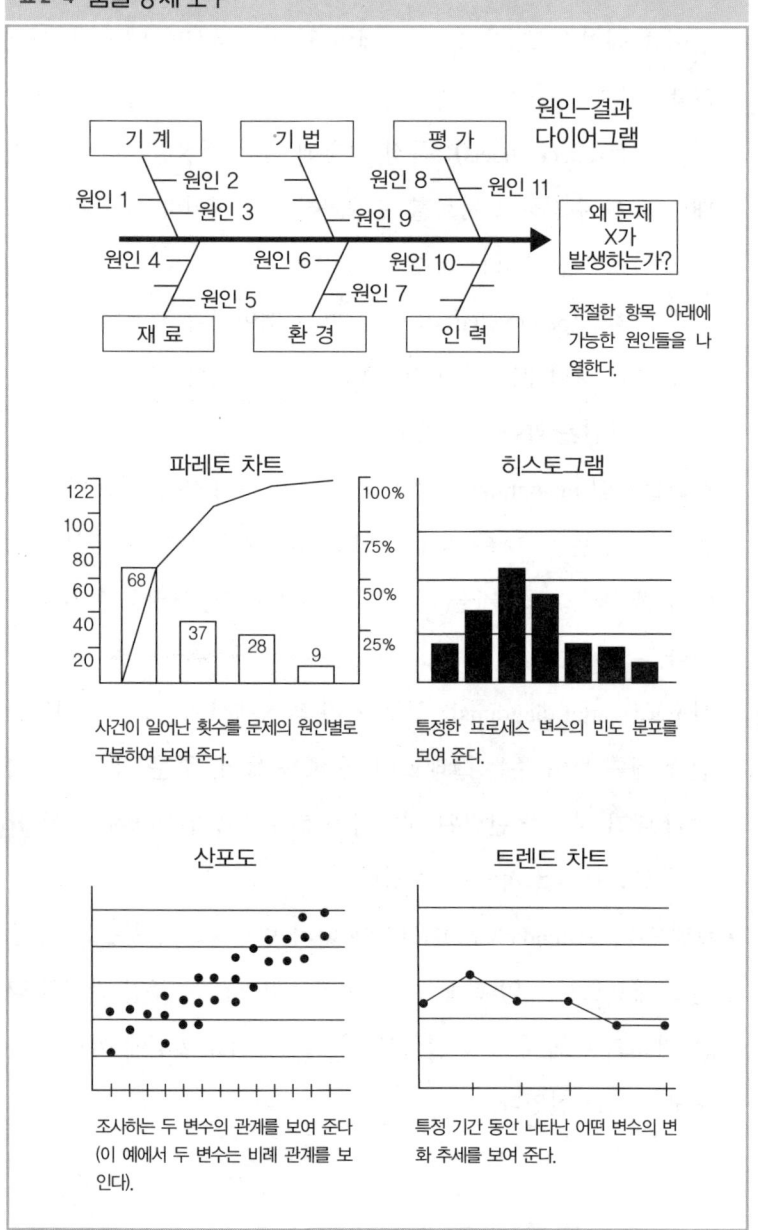

원인–결과
다이어그램

기 계 　 기 법 　 평 가

원인 1 　 원인 2
원인 3 　 원인 8 　 원인 11

원인 4 　 원인 6 　 원인 10

원인 5 　 원인 7 　 원인 9

재 료 　 환 경 　 인 력

왜 문제
X가
발생하는가?

적절한 항목 아래에
가능한 원인들을 나
열한다.

파레토 차트

122
100
80
60
40
20

68

37

28

9

100%
75%
50%
25%

사건이 일어난 횟수를 문제의 원인별로
구분하여 보여 준다.

히스토그램

특정한 프로세스 변수의 빈도 분포를
보여 준다.

산포도

조사하는 두 변수의 관계를 보여 준다
(이 예에서 두 변수는 비례 관계를 보
인다).

트렌드 차트

특정 기간 동안 나타난 어떤 변수의 변
화 추세를 보여 준다.

» 6시그마

6시그마 기법은 TQM을 바탕으로 품질을 새롭게 정의한다. 1980년대 모토로라(Motorola)가 처음 도입한 6시그마는 이후 20년 동안 다른 수많은 기업에 확산되었다.

. 6시그마란 특정 제품의 품질이나 프로세스 성과를 통계적으로 측정한 수치이다. 6시그마는 100만 건당 불량 비율이 3.4 미만이라는 뜻으로, 모든 기업의 최종 목표인 '최상의 제품 및 서비스'를 의미한다. 각기 다른 프로세스와 제품에 공통적으로 적용되는 기준이기 때문에 6시그마를 이용해 다양한 영역의 업무 처리 과정을 비교하고 토의함으로써 교훈을 얻을 수 있다.

어떤 프로세스에서 6시그마를 성취하려면 기업은 우선 해당 프로세스의 서비스를 받는 고객의 기대를 명확히 파악해야 한다. 프로세스의 다양한 성과에 관한 데이터가 수집되면 히스토그램이나 종형 곡선으로 표현되는데, 이로써 프로세스 결과가 고객의 기대에 부합한 횟수와 그렇지 못한 횟수를 알 수 있다.

1시그마는 해당 프로세스가 고객의 기대를 30.9% 만족시킨다는 뜻이며, 2시그마는 69.1%, 3시그마는 93.3%, 4시그마는 99.4%, 5시그마는 99.97%, 6시그마는 99.99966%를 만족시킴을 의미한다. 대부분의 기업은 2~3시그마에 머문다. 물론 93.3%의 고객이 만족하는 3시그마만 되어도 꽤 훌륭한 성과라고 할 수 있다. 하지만 이는 100만 건당 불량이 66,807건에 달한다는 뜻이므로 불만을 느낀 고객이나 불필요한 낭비가 많다는 뜻이 된다.

6시그마는 모든 업무의 성과를 측정하는 보편적인 수치이며, 기업과 프로젝트 팀에게 업무 처리 과정과 품질 개선 방법을 제시하는 프로세스이다. 이 프로세스는 정의(Define), 측정(Measure), 분석(Analyze), 개선(Improve), 통제(Control) 등의 5단계 과정으로 구성되며,[10] 각 단계의 머리글자를 따 'DMAIC'이라고 부른다. 이 과정을 단계별로 살펴보자([표 2-5] 참고).

정의

모든 6시그마 프로젝트는 정의 단계에서 시작한다. 이 단계에서

표2-5 6시그마 프로세스의 5단계

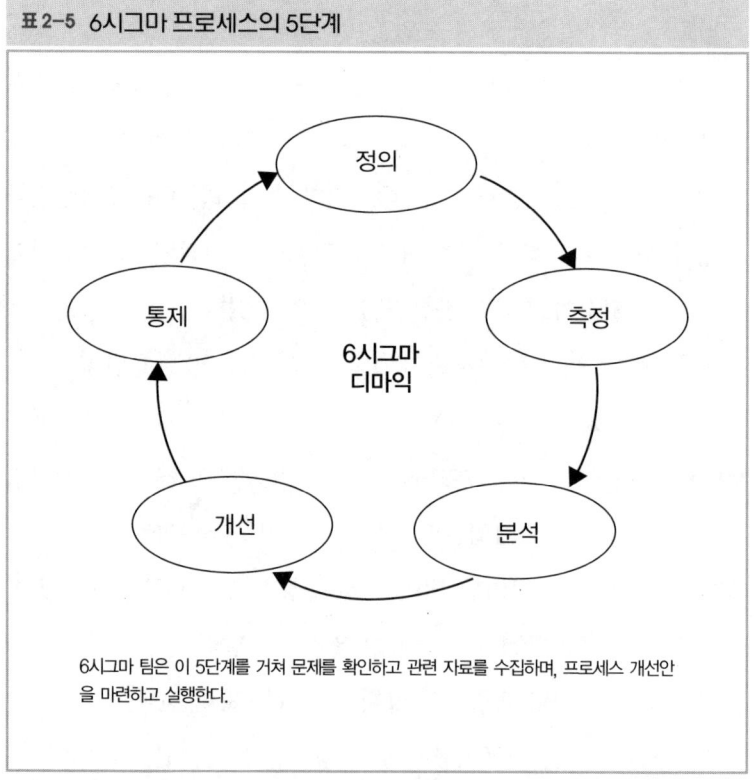

6시그마 팀은 이 5단계를 거쳐 문제를 확인하고 관련 자료를 수집하며, 프로세스 개선안을 마련하고 실행한다.

는 3가지 중요한 문서를 작성하게 된다. 첫 번째는 프로젝트 차트로, 업무 상황과 문제를 명시하고 프로젝트 범위를 규정하여 중점을 두어야 할 분야와 그렇지 않은 분야를 제시한다. 아울러 프로젝트 목표와 구체적인 세부 목표, 언제 어느 단계까지 프로젝트를 진행해야 하는지 일정을 정하고, 마지막으로 팀 구성원과 리더, 프로젝트 후원자의 역할과 책임을 명시한다.

두 번째, 고객과 그들의 욕구 및 기대를 정의하고 문서로 작성한다. 프로젝트 팀은 고객의 욕구와 기대를 측정하고 부족한 점을 개선한다. 세 번째, 프로세스에 포함되는 임무와 각 임무의 투입물 및 산출물을 보여 주는 상위 단계 맵을 작성하여 프로젝트에 참여한 모든 사람에게 개선해야 할 업무를 정확한 순서대로 알려 준다.

측정

이 단계에서는 자료 수집 계획을 수립하고, 실제로 개선해야 할 프로세스 및 제품 현황에 대한 자료를 수집한다. 이 자료를 통해 고객의 요구 사항을 파악하고, 이 요구 사항에 대한 프로세스의 충족 빈도와 핵심 업무 활동 수준, 즉 시그마 수치를 파악해 문서로 작성한다. 프로젝트 팀은 이미 문제를 파악했다고 믿고 이 단계를 간과한 채 서둘러 문제해결 과정으로 넘어가기 쉬운데, 프로젝트를 올바른 방향으로 진행하려면 무엇보다 자료 수집 과정에 충실해야 한다.

분석

이 단계에서는 TQM의 다양한 통계 도구를 이용해 문제의 원인을 확인한다. 이를테면 원인-결과 다이어그램과 빈도 분포 차트를 이용해 특정 프로세스에서 발생하는 불량의 원천을 정확히 파악하고, 산포도로 프로세스의 두 변수가 지니는 상호 관계의 강도를 테스트한다. 또한 실행 도표를 통해 다양한 업무와 전반적인 프로세스 패턴을 추적한다.

일단 모든 문제를 확인하고 나면 해결 방안을 제시하고 비교 분석을 실시한다. 각 방안을 실행하기가 얼마나 어려운가? 비용은 얼마나 드는가? 각 옵션은 프로세스의 시그마 수치를 개선하는 데 어떤 영향을 미치는가?

개선

이 단계에 이르면 팀 리더는 프로젝트 후원자와 함께 분석 단계에서 제시된 개선안을 살펴본 다음 성공 가능성이 가장 크고 프로세스 성과에 가장 큰 영향을 미칠 방안을 선택한다.

6시그마 팀은 후원자의 도움을 받아 선택한 개선안을 실행한다. 한 번에 하나씩, 혹은 관련된 개선안 몇 가지를 한꺼번에 실행하는 방법이 가장 좋다. 각 개선안을 실행하여 얻은 프로세스 성과를 파악하고 자료를 수집한 다음 시그마 수치를 다시 측정한다. 이런 방법으로 각 개선안이 바람직한 결과를 얻었는지 확인하고, 그렇지 못한 경우에는 해당 개선안의 실행을 중단한다.

통제

일단 프로세스에 특정 개선안을 실행했다면 그것이 꾸준히 효과를 거두는지 정기적으로 체크해야 한다. 6시그마 팀은 지속적으로 시그마 수치를 확인하여 개선된 프로세스의 업무 성과를 기록한다. 또한 현재 업무 성과 수치로 보아 개선안의 효과가 감소하고 있다고 판단되면 적절한 조치를 취할 수 있도록 대응 계획안을 수립한다. 이 디마익 단계를 장기적으로 추진하면 프로세스를 지속적으로 개선할 수 있기 때문에 더욱 효과적이다([표 2-6] 참고).

이 3가지 기법(OR, TQM, 6시그마)은 RTE 운영의 기본 원칙이다. RTE는 이 기법을 이용하여 현재 상황을 지속적으로 살피고, 문제와 기회를 확인하며, 원하는 결과를 얻을 수 있는 효과적인 조치를 취함으로써 가장 훌륭한 성과를 거둘 수 있다.

비즈니스 어플리케이션

많은 기업들이 변화하는 경제 상황에 따라 앞서 설명한 이론과 기법을 다양한 방식으로 적용시켜 왔다. 가장 영향력 있는 3가지 응용 기법은 린 생산 방식, 비즈니스 프로세스 리엔지니어링, 비즈니스 프로세스 관리이다. 기업은 이 3가지를 경영 방식에 도입하여 RTE로 변화할 수 있다.

표 2-6 완벽에 가까운 6시그마 업무 성과 서비스 건수

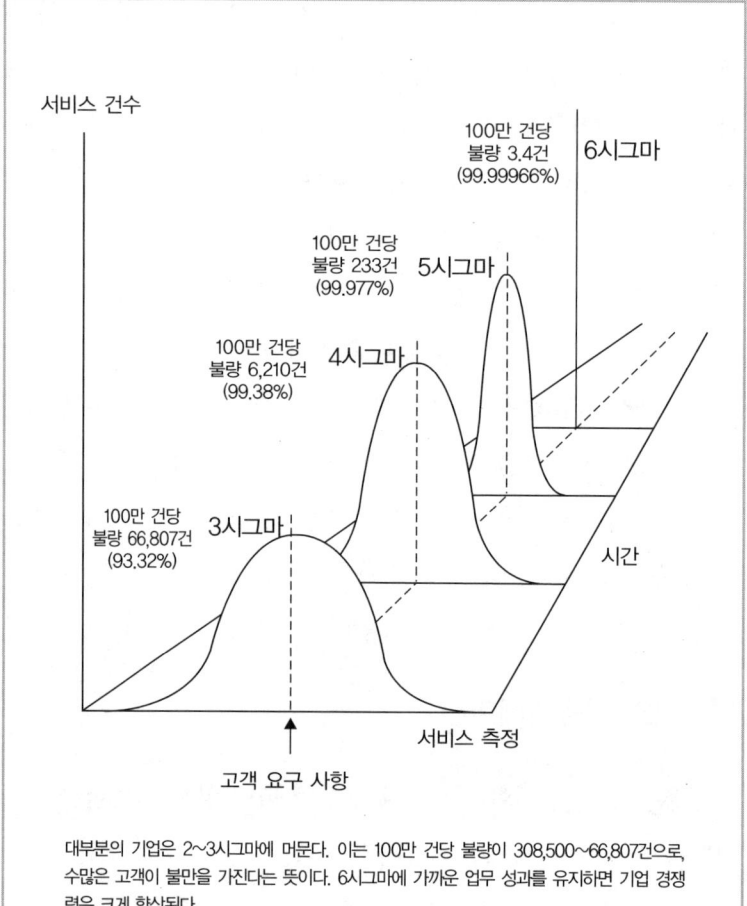

서비스 건수

100만 건당
불량 3.4건
(99.99966%) 6시그마

100만 건당
불량 233건 5시그마
(99.977%)

100만 건당
불량 6,210건 4시그마
(99.38%)

100만 건당
불량 66,807건 3시그마
(93.32%)

시간

서비스 측정

고객 요구 사항

대부분의 기업은 2~3시그마에 머문다. 이는 100만 건당 불량이 308,500~66,807건으로,
수많은 고객이 불만을 가진다는 뜻이다. 6시그마에 가까운 업무 성과를 유지하면 기업 경쟁
력은 크게 향상된다.

» 린 생산 방식

1960~1970년대 도요타 자동차 제조 공장은 도요타 생산 시스템
(적시 제조 시스템, Just-In-Time, JIT)이라고 부르는 독특한 제조 방

식을 실행하여 큰 효과를 거두었다. 이 시스템은 생산 과정을 최소화하여 시간과 원료의 낭비를 막고 품질을 개선한다는 목표를 세우고, 제품의 가치 증대에 직접적으로 기여하지 않는 제조 공정을 과감히 제거했다.

스스로 시장 가격을 결정하여 마음대로 올리고도 기존 경쟁력을 유지할 수 있는 기업은 없다. 이 사실을 인식한 도요타는 비용을 절감함으로써 이윤을 증가시키겠다는 목표로 새로운 시스템을 개발했다. 그 결과 전통적인 대량 생산 방식을 이용하는 경쟁 업체에 비해 제품 개발 기간, 공장 부지, 재고, 불량품을 크게 줄이고 다양한 제품을 생산할 수 있었다. 도요타는 물론 다른 일본 자동차 제조 업체도 이 방식을 도입함으로써 저렴한 가격에 성능이 뛰어난 자동차를 제공할 수 있었다. 마케팅과 판매 전략 대신 탁월한 제조 시스템을 통해 시장을 장악한 것이다.

1980~1990년대에 이르러 도요타 시스템은 제조업계 전체로 확산되었고, 이후 지속적으로 시스템 원칙을 일반화하고 개선하여 현재의 린 생산 방식(lean manufacturing)으로 자리 잡았다. 린 생산 방식의 핵심 요소는 다음과 같다.[11]

- 비부가가치 단계, 즉 제품 및 서비스의 생산과 배달 과정 중 소비자에게 가치를 전달하지 않는 단계는 제거한다.
- 부품이나 완제품 판매까지 기다리는 대기 시간을 없앤다.
- 생산 공정을 빠르게 변경할 수 있는 적절한 크기의 기계를 이용해 다양한 부품을 효율적으로 생산한다.

- 이 기계들을 생산 라인에 적절히 배치하여 특정 제품에 대한 고객의 요구를 신속하게 충족시킨다.
- 생산 공정을 재구성하여 고객 서비스에 필요한 단계, 시간, 복잡한 제조 과정을 지속적으로 줄여 나간다.

대량 생산 방식이 점진적으로 린 생산 방식으로 대체되고 있다. 린 생산 방식의 전략은 고객의 욕구가 변함에 따라 새롭게 등장하는 기회를 확인하고 십분 활용하는 데 초점을 둔다.

반면 대량 생산 방식은 표준 기술과 소수의 안정된 제품 디자인을 이용하여 규모의 경제 성취를 강조한다. 또한 린 생산 방식을 이용하는 기업은 창의력과 혁신, 효율적인 정보 전달을 권장하는 평면적인 구조인 반면, 대량 생산 방식 기업은 명령 체계와 전통적인 절차를 중시하는 계층 구조로 운영된다. 후자의 기업에서는 정보 전달이 미리 정해진 채널을 통해 여러 번 걸러지면서 매우 느리게 이루어진다.

대량 생산 방식 기업은 주로 큰 기계를 장시간 가동하여 개별적인 자산에 대한 이윤을 최대화한다. 반면 린 생산 방식 기업은 시스템의 상관관계를 이용하여 생산 프로세스 전체를 주시한다. 또한 각 기계를 최대한 이용하기보다는 프로세스 전체를 관리함으로써 비용을 절감하고 고객의 욕구에 최대한 빨리 대처함으로써 최대의 가치를 전달하는 데 주력한다.

» 비즈니스 프로세스 리엔지니어링(BPR)

마이클 해머(Michael Hammer)와 제임스 챔피(James Champy)는 1993년 《리엔지니어링 기업 혁명(Reengineering the Corporation : A Manifesto for Business)》에서 처음으로 비즈니스 프로세스 리엔지니어링(Business Process Reengineering, BPR)이라는 개념을 소개했다.[12]

당시 기업은 명령과 통제를 기초로 한 관료식 구조로 판매, 구매, 제조, 회계와 같은 기능을 분담하는 여러 부서로 구성되어 있었다. 과거 80년 동안 모든 기업이 이를 전형적인 구조로 생각해 왔기 때문에 구태의연한 사고방식에서 탈피하려면 극적인 요소가 필요했다. 이처럼 대량 생산 방식에 의존하는 계층 구조에서 벗어나 좀 더 유연하고 비용 면에서 효율적이며 고객의 욕구와 시장의 변화에 적절히 대응하기 위한 방법으로 BPR이 등장했다. 《리엔지니어링 기업 혁명》에서 해머와 챔피는 비즈니스 프로세스 리엔지니어링에 대해 '비즈니스 프로세스라는 개념을 근본적으로 바꾸고 과감하게 재구성하여 비용, 품질, 서비스와 속도 등 업무 성과의 중대한 기준을 극적으로 개선하는 일'이라고 정의했다.[13]

리엔지니어링은 비용 절감뿐 아니라 시장 변화를 최대한 활용하여 변화에 대처할 수 있는 기술 향상을 목표로 한다. 이 목표를 달성하기 위해 기업은 특정 기간(3~9개월) 동안 몇 가지 기본 단계를 거쳐야 한다.

전략 기획

이 단계에서는 기업의 비전, 즉 설립 목적과 이를 성취하기 위한 목표를 정의하고, 시장 상황과 시장이 제공하는 기회를 명시한다. 아울러 자원과 기술을 동원하여 시장 기회를 이용하고 목표를 성취할 방법을 제시한다. 일단 전략 계획을 수립하고 나면 기업은 몇 년 동안 그 계획에 따라 다음에 설명하는 단계들을 수행한다.

비즈니스 혹은 업무 처리 기획

기업 목표 성취 과정에 필요한 세부 목표와 성과 기준을 확인한다. 고객의 니즈를 충족시키기 위해 생산해야 할 제품과 서비스를 정의하고, 그 제품과 서비스의 전달을 지원할 정보 시스템을 명확히 설명한다.

프로세스 맵핑

이는 비즈니스 프로세스를 구성하는 활동을 맵으로 작성하는 테크닉이다. 각 활동에 필요한 입력과 그 결과 발생하는 출력을 문서화하고, 입력에서 출력까지의 과정을 설명한다. 프로세스 맵을 이용하여 기존 프로세스와 새로 제안된 프로세스를 비교 설명하고 문서화한다.

데이터 모델링

데이터 모델링은 비즈니스 프로세스의 모든 활동에서 이용할 데이터를 설명한다. 데이터를 수집해야 할 대상, 즉 개체를 정의하고 각 데이터 개체마다 반드시 알아야 할 데이터 속성 및 종류를 기록한다. 예컨대 '고객'이라는 개체에는 이름과 주소, 신용 한도 등을 기록한다.

활동 기준 원가 계산(Activity-Based Costing, ABC)

ABC는 프로세스 맵핑을 확장한 테크닉으로, 프로세스의 각 활동과 전 프로세스에 필요한 비용을 계산할 때 사용되는 기법이다. 이를테면 기업은 ABC를 이용해 기본적인 제품과 서비스를 생산하는 프로세스 비용을 산정할 수 있다.

프로세스 설계

이 단계에서는 제품과 서비스의 생산 및 전달과 관련된 기존 프로세스를 재설계하거나 완전히 새로운 프로세스를 설계한다. 프로세스 맵이나 ABC를 통해 다양한 프로세스를 평가하고, 비슷한 상황에서 다른 기업이 이용하는 프로세스(최우량 사례, best practices)를 조사한다. 아울러 새로운 비즈니스 프로세스의 실행 과정에 필요한 정보, 직원, 자원과 함께 새로운 활동 단계를 문서화한다.

프로세스 구현

새로운 프로세스 설계를 실행하는 단계로, 기업 조직을 재구성하고 새로운 정보 시스템을 설치한다. 직원들에게 새로운 활동과 업무 절차를 교육하고, 급료와 보너스를 인상하여 새로운 업무 방식을 지원한다.

》 비즈니스 프로세스 관리(BPM)

변화에는 엄청난 노력이 필요하다. 따라서 리엔지니어링을 실시하는 기업은 흔히 빅뱅 방식을 이용하여 단번에 변화를 일으키려고 한다. 때로는 전체 프로세스가 성공적으로 변화하는 경우도 있지만, 부분적으로만 변화가 일어나 얼마 지나지 않아 이전 상황으로 돌아가는 경우도 있다.

이런 문제점을 개선하기 위해 비즈니스 프로세스 관리(Business Process Management, BPM)가 등장했다. 이는 기업이 지속적이고 점진적으로 프로세스를 실행하여 업무 성과를 개선하는 방식이다. BPM의 응용 기법으로, 비즈니스 활동 감시 체계(Business Activity Monitoring, BAM)가 있는데, 이는 특정 기업과 거래 파트너에게 최신 업무 자료를 지속적으로 제공한다. 기업이 BAM을 이용해 일부 핵심 프로세스를 개선한다면 비용을 절감하고 새로운 수입원을 개발할 엄청난 기회를 얻게 될 것이다.

하워드 스미스(Howard Smith)와 피터 핑거(Peter Fingar)는 《비즈니스 프로세스 관리: 제3의 물결(Business Process Management: The Third Wave)》에서 BPM에 대해 다음과 같이 말했다.

"BPM은 관리 이론(종합적 품질 관리, 6시그마, 비즈니스 엔지니어링, 일반 시스템 원리)과 현대 기술의 만남이다."[14]

BPM은 그래픽 기호로 프로세스 맵을 작성한다. 업무진과 기술진은 이 기호를 공통의 언어로 이용함으로써 효과적으로 협력하여 비즈니스 프로세스를 설계하고 실행한다.

RTE의 비즈니스 프로세스는 중앙집권적인 명령과 통제 체계에 의존하지 않고 최대한 자가 관리(self-managing) 방식으로 진행되어야 한다. 사이버네틱스와 일반 시스템 이론은 이처럼 독자적인 비즈니스 프로세스를 설계하는 여러 가지 방법을 제시한다. 이를 테면 기업은 정보의 흐름과 부정적인 피드백 루프를 이용하여 다양한 프로세스를 설계하고 실행하며, 지속적으로 활동을 수정함으로써 목표를 이룰 수 있다. 이렇듯 자가 관리 프로세스는 결함을 줄이고 품질을 향상시킬 뿐 아니라 직원의 생산성을 증대시킨다.

비즈니스 프로세스 관리를 통해 기업은 핵심 분야에 집중하고, 경쟁력이 떨어지거나 고객에게 차별화된 서비스를 제공하지 못하는 프로세스는 아웃소싱 방식으로 전환한다. 기업은 우선 다양한 프로세스 맵핑 기법을 이용하여 자사의 비즈니스 프로세스를 정의하는데, IDEF0(Integrated Definition Level 0)과 BPMN (Business Process Modeling Notation)이 가장 많이 사용된다. IDEF0은 미 공군이 개발한 공적 도메인 모델링 시스템이고, BPMN은 비즈니스 프로세스 관리 이니셔티브(Business Process Management Initiative, BPMI. org)가 만들었다.

이 같은 기법으로 일단 특정 프로세스의 데이터와 업무 논리를 파악했다면 기업은 이제 그 프로세스를 직접 수행할지 아웃소싱할 것인지를 결정한다. 독특한 가치를 제공하는 특정 프로세스에 집중하고, 그렇지 않은 프로세스는 더욱 효율적으로 수행할 수 있는 서비스 공급업자에게 맡기는 것이다.

기업 내 여러 부서나 다른 기업과 효과적으로 업무를 진행한 후에는 새로운 조직 모델을 설계한다. 인터넷과 기타 통신 네트워크를 이용하면 서로 연락하기도 쉽고 비용도 절감된다. 이러한 연락망 덕분에 기업 간 경계는 희미해지고, 프로세스를 외부 업체에 맡긴 경우에도 긴밀한 협력이 가능해진다. 그 결과 기업은 고객이 선호하는 부가가치 업무에 에너지와 주의를 집중할 수 있고, 새로운 기회를 모색할 수 있게 된다.

린 생산 방식, BPR, BPM이 RTE를 창조하고 있다. RTE는 변화하는 환경을 지속적으로 주시하고 적응하며 새로운 조직 구조를 마련한다. 제3장에서는 RTE를 지원하는 조직 구조의 종류에 대해 자세히 살펴보도록 하자.

■ 리더 인터뷰 Leader Interview

수확 체증과 현대 경제

W. 브라이언 아서(W. Brian Arthur)는 산타페 연구소(Santa Fe Institute)의 외래 교수로, 경제학 리서치 프로그램(Economics Research Program)을 관리했다. 그는 1990년 슘페터 경제학상(Schumpeter Prize)을 받았으며, 1983년부터 1996년까지 스탠퍼드대학(Stanford University)에서 경제학과 인구연구학과의 명예교수를 역임했다. 또한 버클리(Berkeley)의 캘리포니아대학(University of California)에서는 오퍼레이션스 리서치 박사 학위를, 앤아버(Ann Arbor)의 미시간대학(University of Michigan)에서는 수학 석사 학위를 받았다.

브라이언 아서는 3가지 분야에 관심을 두고 연구를 진행하고 있다. 첫 번째는 수확 체증 현상으로, 한 경쟁 업체가 시장을 완전히 장악하기 위해 감행하는 시장 폐쇄의 역학을 연구한다. 두 번째 분야는 인지와 경제학으로, 모호하거나 불확실한 상황에서 사람들이 어떻게 문제를 인식하고 업무를 처리하는지를 조사한다. 그리고 최근에는 기술과 현대 경제의 발전 상황에 관심을 가지고 기술의 변화와 그것이 경제에 미치는 영향을 연구하고 있다. 이 세 분야는 서로 밀접하게 연관되어 있으며, 오늘날 경제계에 확산되고 있는 새로운 RT 세계의 연구에 매우 유용한 기초 자료를 제공한다.

"대학 시절 나는 프로세스 지향적인 기업이 석탄을 캐거나 철강이나 자동차를 제조하는 빅토리아식 경제를 전통적인 경제라고 배웠습니다. 이 같은 프로세스에서 결국 수확 체감의 법칙(law of diminishing returns)이 등장해 모든 기업의 규모에 영향을 끼쳤죠. 하지만 지금은 제품이 보다 더 가벼워지고 있습니다. 사실 물건보다는 정보가 제품이 되는 경우가 점점 더 증가하고 있으니까요. 이런 첨단 경제 분야에서는 주로 첫 번째 모델의 연구 개발(R&D)에 비용을 투자하고 이후에는 추가 비용을 들이지 않고 제품을 복사하기 때문에 수확 체감은 존재하지 않습니다. 판매한 제품에 대한 경상비 비율이 감소하니까 오히려 수확이 체증하는 셈이죠."

이런 분야는 대개 경쟁이 매우 치열하다. R&D에는 상당한 비용을 투자해야 하지만 일단 성공하기만 하면 잠재적인 수익도 엄청나기 때문이다. 시장에서 수많은 고객을 확보하여 선두로 나서는 기업이 시장을 점거하고 장악하는 법이다. 수확 체증이란 '긍정적인 피드백'의 또 다른 이름이다. 현재 긍정적인 피드백이 주도하는 경제 방식이 점차 시장의 일반적인 기준으로 떠오르고 있으며, 혹자는 이를 '승자가 전부를 가지는 방식'

이라고 부르기도 한다. 오늘날의 경제계는 이미 치열한 경쟁 체계에 돌입한 것이다. 브라이언은 계속해서 다음과 같이 지적했다.

"첨단 기업일수록 더욱 인지적인 조직으로 변화합니다. 전통적인 형태의 기업은 주로 반복적인 프로세스를 수행하지만 새로운 형태의 기업은 그렇지 않습니다. 이제껏 경험하지 못했던 새로운 문제에 부딪히기 때문이지요."

시장은 끊임없이 발달하고 새로운 경쟁자들이 등장하지만 경쟁자의 전략은 전혀 파악할 수 없다. 브라이언은 이런 상황에서는 인지 능력이 가장 중요하다고 말한다.

"우선 자신이 어떤 경기에 출전했는지를 파악해야 해요. 요즘처럼 변화가 극심한 경제 상황에서는 여러분은 경기 규칙도 모른 채 경기장에 나선 선수나 다름없으니까요. 완제품을 개발하기 전에 여러분은 우선 중대한 결정부터 내려야 합니다. 그 결정이 효과가 있을지, 경쟁자가 어떤 조치를 취할지는 전혀 예측할 수 없습니다. 말하자면 여러분은 기술이라는 안개 속에 갇힌 것입니다. 문제 파악은 CEO의 임무입니다. 예를 들어, 빌 게이츠는 규칙 변환 시기를 예측하는 능력이 탁월했던 거죠. 그는 자신의 육감에 따라 인지 능력을 발휘해 소프트웨어 게임에서 웹 게임으로 방향을 급선회했습니다. 무슨 경기인지조차 파악하지 못한 기업은 무방비 상태에서 허를 찔린 겁니다."

브라이언은 첨단 기술 분야에서 시장의 새로운 요구에 대처하기보다 제조 과정의 효율성이나 품질 통제 등 제품에 초점을 맞추는 기업은 시장을 지배하지 못한다고 지적한다.

"어떤 시장에 언제 어떻게 진입할지에 대한 전략이 업무 결정보다 훨씬 더 중요합니다. 첨단 기술 분야의 기업은 관찰하고 또 관찰해야 합니다. 이번 주에는 어떤 일이 일어날지 촉각을 곤두세워야 한다는 거죠. 기술진은 이제 연구실이나 사무실에서 연구만 해서는 안 됩니다. 시장에 직접 뛰어들어야 합니다. 회의를 열어 아이디어를 수집하고, 제품이나 서비스에 그 아이디어를 적용할 효과적인 방법을 모색해야 하는 겁니다."

오늘날의 첨단 기술 제품은 특성과 기능의 결합체이다. 현재 시장이 어떤 기능을 중요시하며, 어떤 게임을 진행하는지를 잘 파악해야만 한다.

기술이 우리 경제계에 미칠 영향에 대해 질문하자 브라이언은 이렇게 대답했다.

"현재 기업들은 자사의 비즈니스 프로세스를 다른 기업과 공유하고 있습니다. 놀랄 만한 변화죠. 이제 각 기업은 주고받을 수 있는 기능을 확인해야 합니다. 정보기술이 경제계의 신경 체계를 재구성하고 있으며, 그 결과 생산성이 놀랄 만큼 증가했습니다. 철도 네트워크가 여러 곳을 연결하듯이 전기 기술 네트워크가 프로세스를 연결하는 거죠. 바로 이 변화가 업무 과정에 지대한 영향을 끼치고 있습니다. 원시인들은 힘겨운 삶을 살았지만 하루 종일 바쁘게 일하지는 않았습니다. 계절이 바뀌고 기회가 다가오기를 기다리며 시간을 보낼 뿐이었죠."

그는 산업혁명이 일어난 과정을 설명하면서 그 당시 사람들은 장시간 똑같은 업무를 반복했음을 지적했다. 현대는 정보화 시대이다.

"우리는 반복적인 업무에서 해방되었지만, 빈둥거리기보다는 일하기를 원합니다. 하지만 현대 경제계에서 이 '일'이라는 것을 도대체 어떻게 정의해야 하는 걸까요?"

제 3 장

RTE를 위한 조직 구조

　지난 200년간 대부분의 조직은 계층적 조직 구조를 채택해 왔다. 정보 전달이 주기적이고 또 오늘날만큼 변화가 크지 않았던 과거에는 이런 구조가 상당히 효과적이었다. 이런 피라미드형 계층 구조는 고전적이고 전형적인 조직 구조로서, 오늘날에도 다국적 기업에서부터 정부와 군대에 이르기까지 어디에서나 그 예를 찾아볼 수 있다.

　20세기 중반까지만 해도 사람들은 글이나 숫자를 종이에 직접 쓰거나 인쇄하는 방식으로 정보를 저장하고 전달했다. 정보 이론의 관점에서 보면 이는 매우 느린 데이터 전달 방식이다. 전보와 전화가 등장한 이후에도 대부분의 기업에서 데이터 전달은 여전히 속도 미달 상태였다.

　정보 전달이 느린 세계에서는 중앙에서의 계층적인 통제가 조직을 체계화하는 데 효과적이다. 이런 구조를 통해 관리자들은 수많은 직원과 설비 업무를 통제할 수 있다. 관리자가 계획을 세우고 명령을 내리면 직원들은 그대로 따르는 것이다. 하지만 이런 조직은 환경 변화에 대한 대응이 느릴 수밖에 없고, 심지어 변화를 감지하는 데에도 많은 시간이 걸린다. 데이터가 수집되어 의사결정자에게 전달되는 과정에서 정보가 걸러지고 요약되기 때문이다. 그러나 다량의 정보를 빠르게 처리하지는 못하더라도 계층 구조에는 여러 장점이 있었기 때문에 이 점은 큰 문제가 되지 않았다.

하지만 지난 20년 동안 컴퓨터와 통신 기술이 발달함에 따라 크든 작든 모든 조직이 빠른 속도로 엄청난 양의 정보를 수집하고 전달하며 분석하게 되었다. 이는 더욱 빠른 속도로 변화에 대처하고, 더욱 효과적으로 업무를 처리하며, 특정한 기회로부터 훨씬 더 많은 이윤을 확보할 수 있다는 뜻이 된다.

이 같은 변화로 인해 전통적인 계층 구조의 장단점에 대한 평가가 달라졌다. 기업은 린 생산 방식, 비즈니스 프로세스 리엔지니어링(BPR), 비즈니스 프로세스 관리(BPM)와 같은 어플리케이션 방식을 이용하여 더욱 새롭고 효율적인 구조로 조직을 개편할 수 있다.

RTE 구조 설계에 관련된 기술과 개념을 소개하는 4가지 이론이 있다. 이 개념을 좀 더 상세히 살펴보도록 하자. 핵심 개념은 다음과 같다.

1. 복합 적응 시스템(Complex Adaptive Systems, CAS)
2. 시스템 다이내믹스(System Dynamics)
3. 자생 시스템 모형(the Viable Systems Model, VSM)
4. 소프트 시스템 모형(the Soft Systems Model, SSM)

복합 적응 시스템(Complex Adaptive Systems, CAS)

현실 세계는 복잡하다. 수많은 사건이 발생하고, 그 여러 사건들이 복잡하게 얽혀 있다. 때로는 사건 간의 관계가 명확하게 드러나기도 하지만 매우 미묘한 경우도 있다. 고전적인 계층 구조는 이같은 복잡성을 제대로 인식하지 못하고 단순화시켜 버린다. 자신이 속한 세계의 복잡성을 인식하고 효과적으로 대응하는 기업은 그렇지 못한 기업보다 경쟁력이 높을 것이다. 우리는 이러한 복잡성에 적절히 대처하는 기업을 RTE라고 부른다.

그렇다면 RTE는 어떻게 시작되었고, 어떻게 운영되고 있는가? 또, 어떻게 업무를 처리하는가? 이른바 CAS가 이러한 질문에 해답을 제공하며, 일반 시스템 이론과 사이버네틱스는 시스템의 업무를 조사하고 설명할 도구를 제시한다.

CAS란 환경에 따라 작용을 변화시킴으로써 새로운 목표를 성취하거나 기존의 호메오스타시스를 유지하는 시스템이다. 이런 시스템은 외부 환경과 내부 업무 처리 과정의 긍정적, 부정적 피드백을 이용하여 시스템 작용을 조절한다.

지난 수십 년 동안 학자들이 이 문제를 꾸준히 연구해 왔으며, 그 결과를 바탕으로 현재 CAS의 개념이 형성되었다. 그중 제이 포레스터, 스태포드 비어, 피터 체크랜드(Peter Checkland), 피터 센지(Peter Senge) 등 4명의 독보적인 인물을 자세히 살펴보자.

MIT(Massachusetts Institute of Technology)와 슬론경영대학원(Sloan School of Management)에서 경영학 교수로 있는 제이 포레

스터는 1950년대 후반부터 시스템 작용을 연구하기 시작했다. 그는 컴퓨터 과학과 엔지니어링에 종사한 경험을 컴퓨터 모델링 개발과 사회 시스템 분석에 적용하여 현재 '시스템 다이내믹스'로 알려진 분야를 개척했다.[1] 그는 시스템 다이내믹스를 이용하여 다양한 정책과 행동 방침이 기업, 도시, 국가의 성장과 안정, 부침(浮沈), 작용에 미치는 영향을 평가했다.

스태포드 비어는 사이버네틱스의 원칙을 기업에 적용하고, 그것이 업무 처리 계획에 미치는 영향을 연구했다. 시스템 개념 개발의 선구자인 그는 OR 분야에서 인정받는 선도적인 두 협회를 설립했고, 전 세계 수많은 기업과 정부에서 컨설턴트로 일했으며, 유럽과 미국의 여러 대학에서 강연을 하기도 했다. 현재 그는 '효율적인 조직의 과학(the science of effective organization)'이라고 정의한 경영 사이버네틱스의 창시자로 널리 인정받고 있다.[2] 그는 노버트 비너와 W. 로스 애쉬비의 연구를 토대로 자신의 개념을 체계화하여 이른바 '자생 시스템 모형(VSM)'을 만들었다.

영국의 한 대기업에서 15년 동안 R&D 담당 국장을 맡았던 피터 체크랜드는 현재 영국 랭커스터(Lancaster)에 위치한 랭커스터 대학(University of Lancaster)에서 시스템 전공 교수를 맡고 있다. 그는 주로 시스템 사고(systems thinking), 시스템 사고와 실세계 문제해결 과정의 관계, 특히 정보 시스템 구축과의 관계를 연구한다.[3] 이 과정에서 그는 비즈니스, 사회, 정부 시스템의 작용을 체계적으로 연구하는 프로세스로서 SSM(소프트 시스템 방법론, Soft Systems Methodology)을 개발했다.

피터 센지는 MIT의 선임연구원이자 조직학습협회(Society for Organizational Learning, SoL)의 현 회장이다. SoL은 기업, 학자, 컨설턴트로 구성된 글로벌 단체로서, '사람들과 그 조직의 상호 의존적인 발달'을 목표로 한다.[4] 센지는 각 구성원이 공동 목표를 위해 효과적으로 업무를 처리하고 서로 협력할 수 있도록 조직의 리더십과 통제력을 분산시키는 일에 특히 관심을 가졌다. 그는 피터 체크랜드의 소프트 시스템 방법론을 바탕으로 《제5경영(The Fifth Discipline: The Art and Practice of the Learning Organization)》을 집필하여 1990년 이후 수많은 조직에 시스템 사고를 널리 알렸다.[5]

시스템 다이내믹스(System Dynamics)

제이 포레스터는 수많은 사람들이 관심을 가졌던 호메오스타시스를 설명하면서 복잡한 시스템이 안정성을 유지하고 생존하려면 호메오스타시스가 필요하다고 지적했다. 따라서 시스템의 전체적인 구조적, 기능적 체계는 내적 현상을 유지하는 일에 초점이 맞추어진다. 그 결과 복잡한 시스템은 어떤 작용에 대해 특정한 방식으로 반응할 것이라는 일반적인 예상과는 달리 때때로 전혀 예상치 못했거나 언뜻 보면 상식에 어긋나는 방식으로도 반응한다. 그러나 유감스럽게도 사업가, 정치인, 사회과학자들은 이런 현상에 주의를 기울이지 않는다.

이 때문에 어떤 문제에 대처하기 위해 실시한 조치나 정책이 상황을 개선하기보다는 악화시키는 경우도 흔히 발생한다. 포레스터는 기업이나 도시, 혹은 경제 단위 같은 복합 시스템은 단순한 시스템과는 정반대로 작동한다고 말한다.

우리는 보통 단순한 시스템을 다루었던 경험을 바탕으로 대부분의 시스템을 이해한다. 그렇기 때문에 복합 시스템에 대한 우리의 예상은 빗나가기 일쑤이다.

단순한 시스템은 통제해야 할 중요한 변수가 하나뿐인 목표 지향적인 시스템으로서 제1명령(first-order), 즉 부정적인 피드백 루프에 따라 작동한다. 온도 조절 장치를 예로 들어 보자. 우리는 방이 너무 더우면 온도를 낮추고 추우면 온도를 높인다. 자동차 속도 조절을 예로 들어도, 속도가 너무 느리면 액셀러레이터를 밟고 너무 빠르면 액셀러레이터에서 발을 뗀다.

이런 시스템은 단순한 피드백에 의해 지배받기 때문에 우리는 어떤 현상의 원인과 결과를 같은 장소, 같은 시간에서 찾을 수 있을 것으로 예상한다. 따라서 원인과 결과가 시간이나 장소와 밀접한 관련이 없는 복합 시스템에 이 같은 태도로 대처하게 되어 문제가 발생하는 것이다. 복합 시스템의 업무 처리 과정은 무수히 많은 피드백 루프로 구성된다. 이중 일부는 긍정적인 피드백인 반면 일부는 부정적인 피드백이다. 시스템의 반응을 결정하는 요소는 하나의 피드백 루프가 아니라 모든 피드백 루프의 상호 작용에 있다. 다시 말해, 시스템은 구성 요소 간의 관계를 통제하는 전반적인 구조와 업무 처리 정책에 따라 작용되는 것이다.

우리는 원인과 결과가 시간과 장소와 밀접한 관련이 있다고 예상하고, 실제로 인과 관계가 없는 경우에도 이를 억지로 찾으려 한다. 이런 경향 때문에 복합 시스템에 대처하기가 더욱 어려워지는 것이다. 이를테면 우연히 일어난 일에도 원인을 명확하게 밝히고자 애쓴다. 직접적인 관계가 없음에도 전체 시스템 다이내믹스의 일부로서 함께 움직이기 때문에 반작용의 반응을 보이는 듯한 변수들 사이에서 굳이 원인 결과 관계를 끌어내기도 한다. 게다가 근본 원인은 놓친 채 우연히 일어나는 징후만으로 결론을 내림으로써 결국 쓸모없거나 해로운 결과를 초래하는 경우까지도 발생한다.

포레스터는 CAS의 2가지 다른 특성을 연구하여 설명했다([표 3-1] 참고). 첫째, 정책이나 업무 처리 절차를 바꿀 때 단기적, 장기적 변화 사이에 충돌이 일어난다. 단기적으로 이익을 주는 정책은 대개 장기적으로는 문제를 일으킨다. 둘째, 개별적인 서브 시스템과 전체 시스템의 목표가 거의 매번 충돌한다. 즉, 주어진 업무를 최적화하려는 서브 시스템과 업무의 효율성을 극대화하려는 전체 시

표 3-1 복합 시스템의 특징

1. 복합 시스템의 작용은 사람들의 예상과 크게 어긋난다.

2. 복합 시스템의 원인과 결과는 대개 시간 및 장소와 밀접한 관계는 없지만, 단순한 시스템에서의 경험 때문에 인과 관계가 존재한다고 착각한다.

3. 근본 원인을 파악하지 못한다. 따라서 거의 같은 시각에 같은 장소에서 일어나기 때문에 관련이 있는 것처럼 보이는 우연한 징후에 초점을 맞춘다.

4. 흔히 단기적으로 상황을 개선하는 시스템의 변화가 장기적으로 문제를 일으키거나, 장기적으로 이익을 가져오는 변화가 단기적으로는 문제를 일으킨다.

5. 서브 시스템의 업무를 최적화하는 조치와 전체 시스템의 효율성을 극대화하는 과정 사이에 충돌이 일어난다.

스템 사이에 끊임없이 갈등이 나타난다.[6]

자생 시스템 모형(Viable Systems Model, VSM)

스태포드 비어는 연구를 통해 인간의 신체가 복합 시스템의 성공적인 모형이라는 결론을 내리고, 이 모형을 VSM이라고 명명했다. VSM은 조직을 살아 있는 대상처럼 간주하여 이상적인 조직의 구조를 설명한다. 스태포드 비어는 《회사의 두뇌(Brain of the Firm)》와 《기업의 핵심(The Heart of Enterprise)》에서 VSM에 대해 자세히 설명했다.[7]

VSM에 따르면 상황은 (1)환경 (2)이 환경에서의 시스템 수행 업무 (3)이 환경에서의 시스템 수행 조정과 계획, 목표 설정의 메타 시스템 활동 등 3가지 요소로 구성된다.

VSM은 또한 모든 시스템의 업무와 메타 시스템의 요소를 형성하는 5가지 기본 서브 시스템을 규정한다. 각각 시스템 1, 2, 3, 4, 5라고 부르는 이 서브 시스템에 대해 좀 더 자세히 살펴보자.

시스템 1은 조직의 우선순위 활동을 수행하는 업무 처리 단위 조직의 집합체로, 실제로 업무를 수행하는 모든 단위를 포함한다. 이는 인간의 신체로 보자면 근육과 기관에 해당하는 시스템이다.

시스템 2는 근육과 기관의 상호 작용을 조정하는 자율신경계와 같다. 이는 업무 처리 단계에서 일어나는 충돌을 해결하고 안정성을 유지하는 시스템이다.

시스템 3은 자율신경계와 비슷한 역할을 수행한다. 신체 전반을 위한 모든 근육과 기관의 활동을 조절하고, 아울러 활동 단위 간의 시너지 효과를 창출할 수 있는 방법을 모색한다.

시스템 4는 우리의 의식 신경계와 비슷한 체계로, 환경을 조사하고 정보를 수집하여 환경 변화를 예측하고, 아울러 변화한 환경에 가장 훌륭하게 적응할 수 있는 계획과 전략을 수립한다.

시스템 5는 인간의 두뇌와 비슷한 역할을 한다. 시스템의 정체성과 전반적인 목표 및 존재 이유를 정의한다. 이 시스템은 업무 처리 정책이나 지침에 따라 작동한다([표 3-2] 참고).

이 모형은 시스템이 생존하려면 업무 정책을 스스로 수립하고 실행하며 조절해야 한다고 규정하고 있다. 다시 말해, 앞에서 언급한 5가지 시스템을 갖추어야 한다. 스스로 정책을 수립하고 실행하고 조절하지 못하는 시스템은 다른 시스템의 구성 요소에 불과하며, 시간이 지나면 붕괴되고 만다.

VSM은 또한 업무 처리 과정의 개별적인 여러 단위(모든 조직의 시스템 1)가 최대한 자율성을 유지한다고 강조한다. 즉, 미리 정해 둔 업무 범위와 책임 한도 내에서 맡은 업무를 자유롭게 계획하고 실행해야 한다. 시스템 2의 각 업무 처리 단위는 사실 전체 시스템의 축소판으로서, 좀 더 작은 규모의 시스템 1~5를 포함하고 있다.

시스템 1의 각 단위가 자율성과 자기 조절력을 가지고 있기 때문에 이 단위의 작용은 시스템 2, 3의 통제를 직접 받기보다는 시스템 1, 2, 3 사이에서 발생하는 피드백의 작용을 통해 조정된다. 시스템 2, 3은 시스템 1에서 얻은 자료를 검토하여 상황이 변화했는지, 혹은 특정 업무 처리 단위가 미리 정해 둔 업무 범위에서 벗

표 3-2 VSM

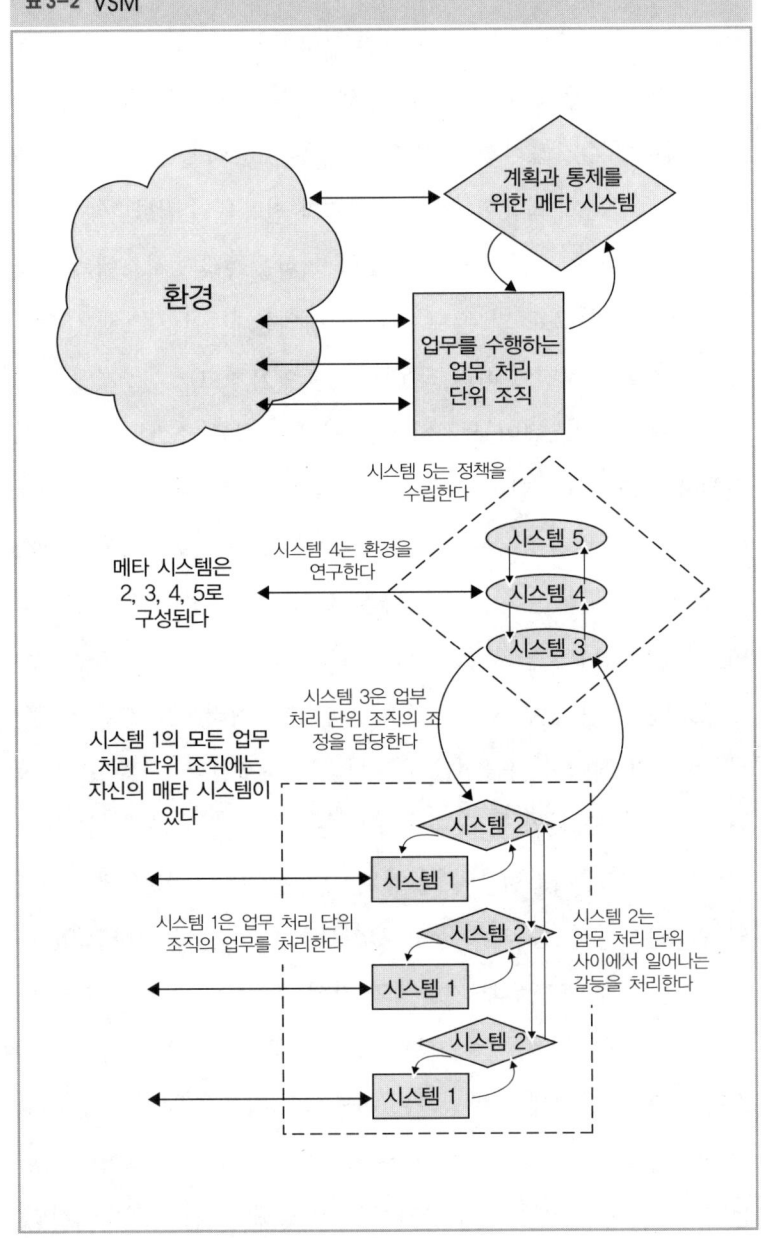

어났는지를 확인한다.

만일 상황이 변했거나 업무 처리 단위가 업무 범위를 벗어났다고 판단되면 시스템 2, 3은 이 정보를 시스템 1에 전달한다. 이 과정에서 긍정적이거나 부정적인 피드백이 일어나 각 업무 처리 단위의 작용을 유도한다. 즉, 이 피드백에 따라 해당 단위 조직이 기존 활동을 조절하거나 상황에 맞게 대응하는 것이다.

피드백에 대한 대응 방식은 일정한 순서를 따르기 때문에 혼란이 발생할 염려가 없다. 시스템 2나 3은 시스템 1에 특정한 일을 하라고 직접 명령하기보다는 시스템 간의 피드백으로 발생하는 결과를 이용하여 영향력을 행사한다. 따라서 각 단위 조직이 자율성을 잃지 않고 미리 정해 둔 한계 내에서 스스로 활동하고 사고하며, 그 결과 전체 시스템이 더욱 발전한다. 뿐만 아니라 시스템 2, 3이 시스템 1의 사고 과정을 대신할 필요가 없기 때문에 전체 시스템 업무를 감시하고 최적의 성과를 거둘 수 있도록 담당 임무를 더욱 효과적으로 수행할 수 있다.

소프트 시스템 모형(Soft Systems Model, SSM)

1981년 피터 체크랜드는 《시스템 사고, 시스템 실행(Systems Thinking, Systems Practice)》이라는 책을 통해 세계를 서로 연관된 프로세스 시스템으로 개념화하면 프로세스를 쉽게 이해할 수 있다고 주장했다.[8] 그리고 전자나 소프트웨어, 혹은 기계 시스템 같은 하드 시스템 분석에 이용하는 방식은 소프트 시스템 분석에는 적절하지 않다고 덧붙였다. 소프트 시스템이란 인간의 활동이나 판단 과정을 포함하는 시스템을 일컫는다.

SSM은 인간 행위의 가장 중요한 특징인 주관 혹은 의지를 인정하고 매우 엄격하게 분석하는 방식으로, 현재 조사 중인 문제와 관련된 비즈니스 프로세스 설계에 주력한다. 체크랜드가 '관련 시스템(relevant system)'이라고 부르는 이 모형은 시스템의 실제 운영자들이 문제를 발견하고 논의하며 검토하는 모든 프로세스를 보여 준다. 사람들은 시스템을 주관적으로 생각하기 때문에 시스템에 대한 정의는 다양하게 나타나는데, 이 프로세스를 이용하면 최대한 많은 사람들이 이해하고 수용할 수 있는 모형을 설계할 수 있다.

SSM에서는 시스템의 가장 중요한 정의나 이름이 언제나 일련의 입력을 특정한 출력으로 바꾸는 변형적 활동으로 표현된다. 이를테면 '신제품 개발 시스템' 혹은 '의료 보험 전달 시스템'이라는 식으로 명명한다.

시스템 모형은 서브 시스템이나 프로세스 집합체와 시스템 입력을 출력으로 바꾸는 프로세스의 관계를 보여 준다. 또, 시스템의 개별 프로세스를 구체적으로 묘사하고, 그들 사이의 관계를 이끌어 낸다. 이 관계에서 각 프로세스와 관련된 정보, 자본, 인력, 물질의 흐름을 알 수 있다.

이 프로세스 맵은 흔히 몇 단계로 구분된다. 가장 높은 단계의 맵은 시스템의 주요 프로세스를, 낮은 단계의 맵은 높은 단계의 프로세스에 포함된 하위 프로세스를 좀 더 상세히 묘사해 준다.

업무 현황을 보여 주는 관련 시스템의 정의가 끝났다면 다음 단계로 이상적인 관련 시스템 모형을 만든다. 그런 다음 이 시스템의 영향을 받는 사람들의 검토 및 의견 수렴 과정을 통해 모형을 조정해서 기존 관련 모형과의 차이점을 확인한다([표 3-3] 참고).

SSM에 바탕을 둔 피터 센지의 《제5경영》은 학습 패러다임으로서의 시스템 사고의 잠재력을 설명해 준다. 피터 센지는 시스템의 여러 핵심 요소와 그들 간의 관계를 파악할 때 시스템 맵을 사용하라고 권하고 있다.

구성원들은 자신이 속한 복합 시스템을 이해하고 그와 관련된 시스템 다이내믹스를 평가할 수 있어야 한다. 현재 상황을 구성하는 시스템 다이내믹스를 제대로 이해하지 못하면 문제가 발생했을 때 자신의 힘으로는 바로잡지 못한다는 무력감에 사로잡혀 타인을 탓하게 된다. 센지는 누구나 시스템을 배울 능력을 가지고 있지만, 대부분의 구성원들이 자신이 속한 조직은 이를 배울 기회를 제공하거나 장려하지 않는다고 생각하여 구태의연한 업무 처리 방식으로부터 벗어나지 못한다고 지적했다.

센지에 따르면 시스템 사고를 통해 전체 조직과 조직 구성원들은 변화의 방법을 배우고, 또 변화하는 환경에 적응하기 위해 끊임없이 노력할 수 있다. 시스템에 존재하는 시스템 다이내믹스란 상이한 시스템 프로세스 사이에서 일어나는 긍정적, 부정적 피드백이 결합한 산물이다.

센지는 사람들이 '긍정적', '부정적'이라는 단어에 선입견을 갖지 않도록 긍정적 피드백과 부정적 피드백 대신 각각 '강화 피드백'과 '균형 피드백'이라는 용어를 썼다. 긍정적 피드백이 눈덩이

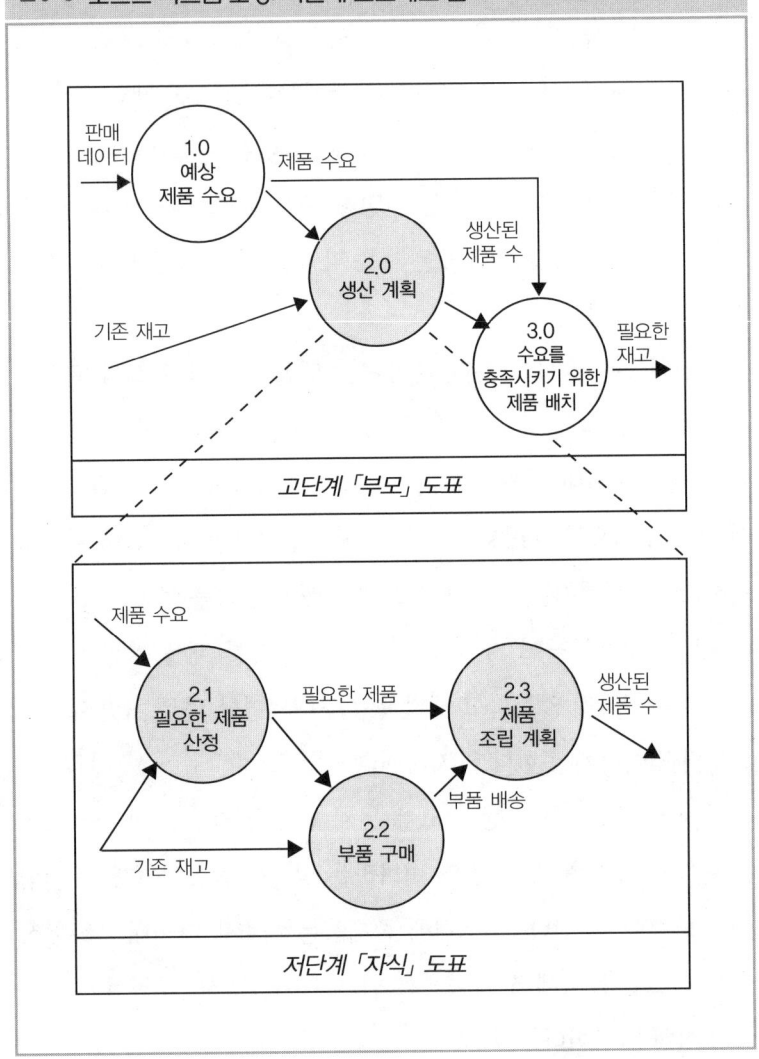

표 3-3 소프트 시스템 모형: 다단계 프로세스 맵

판매
데이터

1.0
예상
제품 수요

제품 수요

2.0
생산 계획

기존 재고

생산된
제품 수

3.0
수요를
충족시키기 위한
제품 배치

필요한
재고

고단계 「부모」 도표

제품 수요

2.1
필요한 제품
산정

필요한 제품

2.3
제품
조립 계획

생산된
제품 수

기존 재고

2.2
부품 구매

부품 배송

저단계 「자식」 도표

혹은 자기 강화 효과를 거두지만 부정적 피드백은 특정 프로세스
가 목표나 균형 상태로 정의한 상태를 유지하도록 하기 때문이다.

RTE 설계

앞으로 몇십 년 동안 우리는 전통적인 계층 구조 대신 RT 세계에서 성공을 거둘 수 있는 새로운 조직 구조를 발견해야 한다. 세계관이 편협하고 반응 속도가 느린 계층 구조에서는 복잡성에 적절히 대처하고 신속하게 움직일 수 없으므로 새로운 조직 구조가 절실히 필요한 것이다.[9]

VSM과 SSM은 RTE 설계와 실험 과정에 유용한 통찰력을 제공해 주는 기법이다. 또한 RTE의 업무 처리 정책 수립 과정에 시스템 다이내믹스와 사이버네틱스의 여러 개념을 지침으로 이용할 수 있다.

VSM은 주로 시스템 업무를 최적화하는 과정에 초점을 맞추며, 가장 이상적인 조직 구조와 통제 프로세스를 정의한다. SSM은 기업에 필요한 학습 과정에 초점을 맞추며, 자사가 직면한 문제의 근본 원인을 발견해 효과적으로 대처할 새로운 프로세스의 설계를 돕는다.

이 두 방식의 장점을 결합하면 매우 효과적인 결과를 얻을 수 있다. 현재 상황과 관련된 VSM을 만들 때 SSM을 이용해 필요한 정보를 수집하거나 이상적인 시스템을 설계함으로써 사람들에게 상황을 알려 의견을 수렴할 수 있다.

VSM이 제공하는 사이버네틱스의 원칙과 도구를 이용하면 다양성을 갖추어 환경에 효과적으로 대처할 이상적인 시스템을 설계할 수 있다. 이는 구체적인 설계 과정을 돕는 모형으로, 현재 설계 중인 시스템이 생존하고 발전하기 위해 필요한 특정한 능력을 알려준다.

이제 새로운 방식으로 RTE를 이해해 보자. 우선 SSM과 센지의 시스템 개념을 이용하여 새로운 조직을 움직이는 하이 레벨 다이내믹스를 작성한다([표 3-4] 참고). RTE는 3가지 하이 레벨 피드백 루프로 구성된다. 이중 하나는 균형 피드백이며, 다른 하나는 강화 피드백이다. 세 번째 피드백은 표준 비즈니스 프로세스가 현 상태를 유지하는지 아니면 효과적인 새로운 절차에 따라 프로세스를 업데이트하는지에 따라 역할이 달라진다.[10]

이 3가지 피드백 루프의 상호 작용으로 형성된 시스템 다이내믹스를 이용하면 조직의 성공 가능성이 커진다. 기업은 고객과 시장에 대한 광범위한 정보를 바탕으로 변화에 대처할 일반적인 비즈니스 프로세스를 마련한다. 일반적인 비즈니스 프로세스 규칙을 따르지 않는 예외적인 데이터나 사건이 발생하면 시스템은 복잡성을 인식한다. 예측할 수 없거나 일반적인 프로세스를 통해 처리할 수 없는 문제가 발생하면 구성원에게 알리고 관련자에게 데이터를 조사하도록 지시한다. 데이터가 일반적인 프로세스 규칙에 어긋나는 이유는 데이터에 에러가 있거나 일상적인 과정에서 벗어나는 새로운 일이 발생했기 때문이다. 관련자는 이 2가지 중 어떤 이유로 문제가 일어났는지를 확인해야 한다([표 3-4] 참고).

만일 에러 때문에 비정상적인 경우가 발생했다면(루프 1) 에러를 조사하여 근본적인 원인을 제거한다. 반면 새로운 일이 발생했기 때문이라면(루프 2) 상황을 조사하고 새로운 비즈니스 프로세스를

표 3-4 RTE는 사물이 아니라 과정이다

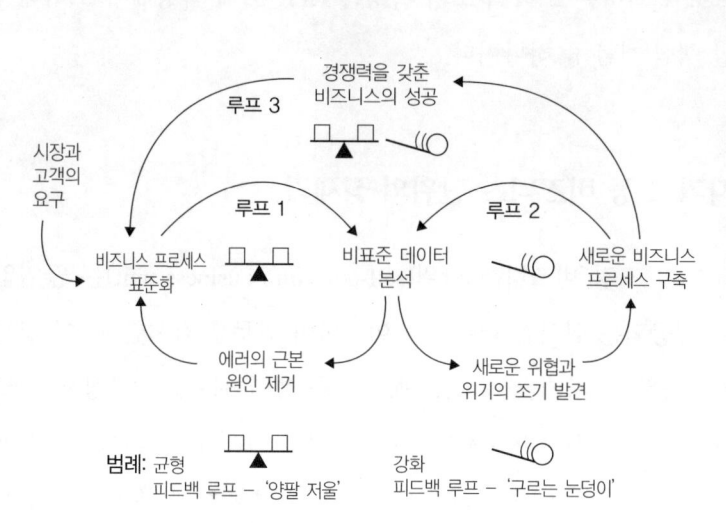

이 그림은 RTE를 움직이는 시스템 다이내믹스이다. 기업은 경영 효율성을 극대화하기 위해 비즈니스 프로세스를 표준화하고 체계화한다. 표준에서 벗어나거나 불규칙한 데이터가 나타나면 즉시 확인하여 담당자에게 알린다.

데이터에 에러가 발생하거나 새로운 요소(위협이나 기회)가 발생하면 비표준 데이터가 나타난다. 만일 데이터나 비즈니스 프로세스에 에러가 발생하면 원인을 분석하고 에러를 수정하여 표준 비즈니스 프로세스의 효율성을 높인다. 이 과정에서 데이터가 개선되면 조기 발견을 통해 새로운 비즈니스 프로세스를 만들 시간을 더 많이 확보할 수 있다.

성공적으로 업무를 수행한 새로운 비즈니스 프로세스는 해당 기업의 표준 비즈니스 프로세스로 자리 잡는다. 시간이 지남에 따라 이 새로운 절차가 기업의 구조와 활동을 변화시킨다.

마련하여 대처한다. 이 새로운 프로세스가 효과적일 경우 그 기업의 표준 비즈니스 프로세스로 자리 잡게 된다(루프 3).

이 시스템에서 조직은 정체적인 구조가 아니라 고객과 시장의 변화에 따라 끊임없이 변화하는 동적인 구조이다. 이처럼 지속적으로 변화하는 조직 구조의 특징은 RTE 설계 과정에서 고려해야 할 핵심 개념 중 하나이다.

자기 조정 비즈니스 단위의 잠재력

자기 조정 비즈니스 단위(self-adjusting business unit)는 끊임없이 제공되는 실시간 데이터를 이용하여 업무를 감시한다. 이 업무 감시 활동이 자기 조정 피드백 루프를 움직이는 균형(부정적) 피드백을 발생시킨다([표 3-4]의 루프 1). 바로 이때가 조직이 RTE 설계안을 실험하기에 가장 좋은 시기이다. 균형 피드백 루프는 가장 흔히 일어나는 피드백 루프로서 기업의 단기적인, 혹은 중기적인 생존에 가장 중요하다. 조직은 균형 피드백 루프를 이용하여 특정 업무의 성과를 꾸준히 극대화하고 목표를 향해 전진할 수 있다.

VSM에 따르면 각 업무 단위는 최대한 자율적으로 의사를 결정하고 미리 정한 범위 내에서 업무를 수행할 수 있어야 한다. 조직 구성원들은 균형 피드백 루프를 이용하여 기존 시스템과 절차의 효율성을 향상시킬 방법을 모색한다. 또한 OR, 6시그마, 비즈니스 프로세스 관리 기법을 통해 업무 시스템의 효율성을 꾸준히 향상시키고, 6시그마 단계로 전진할 수 있다([표 2-5] 참고).

RTE를 성공적으로 구현하려면 비교적 단순한 표준화 프로세스를 이용하여 대다수 거래를 처리하고, 컴퓨터 시스템을 통해 일상적인 거래를 자동화해야 한다. 이례적인 사건이 일어나면 시스템은 직접 문제를 해결하기보다는 담당자에게 알린다.

단순한 정보 시스템과 표준화된 업무 절차를 이용하여 일상적인 업무를 처리하면 기업의 비즈니스 거래량이 증가해 규모의 경제를 꾀할 수 있다. 또한 더욱 복잡한 정보 시스템을 구축하고 활용하는 과정에서 수반되는 경제적인 부담과 리스크로부터 벗어날 수 있다. 시스템과 절차가 단순하기 때문에 기업이 업무를 지속적으로 개선하기가 더욱 용이해지는 것이다.

기업은 또한 이 방식을 이용하여 직원들의 능력과 재능을 최대한 활용할 수 있다. 인간은 문제를 분석하고 해결하는 업무에 매우 능숙하기 때문에 컴퓨터 따위에 사고 과정을 맡길 필요가 없다. 인간은 흥미롭고 이례적인 문제를 조사하고 해결하기를 즐긴다. 인간의 두뇌는 20만 년 동안 이런 일을 수행하기 위해 진화해 왔다. 우리는 정보를 습득하고 유형을 파악해 비교하는 일을 매우 좋아한다. 이례적인 문제를 조사할 때마다 근본 원인의 분석 과정에 필요한 정보를 얻고, 그 결과 앞으로 에러를 줄이고 비즈니스 프로세스의 효율성을 높일 수 있는 것이다.

사람이 증기기관의 힘을 생산 과정에 활용하게 되자 산업혁명이 일어났다. 증기기관 덕분에 과거 어느 때보다도 효율적으로 제품을 대량 생산하게 되었고, 적절한 가격으로 제공했기 때문에 수요가 엄청나게 증가했다. 이때부터 부의 자기 강화 주기가 확립되기 시작했다.

이와 마찬가지로 기업이나 경제계 전반의 업무를 움직이는 프로세스에 자기 조정 피드백 루프의 힘을 이용한다면 우리는 다시 한

번 큰 부를 얻을 수 있다. 그러면 기업과 경제계가 사상 최고의 효율성과 변화 대처 능력을 발휘하여 효과적으로 업무를 수행할 수 있게 될 것이다.

자기 조정 피드백 루프의 역학을 적용하면 프로세스의 에러를 수정하고 생산성을 꾸준히 향상시킬 시스템을 확립할 수 있다. 이는 자본이 복리 이자에 따라 증가하는 것과 같은 이치이다. 결과가 축적되면 이윤은 늘어나고 낭비는 줄어든다. 그러면 부의 자기 강화 주기가 다시 한번 도래할 것이다.

■ 리더 인터뷰 Leader Interview

조직적 통제와 가치 창출

샐리 헬그슨(Sally Helgesen)은 국제적으로 인정받는 작가이자 연사, 지도자, 컨설턴트이다. 그녀는 기술, 인구, 경제력의 변화로 일에 대한 새로운 정의가 등장하게 된 과정과 더불어 그것이 리더십에 끼친 영향을 조사한다. 그녀는 《여성의 장점: 여성 리더십의 방식(The Female Advantage: Women's Ways of Leadership)》, 《통합의 웹: 거대 조직을 구축하는 새로운 건축법(The Web of Inclusion: A New Architecture for Building Great Organizations)》을 포함해 수많은 베스트셀러를 발표했다. 〈월 스트리트 저널(Wall Street Journal)〉은

《통합의 웹》을 리더십에 관한 5대 우수 도서로 선정하기까지 했다.

그녀는 국제 연합의 여러 방면에서 자문 역할을 담당하면서 더욱 분권화된 리더십 모형을 아프리카와 아시아 지역의 프로그램에 적용하도록 했다. 노스웨스턴대학(Northwestern University)의 방문교수를 역임했고, 하버드교육대학원(Harvard Graduate School of Education)과 스미스대학(Smith College)에도 출강했으며, 헌터대학(Hunter College)에서는 고전학 학위를 받았다.

"현재 경제계에 흥미로운 패러독스가 나타나고 있습니다. 대다수의 대기업이 중앙집권적인 계층 구조에서 벗어나야 한다는 사실을 알고 있으면서도 의사결정 과정과 권력을 더욱 중앙집권화하고 있습니다."

그녀는 단기 수익을 원하는 투자가들이 주식 시장을 장악함으로써 장기적인 관점을 가진 기업이 어려움을 겪기 때문에 이런 현상이 나타나는 것이라고 설명한다.

"이런 시장에서 고위 관리자들은 업무를 중앙집권화하고 비용을 절감하여 수익을 올리고 발전을 도모할 수밖에 없습니다."

관리자는 기업의 단기 소득을 증가시킬 방법을 터득하지만 이 소득은 장기적으로 지속될 수 없다. 현재 이 같은 추세에 저항할 수 있는 기업은 매우 드물지만, 그런 기업 중 하나로 '인텔(Intel)'을 꼽을 수 있다. 샐리는 인텔에 대해 다음과 같이 말한다.

"인텔은 흥미로운 기업입니다. 다른 기업과는 달리 장기적인 관점에서 생각해요. 물론 인텔의 시장 점유율이 매우 높기 때문이지요. 앤디 그로브(Andy Grove, 인텔 전 CEO)는 안정된 수입을 올려 미래를 위해 실험하고 준비할 수 있는 능력을 잃지 않으려면 시장의 선두 주자가 되어야 한다고 생각했죠. 지속적인 수입이 있어야 지속적인 혁신도 가능하니까요. 지속적인 수입 덕분에 인텔은 8086 칩에서 80286 칩으로,

386, 486에서 펜티엄 라인으로 발전할 수 있었습니다. 그렇지 않다면 인텔 역시 경쟁 업체와 마찬가지로 주식 시장의 압력을 받아 R&D 비용을 삭감하고 기존 칩의 생산 효율성을 높임으로써 소득을 증가시키려 할 것입니다."

이 같은 주식 시장의 추세 때문에 현재 거물급 투자자와 고위 관리자에게 부가 편중되는 현상이 일어나고 있다.

"지금까지 우리는 전문 지식을 갖추면 부를 얻을 수 있다고 생각해 왔습니다. 하지만 오늘날의 시장은 지식을 그리 높게 평가하지 않아요. 언제든 업무를 아웃소싱할 수 있기 때문이죠. 아웃소싱은 비용을 절감하고 이윤을 증가시킬 수 있는 가장 빠르고 단기적인 방법이잖아요. 아이러니하게도 대다수 사무직 직원들보다 배관공, 목수, 전기공 같은 노련한 육체 노동자들이 훨씬 안정적이지요. 육체 노동자들은 자기 재능에 대한 수요가 지속될 것을 잘 알고 있습니다. 기술자가 부족한 분야는 수없이 널려 있으며, 육체 노동은 아웃소싱 방식으로 임금이 낮은 국가에 맡길 수가 없으니까요."

샐리에 따르면 세계 여러 지역 사람들은 중앙집권적인 독재가 아닌 통합 민주주의가 가장 이상적인 정부 형태라고 생각한다. 이와 마찬가지로 이들은 이상적인 경제 구조 역시 중앙집권적인 형태가 아니라고 생각한다. 하지만 현재 경제계의 통제권은 분산되기보다는 오히려 더욱 편중되고 있다.

"자본주의의 핵심은 생산 수단의 통제에 있습니다. 노동력이 한곳에 집중되었던 산업혁명 기간 동안 자본주의가 확산되었지요. 하지만 사람들의 세세한 부분까지 관리하고 그들의 생산력을 통제하는 수단으로 기술을 이용하는 현대 경제에서도 여전히 노동력이 집중되는 경향이 있습니다. 이 같은 경향을 방치해서는 안 됩니다. 사람들이 노동력과 부의 창출간의 상관관계를 잘못 이해하기 때문에 이 같은 경향이 일어나는 겁니다. 기술을 독점하려는 시도는 생산 수단의 통제권을 유지하려는 전근대적인 시도나 다름없습니다."

노동력을 일상 용품처럼 생각해 무시한다면 더욱 복잡한 기술을 확보해야 통제권을 잡을 수 있을 것이다.

"단순한 기술을 가졌지만 의욕적인 사람이 복잡한 기술을 가졌지만 의욕이 부족한 사람들을 능가할 겁니다. 사람들은 복잡한 것에 두려움을 느끼고 무기력해지니까요."

기술이 더욱 복잡해지고 통제권이 집중되는 현상에 대항하는 또 다른 요소로서 직업 전선에 뛰어드는 여성이 증가하는 추세를 꼽을 수 있다.

"여성은 흔히 남성과 다른 방식으로 업무를 처리합니다. 그들은 남성처럼 복잡한 기술에 매료되기보다는 기술을 업무 처리의 단순한 수단으로 생각합니다. 그러니 복잡성이 증가하는 현재 추세에 별 흥미를 느끼지 못하는 거지요. 복잡성은 사람들의 상호 작용을 제한할 뿐입니다. 여성은 흔히 함께 일할 수 있는 유연하고 통합적인 방법을 모색하니까요. 《통합의 웹》에서 나는 제품과 프로세스를 혁신하는 기업의 여러 가지 방식을 살펴보았는데, 혁신이란 결코 최고경영진에만 국한되는 개념이 아닙니다. 예를 들어 '인텔 인사이드(Intel Inside)'라는 광고 로고는 인텔의 고위 경영진이 아니라 덴버에 있는 하위 마케팅 팀과 상표권을 담당하는 몇몇 변호사들이 내놓은 아이디어였습니다. 또 다른 예로, 보스턴(Boston)의 베스 이스라엘 병원(Beth Israel Hospital)도 있어요. 특수 붕대와 의료 기기의 특허를 내자는 아이디어를 제안한 사람은 간호사들이었거든요. 직접 환자를 대하는 사람은 최고경영자가 아니라 간호사들이니까요."

샐리는 중앙집권적인 방식으로 운영되며 복잡한 기술을 이용하는 조직은 혁신을 억제하기 때문에 결국 자멸할 것이라고 확신한다.

"기업 생존의 핵심은 분명 혁신입니다. 현대 경제에서는 제품이 급속도로 확산됩니다. 새로운 제품이 만들어지면 저임금 국가에서 쉽게 복제하니까요. 통합적인 웹에서 일어나는 아이디어의 자유로운 흐름과 개인의 상호 작용이 없다면 기업도 혁신적인 제품이나 서비스를 생산하기 어렵습니다. 이러한 혁신이 없다면 기업의 제품과 서비스는 일상 용품으로 전락하여 끝없는 가격 경쟁 때문에 결국 이윤을 내지 못하게 되겠지요.

제 4 장

RTE를 위한 변화 수용

우리는 시스템을 단지 기술이라고만 생각하는데, 이는 오산이다. 사실 시스템이란 사람, 비즈니스 프로세스, 기술 사이에서 일어나는 상호 작용의 결과이다. 모든 것은 사람으로부터 시작한다. 사람이 신기술을 수용하고 새로운 비즈니스 프로세스를 설계하지 않는다면 기술을 이용해 어떤 혜택도 얻지 못한다.

그렇다면 기업이 어떤 조치를 취해야 직원들이 변화를 수용하고 신기술을 이용하여 경쟁력을 갖출 수 있을까? 이 장에서는 이를 비롯한 몇 가지 의문점을 살펴보고 해답을 제시한다. 기업이 RTE로 변화하려면 우선 조직 구조와 활동을 획기적으로 바꾸어야 한다.

피할 수 없는 변화

1980년대 초반 이후 비즈니스와 과학기술에 많은 변화가 일어났다. 하지만 대다수의 사람들은 십중팔구 안정적이고 편안한 일자리, 변화를 요구하지 않는 일자리를 원했을 것이다. 하지만 세상은 우리의 바람과는 정반대 방향으로 변화했다. 세계화, 점점 치열해지는 경제 경쟁, 사무직과 전문직 업무의 아웃소싱, 저임금 국가로 이동하는 제조업, 지구 온난화 등 갖가지 변화가 끊임없이 일어났다. 이로 인해 우리의 생활과 업무 방식, 그리고 사회의 구성 방식까지도 완전히 바뀌었다.

물론 이 같은 변화 덕분에 과거에는 불가능했던 수많은 일들이 가능해졌다. 하지만 변화의 과정이 모두 모질고 혹독한 것은 아니다. 변화하는 방법을 배우면 오히려 재미를 느낄 수도 있다.

우리는 이처럼 변화무쌍한 바다를 항해하는 선원으로서 '조직'이라는 배를 조종하고 있다. 선원은 강풍을 거스르기보다는 돛을 올려 바람을 타고 원하는 목적지에 도착해야 한다. 선원이 바람과 파도를 이용하여 목적지를 향해 전진하는 방법을 터득하듯이 우리는 변화를 이용하는 법을 배워야 한다. 이 과정에서 우리는 이따금 최고의 기회를 발견하기도 한다.

피터 센지는 진정한 학습을 통해서만 '인간이란 무엇인가?'라는 문제의 핵심에 도달할 수 있다고 말한다. 오늘날 모든 개인과 조직은 자신을 재창조할 능력을 가지고 있다. 학습 조직의 목표는 생존이 아니다. 센지에 의하면 조직에는 '생존 학습' 혹은 간혹 '적응 학습'이라 일컫는 것이 반드시 필요하지만 창조 학습, 즉 창조력을 제고하는 방법까지도 학습해야 한다고 한다.[1]

조직이 RT 세계에서 성공하려면 새로운 기술을 배우려는 구성원의 의지는 물론 혁신의 자세도 필요하다. 구성원들은 어떤 난관이 닥쳐도 포기하지 않겠다는 결의를 가지고 열심히 노력하여 산업 시대의 구태의연한 방식으로부터 벗어나야 한다. 개방적이고 예리한 관찰력을 가진 기업은 그 방법을 배움으로써 살아남아 날로 발전할 것이다. 찰스 다윈(Charles Darwin)은 이렇게 말했다.

"살아남는 종은 가장 강하거나 가장 똑똑한 종이 아니라 변화에 가장 훌륭하게 대처하는 종이다."[2]

변화는 두려움을 부른다–기업이 변화에 실패하는 이유

개인이나 조직이 변화에 적응하지 못하는 것은 2가지 이유 때문이다. 이 2가지 모두 두려움에서 비롯되며, 두려움을 더욱 증가시키는 강화 피드백을 일으킨다. 그리고 이것은 조직의 변화 능력을 약화시켜 결국 사라지게 만든다. 그래서 많은 기업들이 변화하지 않으면 살아남지 못한다는 사실을 알면서도 변화를 거부하는 것이다. 하지만 변화를 거부하는 개인이나 조직은 파멸은 피해 가더라도 반드시 세상에서 뒤처지고 만다.

변화에 실패하는 첫 번째 이유는 조직 구성원의 신뢰가 부족하기 때문이다. 새로운 방식이 등장하면 사람들은 그것이 자신의 위치와 일자리, 수입에 어떤 영향을 미칠지 궁금해 한다. 만일 조직이 이와 관련된 정보를 제대로 전달하지 못해 그들의 의문점을 해소해 주지 못하면 신뢰를 얻을 수 없다. 신뢰가 없으면 구성원들은 모든 일에 두려움을 느끼고 거부할 것이다.

과거 수세기 동안 전쟁터에서 병사들이 목숨을 걸고 적과 싸운 이유는 애국심이나 명예 같은 추상적인 명분 때문이 아니라 자신이 속한 집단 구성원과 그들 사이에 존재하는 신뢰와 존중 때문이었다. 다시 말해, 신뢰와 존중에서 비롯된 유대감 때문에 주어진 상황에서 자신이 해야 할 일을 했던 것이다. 병사들은 동료를 실망시키지 않으려고 노력했고, 동료들 역시 그들이 자신을 실망시키지 않을 것이라고 믿었다.

믿음이 깨진다면 아무도 위험을 무릅쓰고 전진하지 않는다. 그렇게 되면 조직 전체가 무력해진다. 따라서 지휘관이 아무리 명령을 내리고 위협을 가해도 결코 움직이지 않게 되는 것이다.

기업이 효과적으로 변화하려면 직원들에게 반드시 기업에 대한 신뢰를 주어야 한다. 즉, 어떤 변화가 일어나더라도 회사가 자신들의 이익과 일자리를 보호해 줄 것이라는 믿음을 주어야 한다. 경영진이 정보를 숨기고 자신들 몰래 다운사이징이나 아웃소싱, 혹은 해고를 단행할 것으로 생각되어 회사를 불신한다면 그들은 속으로는 불만을 터뜨리면서 마지못해 협력할 것이다. 간혹 경영진이 회사를 정비하여 일부 부서나 자산을 매각하기도 하는데, 이는 진정한 변화가 아니라 돈을 벌기 위한 임시방편에 불과하다.

기업이 성공적으로 변화하지 못하는 두 번째 이유는 관리자 자체에 있다. 전투 패배에 대해 사병들이 책임질 필요가 없듯이 기업이 변화에 실패하는 것은 직원의 책임이 아니다. 이 두 경우 모두 실패의 이유나 책임은 리더들, 혹은 경영진들의 몫인 것이다.

우리는 지금까지 말만 앞세울 뿐 실천하지 않는 관리자들을 많이 보아 왔다. 도대체 왜 그럴까? 그런 행동 또한 두려움에서 비롯된다. 그들은 아마도 이성적으로는 변화가 필요하다고 생각하면서도 그 결과에 불안감을 느낀 나머지 가능한 한 변화가 일어나지 않도록 막을 것이다.

수많은 사람들이 뛰어난 능력이나 활동력 덕분에 관리자의 자리에 오른다. 하지만 조직이 변화하면 이들의 능력이나 활동이 그다지 큰 가치가 없을지도 모른다. 스스로 변화하거나 새로운 기술 습득에 자신이 없는 관리자는 새로운 기술이나 행동력을 갖추고 창의적이고 성공적인 방식으로 변화를 주도하는 사람들에게 위협을 느낀다. 새로운 인물에게 밀려날까 봐 두려워 무력감을 느끼는 것이다.

변화를 거부하는 것은 대개 기업의 중간 간부층이다. 조직이 변화하면 중간관리자가 고위층보다 더 치명적인 타격을 입고 가장

표 4-1 조직이 변화에 실패하는 이유

개인의 신뢰 부족	관리자의 노력 부족
• 조직 구성원들은 자신이 속한 조직이 구성원들의 권익을 중요하게 여긴다고 믿어야 한다.	• 말만 할 뿐 실천하지 않는다.
• 새롭게 변화한 조직에 자신의 자리가 있을 것이라고 믿어야 한다.	• 때로는 변화로 인해 현재 관리자가 지닌 능력의 가치가 하락할 수도 있다.
• 믿음이 없다면 두려움이 팽배해질 것이다.	• 통제력과 권위를 잃을까 봐 두려워한다.
• 두려움을 느끼면 사람들은 변화를 거부한다.	• 두려움 때문에 변화를 방해한다.

많은 것을 잃기 쉽다. 따라서 고위 경영진이 조직을 변화시키기 위해 전심전력을 다하는 동안 변화 계획을 실행해야 할 중간관리자들이 갖가지 수단을 동원해 변화를 방해하거나 무시할 수 있다.

기업이 성공적인 RTE로 변화하려면 중간관리자에서 CEO에 이르기까지 모든 관리자들이 자신감을 가지고 각자의 임무에 전념해야 한다. 아울러 성공적인 변화를 이루었을 때 개인 생활과 직장에서 얻을 수 있는 혜택을 확실히 파악하고, 변화가 두렵다면 그 이유를 파악해 적절히 대처해야 한다. 그렇게 하지 않으면 기업은 긍정적으로 발전하지 못하고, 그 결과 조직 구성원들은 경영진이 진심으로 변화를 원하지 않는다고 느끼게 된다([표 4-1] 참고).

당신이 원해야 변할 수 있다

성공적인 변화를 이끌 책임은 물론 조직의 관리자에게 있다. 원하지 않으면 얻을 수 없다. 마지못해 조금씩 변화하는 조직은 결코 성공하지 못한다. 어떤 조직이든 중앙집권적인 계층 구조에서 탈피해 자율적으로 운영되는 단위 종합체, 즉 RTE로 변화해야 한다.

변화는 진화 과정이다. 일단 변화를 시작해 성공하려면 멈추지 말고 끊임없이 변화해야 한다. 변화의 속도는 조절할 수 있지만 절대 멈춰서는 안 된다. 원하든 원하지 않든 어차피 우리 모두 늙어가는 것처럼 어쨌든 변화는 일어나기 마련이다. 성공적인 기업은 변화에 뒤쳐지기보다는 변화의 물결에 편승한다.

대다수 기업의 직원들은 새로운 일에 도전하려는 의지를 가지고 있다. 하지만 이들은 '정육면체 농장(cube farms)'이라 불리는 전형적인 사무실에서 늘 권태와 답답함을 느낀다. 좁은 칸막이 속에 앉아 컴퓨터 모니터를 바라보면서 매일 똑같은 일을 반복한다. 서류를 검토해 매번 반복되는 사소한 실수를 바로잡고, 늘 똑같은 서류를 작성한다. 도전과 보상도 없고 자신의 능력을 최대한 발휘하지도 못하는 이런 일들을 반복하면서 이들은 점차 의욕을 상실해 간다.

이들은 일상생활에서 아이를 키우고, 지역 사회 단체에 참여하고, 여러 해 동안 다방면으로 관심을 가지고 능력을 연마해 왔다. 이들에게는 기회만 있다면 직장에서 발휘할 수 있는 여러 가지 재능이 있다. 그러므로 관리자들이 진지하게 새로운 업무 처리 방식을 모색한다면 직원들은 기꺼이 협력할 것이다.

지난 20년 동안 재계에는 새로운 아이디어가 잇달아 등장했고, 대다수의 아이디어는 매우 훌륭했다. 제2장에서 우리는 종합적 품질 관리, 6시그마, 린 생산 방식, 비즈니스 프로세스 리엔지니어링 등의 아이디어를 살펴보았다. 그러나 이런 아이디어가 적용되어도 직원들은 냉소를 보낸다. 이 같은 아이디어는 야심만만하게 시행되다가 점점 자취를 감추어 마침내 다른 아이디어에 밀려나기 때문이다. 조금씩 사라지다가 소멸해 버릴 일에 참여할 어리석은 사람은 없다.

수많은 조직이 변화의 준비를 마쳤고, 직원들은 변화의 의지에 차 있으며, 변화해야 할 이유 또한 절실하다. 게다가 새로운 아이디어가 연달아 등장하고 있고, 이 아이디어를 실행에 옮길 기술까지 갖추어져 있다. 이제 남은 것은 변화에 전심전력을 다하겠다는 지도자의 의지뿐이다.

리더십이란 무엇인가?

비즈니스에서 '리더십'이나 '리더'라는 단어보다 더 자주 쓰이는 단어는 흔하지 않다. 이 두 단어는 함께 쓰이는 경우가 많은데, 한 예로 '관리자'와 '관리'를 들 수 있다. 사실 '리더'와 '경영인'은 서로 바꿔 쓸 수 없는 단어이다. 하지만 사람들은 흔히 리더와 경영인을 같은 뜻의 단어인 양 사용하기 때문에 혼란이 일어난다.

리더십과 관리 기술은 확연히 다르다. 우선 두 단어의 정의부터 살펴보자. 하버드대학 교수인 존 코터(John Kotter)는 리더십과 조직 변화에 대해 철저히 조사하고 깊이 고찰하여 그 조사를 토대로 관리와 리더십에 대해 다음과 같이 정의했다.

- '관리'란 사람과 기술의 복잡한 체계를 원활하게 운영하는 일련의 프로세스이다. 관리의 중요한 요소로는 계획, 예산 편성, 체계화, 인사 관리, 통제와 문제해결 과정 등을 들 수 있다.
- '리더십'이란 조직을 만들거나 혹은 조직을 변화 환경에 맞도록 조정하는 일련의 프로세스이다. 리더십은 미래를 예측하고 사람들에게 목표의식을 심어 주며, 어떤 난관에도 그 목표를 이루도록 이끌어 준다.[3]

조직이 성공하려면 리더와 관리자 모두 필요하다. 조직의 환경

적응 과정에 따라 리더와 관리자의 영향력이 달라지기 때문이다. 이때 기업은 무엇보다 이들이 각기 다른 고유의 능력을 가지고 있다는 사실을 깨달아야 한다. 관리자가 리더와 동일한 일을 하거나 리더가 관리자의 일을 할 것으로 기대해서는 안 된다. 만일 그렇게 한다면 앞으로 수행될 모든 과정에서 절대 원하는 효과를 거둘 수 없을 것이다([표 4-2] 참고).

리더는 강화 피드백 루프를 이용하여 새로운 것을 창조하며, 관리자는 균형 피드백 루프를 조절하여 업무 처리 과정에서의 생산성과 정확성을 증가시킨다. 즉, 새로운 변화 및 성장에는 리더가 필요하다.[4] 변화에 성공하면 지금까지와는 전혀 다른 업무와 업무 처리 방식이 등장하는데, 경영인은 지금까지 얻은 결과에서 더 큰 혜택을 얻을 방법을 모색한다. 그는 새로운 비즈니스 프로세스의 업무 처리 과정을 개선하고 조정한다.

표 4-2 리더십과 관리

리더십	관리
강화 피드백 루프를 이용하여 새로운 것을 창조한다.	균형 피드백 루프를 조절하여 업무 처리 과정의 생산성과 정확성을 증가시킨다.

리더십과 관리는 확연히 다른 프로세스이다. 리더십이 강한 사람이 있는 반면, 관리에 뛰어난 사람도 있다. 그러므로 관리자에게 리더의 역할을 요구하거나 리더에게 관리자의 역할을 강요해서는 안 된다.

그런 다음 조직은 새로운 업무 처리 과정을 바탕으로 사업을 확장하고 창조 활동을 계속해야 한다. 이것이 살아 있는 유기체의 활동 방식이며, 그렇게 해야만 변화하는 세계에 적응할 수 있다.

살아 있는 조직은 항상 2가지 일을 동시에 수행한다. 즉, 기존의 업무 처리 과정을 꾸준히 개선하고 조정함으로써 그 보상을 거두어들이는 한편 새로운 기회를 이용하기 위해 주변 세계를 살피고 새로운 업무 처리 과정을 제시한다.

변화 프로세스 구축

변화하려는 기업은 우선 조직이 새로운 것을 창조할 수 있도록 강화 피드백 루프를 생성하고 이를 위한 프로세스를 활성화해야 한다. 또한 이 프로세스가 성공하려면 스스로 업무 처리 과정을 형성하고 시행하며 조절하는 자생 시스템이 뒷받침되어야 한다. 즉, 구성원들에게 의사결정의 권한과 자원을 제공해야 성공적으로 변화할 수 있는 것이다.

이러한 변화 프로세스를 시행하는 구체적인 방법은 조직이 처한 독특한 상황과 환경에 따라 달라진다. 조직은 각자의 상황에 맞게 독특한 방법으로 프로세스를 실행하지만, 사실 변화에 성공하기 위해 반드시 수행해야 할 과정은 어느 조직이나 동일하다. 즉, 한 부서든 전체 조직이든 변화 과정을 이끌 '리더'를 선정한 다음 상황을 판단하고 필요한 조치를 취해 목표를 성취할 수 있도록 자원과 권한을 부여해야 한다.

변화 과정의 8단계

지금껏 변화 과정에 대한 수많은 이론이 발표되었다. 존 코터는 《변화의 리더십(Leading Change)》에서 '변화 과정의 8단계(eight-stage change process)'에 대해 자세히 설명했다. 이후 수많은 사람들이 이를 변화 과정의 기준으로 삼았다. 변화 과정의 8단계는 다음과 같다.[5]

1. 위기감 조성
2. 강력한 변화 추진 세력 구축
3. 비전과 전략 창출
4. 비전 공유
5. 권한 이양 및 권한과 자원 제공
6. 단기적인 성과 창출
7. 후속 변화 창출
8. 새로운 기업 문화의 정착

변화 과정을 수행할 때 이중 몇 단계가 동시에 일어날 수도 있지만, 다음 단계를 진행하기 위해서는 반드시 이전 단계가 선행되어야 한다. 각 단계를 간단히 살펴보자.

» 위기감 조성
변화 과정을 실행하려면 우선 위기감을 조성하여 기업에 존재하는 타성이나 자족감을 제거해야 한다. 이렇게 하지 않으면 변화 과정이 원활하게 진행되지 않는다. 시스템 이론에서 살펴보았듯이 비즈니스 조직 같은 복합 시스템은 호메오스타시스 유지를 목적으로 한다. 따라서 현재 상황에 대한 위기감이 없으면 아무도 변화하려 하지 않는다.

이 단계에서 기업은 현재 상황을 구성원에게 알려야 하고, 구성원들은 자신과 기업이 직면한 위협과 새로운 기회의 본질을 이해해야 한다. 사람들의 주의를 끌고 현 상황의 심각성을 전달하려면 이따금 위기감이 필요하다. 훌륭한 리더는 이 위기감의 강도를 높일 방법을 찾는데, 때로는 어떤 문제에 적절한 조치를 취하지 않고 실패하도록 일부러 방치함으로써 작은 위기를 일으킨다. 혹은 기업의 현재 능력으로는 성취할 수 없는 목표를 설정하여 구성원이 현 시스템의 단점을 인식하도록 유도함으로써 위기감을 조성하기도 한다.

》 강력한 변화 추진 세력 구축

다음 단계로, 변화 과정을 이끌어 갈 추진 세력이 필요하다. 리더 한 사람이 이를 감당할 수는 없다. 아무리 강력한 CEO라도 변화 과정을 이끌 능력과 영향력을 갖춘 사람들로 추진 세력을 구축해야만 한다. 어떤 행정위원회가 변화를 통제하려 한다면 이는 리더 혼자서 변화를 주도하는 것보다 더 나쁜 결과를 초래할 수도 있다. 헌신적인 리더는 최소한 자신의 열정을 구성원에게 전달할 수 있지만 위원회는 그렇지 않다. 구성원은 열정 없는 위원회를 따르지 않기 때문이다.

변화 추진 세력을 구축하기 위해 리더는 '적절한 인재들'을 발굴해 그들 사이에 신뢰감을 조성해야 한다. 또한 공통 목표를 수립하여 전 구성원이 목표 성취에 전념하도록 이끌어야 한다. '적절한 인재'란 변화 과정에서 나타날 수 있는 문제에 대처할 능력과 전문지식을 가진 믿을 만한 사람을 가리킨다. 이 인재들 간에 신뢰감을 조성하려면 솔직하고 포괄적으로 목표를 전달하고, 변화가 모든 사람들에게 이롭다는 사실을 분명하게 알려야 한다.

» 비전과 전략 창출

존 코터의 표현에 의하면 비전이란 미래에 대한 그림으로, 구성원이 그 미래를 창조하기 위해 노력해야 하는 이유를 명시적이거나 묵시적으로 알려 주는 것이다.[6] 비전은 수많은 구성원의 활동을 유도하고 조정하기 때문에 매우 중요하다. 훌륭한 비전을 제시하면 모든 직원이 기업의 목표와 더불어 그것을 성취해야 할 이유를 명확히 이해할 수 있다. 그러면 모든 부서가 능동적으로 임무를 수행하고 조정하면서 공동 목표를 성취하기 위해 노력할 것이다. 제3장에서 설명했던 '자생 시스템 모형'에 따르면 기업의 각 부서는 최대한 자율적으로 업무를 처리해야 하는데, 이는 조직에 명확한 비전이 존재할 경우에만 가능한 일이다.

모든 구성원이 공유할 수 있는 명확한 비전이 없다면 기업의 고위 경영진은 직원들을 움직이기 위해 권위적으로 명령을 내리고, 각 단계마다 구성원의 임무를 구체적으로 지시해야 한다. 이런 방식은 기존 업무 처리 방식과 정책에서는 어느 정도 효과를 거둘 수 있지만 중대한 변화 과정에서는 그렇지 못하다. 그렇다고 해서 한 사람 또는 소집단이 모든 과정을 통제하기에는 해야 할 일이 너무나 많다. 모든 사람이 참여하여 각자 맡은 분야에서 능동적으로 사고해야만 기업은 성공적으로 변화할 수 있다. 뿐만 아니라 특정 업무를 수행할 때 단기적으로는 힘든 상황에 처하더라도 장기적으로 어떤 혜택을 얻을 수 있는지를 이해하고 있어야 한다. 제3장에서 살펴보았듯이 복합 시스템에서 변화가 나타날 때 단기적으로 발생하는 문제를 해결하면 장기적인 혜택을 얻을 수 있다.

》 비전 공유

사람들은 살아가면서 수많은 정보를 접한다. 이때 정보의 중요성은 그 양과 빈도를 바탕으로 측정된다. 즉, 어떤 문제에 대해 자주, 많이 들어야만 그것을 심각하게 받아들이게 된다는 것이다. 그렇게 하지 않으면 끊임없는 정보의 홍수 속에서 무엇이 중요한 정보인지 파악할 수 없을 것이다.

정보를 효과적으로 전달하려면 소수의 사람만 이용하는 전문 용어를 피하고 모든 사람이 이해할 수 있는 단순한 언어로 표현해야 한다. 정선된 소수의 단어로 아이디어를 전달하면서 은유를 다채롭게 이용하면 특히 효과적이다. 기업은 각종 회의에서 회보나 비디오 등 다양한 매체를 통해 변화에 대한 비전을 자주 전달해야 한다.

가장 중요하고 효과적인 전달 수단은 '책임자들의 행동'일 것이다. 직원들은 고위 관리자들이 비전에 대해 확신을 가지고 지지하는지를 세심하게 지켜본다. 그들이 비전을 진지하게 생각하지 않는다면 구성원들 역시 비전을 진지하게 여기지 않는다.

» 권한 이양 및 권한과 자원 제공

구성원들에게 변화에 대한 비전을 전달한 다음에는 어떻게 그들의 행동을 유도해야 할까? 코터는 리더가 구조, 기술, 시스템, 감독관 등 4가지 요소에 주목하고, 이것들을 적절히 조정하여 구성원들의 업무를 지원해야 한다고 주장했다.

'구조'란 각 부서와 팀을 말하며, '기술'이란 성공적으로 변화하기 위해 조직 구성원이 갖추어야 할 개인적인 능력과 기술을 가리킨다. '시스템'은 업무 수행에 필요한 모든 프로세스, 즉 구매에서 제품 개발, 직원 교육 및 평가에 이르는 전 과정을 의미하며, '감독관'은 조직 내에서 팀을 관리하는 사람들을 뜻한다.

효과적으로 변화 과정을 실행하려면 조직의 구조가 변화해야 한다. 이때 리더는 직원들에게 기업 구조 변화에 필요한 권한과 자원을 제공해야 한다. 그렇지 않으면 기존 구조 때문에 변화 과정이 성공적으로 이루어지지 않는다.

변화에는 대개 새로운 기술이 필요하다. 따라서 직원들이 교육을 통해 새로운 기술을 습득하지 않는다면 변화에 필요한 업무를 효과적으로 수행할 수가 없다. 아울러 업무의 바탕이 되는 업무 처리 정책과 시스템도 변화해야 한다. 이 과정에서도 직원들에게 적절한 권한과 자원을 제공하지 않는다면 계속해서 과거 방식대로 업무를 처리할 것이다.

변화에 필요한 활동을 선도하는 사람은 감독관이나 중간관리자이지만 이들이 변화에 반대할 수도 있다. 기업이 변화할 경우 가장 큰 영향을 받는 사람들은 대개 중간관리자들이기 때문에 이들은 변화로 인해 많은 것을 잃을까 봐 두려워하기도 한다. 제4장에서 지적했듯이 변화를 주도하는 사람들이 중간관리자들의 이러한 두려움에 효과적으로 대처하지 않는다면 변화에 성공할 수 없다.

» 단기적인 성과 창출

원대한 비전을 수립하고 비전을 효과적으로 전달하여 변화 추진 세력을 구축했다면 이제 멋지게 변화를 시작할 수 있다. 하지만 이 모든 조치가 단기간(약 2년 이내) 내에 명백한 이익이나 가치를 창출해야 한다. 변화의 성공 여부에 부정적인 사람은 늘 존재하기 마련이다. 따라서 지지 세력을 확보하려면 반드시 단기적인 성과가 필요하다. 일단 단기적으로 성과를 거두면 리더는 변화 과정을 계속해서 추진할 수 있는 원동력과 신임을 얻게 된다.

코터는 이 단기적인 성과를 통해 비전의 정당성을 확인할 뿐 아니라 그 외에도 여러 가지 혜택을 얻을 수 있다고 지적했다. 우선 단기적인 성공을 이룬 사람들에게는 보상을 하여 관련 직원들의 사기를 진작시켜야 한다. 그리고 이 귀중한 경험을 바탕으로 비전과 전략을 조정한다. 그러면 구성원들은 이 단기적인 성공에서 얻은 교훈을 이용하여 다음 단계에서 성공을 거둘 수 있다. 마지막에는 리더를 지지하는 상사나 후원자들에게 변화 과정이 올바르게 진행되고 있다는 증거를 제시한다. 이를 통해 지지자들은 자신이 승리자를 후원하고 있음을 확인할 수 있다.

» 후속 변화 창출

조직 변화의 추진력을 구축할 때 가장 중요한 요소는 단기적인 성과 창출이다. 하지만 이 단기적인 성과가 구성원의 위기감을 감소시킨다는 사실을 명심해야 한다. 구성원들은 이따금 변화 과정에서 거둔 초기 성과와 장기적인 목표를 혼동하곤 하는데, 이를 방지하려면 리더들이 단기적인 성과를 이용해 더 많은 변화를 창출해야 한다. 위기감을 유지하지 못하면 추진력은 사라지고 만다.

리더는 목표를 성취하기 위한 기업의 전략과 비전을 모든 구성원들에게 전달해야 한다. 추진력을 유지하려면 리더와 변화 추진 세력이 단기적인 성과를 거두어 조직의 신임을 얻어야 하고, 그 성과를 바탕으로 후속 변화를 창출해야 한다. 아울러 현재 진행 중인 변화 과정에 더 많은 사람들을 참여시켜야 한다. 즉, 지속적으로 새로운 변화를 단행함으로써 추진력을 유지해야 한다. 변화 추진 세력이 이렇게 한꺼번에 수많은 프로젝트에서 성공을 거두려면 실제 업무 담당자들에게 프로젝트 관리권과 결정권을 맡길 수밖에 없다. 리더는 프로젝트 간의 불필요한 상호 의존도를 제거함으로써 여러 프로젝트를 동시에 지원해야 한다. 이렇게 해야 각 프로젝트 담당자가 권한을 넘어서는 안 된다는 제약 때문에 곤란을 겪지 않고 자유롭게 담당 업무를 수행할 수 있다. 이것이 바로 자생 시스템 모델에 필요한 자율성이다.

» 새로운 기업 문화의 정착

조직 전체가 변화를 수용하려면 리더와 변화 추진 세력이 조직의 문화를 형성해야 한다. 이 단계는 앞서 거둔 성공과 그로 인해 얻게 된 리더의 신임에 따라 달라진다. 새로운 방식이 반복적으로 성공을 거두고, 과거의 방식보다 모든 면에서 우수하다고 입증되어야만 모든 조직 구성원들이 새로운 방식을 전면적으로 채택할 것이다.

조직의 리더가 여러 차례 토론 과정을 거쳐 새로운 방식이 효과적인 이유를 지적하고, 조직 구성원들이 새로운 개념을 채택할 수 있도록 그 방식을 전폭적으로 지지하고 인정해야만 기업 문화가 변화할 수 있다. 즉, 세심한 주의를 기울여 최대한 많은 사람들이 새로운 업무 방식을 전면적으로 수용하도록 이끌고 격려해야 하는 것이다.

■ 리더 인터뷰 Leader Interview

리더십과 조직 변화

피터 센지는 MIT와 슬론경영대학원의 교수이자 조직학습협회(SoL)의 창립 회장이다. 1990년 《제5경영》을 발표했으며, 1997년 〈하버드 비즈니스 리뷰(Harvard Business Review)〉는 이 책을 지난 75년 동안 출간된 경영 관련 서적 중 가장 우수한 서적으로 선정했다. 이후 피터 센지는 《제5경영 필드북(The Fifth Discipline Fieldbook)》, 《변화의 춤(The Dance of Change)》, 《배우는 학교(Schools that Learn)》, 《존재: 인간의 목적과 미래의 장(Presence: Human Purpose and the Field of the Future)》 등 여러 저서를 공동 집필했다.

센지는 조직 변화와 리더십, 변화 능력을 갖추는 학습에 관해 깊이 고찰했으며, 변화는 리더십뿐 아니라 중간관리자의 협력을 바탕으로 창출된다고 지적했다.

"리더를 경영주와 동일시하는 사람을 보면 속된 말로 짜증스럽습니다. 그들은 CEO가 아니면 리더도 아니라고 강조하지요. 하지만 최고경영진이 아닌 중간관리자 층이 주도하는 변화는 무수히 많거든요. 우리는 경영자와 리더를 구별해야 합니다. 그렇다면 조직의 거의 모든 단계에서 업무를 처리하는 내부 네트워커, 중간 단계의 리더, 그리고 경영자의 역할은 각각 무엇일까요? 모든 조직에는 변화를 주도하는 사람과 유지하는 사람이 있습니다. 우리는 모든 단계에서 변화를 주도하는 리더의 협력에서 비롯되는 이른바 포괄적 리더십을 이해해야 합니다. 자연계를 둘러보세요. 어디서든 변화를 볼 수 있습니다. 그것이 바로 살아 있는 시스템의 카리스마죠. 만물이 존재하는 자연 속에서도 항상 새로운 것이 자라고 있습니다."

피터는 모든 복합 시스템이나 자연계에서 2가지 유형의 프로세스, 즉 자기 강화 피드백 루프와 균형 피드백 루프가 진행된다고 설명한다.

"새롭게 자라는 모든 것들의 중심에는 항상 강화 피드백이 작용합니다. 하지만 한 기업 내 강화 피드백 루프는 고작 5~10%에 지나지 않아요. 나머지는 모두 균형 프로세스죠. 사람들은 '변화에 대한 거부'를 온갖 멸시적인 문구로 표현하지만, 다른 관점에서 보자면 조직이 현재 방식을 고수하려 하는 건 자연스런 현상입니다. 사실 이런 균형 프로세스가 존재하지 않는다면 어떤 일도 수행할 수 없죠."

변화를 주도하는 리더는 끊임없이 도전에 직면한다. 피터와 그의 연구진은 《변화의 춤》에서 판매, 제조, 재정 등 다양한 분야에서 일하는 다양한 직위의 사람을 대상으로 리더가 직면하게 되는 도전에 대해 살펴보았다. 그 결과 권력, 단기적이고 가시적인 성과를 중요시하는 평가 시스템, 지나치게 열정적인 변화 옹호자들로 인해 발생하는 양극화 현상 등 다양한 상황에서 수많은 도전이 반복적으로 일어나는 것으로 밝혀졌다.

효과적으로 변화를 창출하려면 경영진은 권력 행사 방식을 바꾸어야 한다. 즉, 통제권을 기꺼이 분산해야 한다.

"간단히 말하자면 최고경영진이 어떤 식으로든 통제권을 포기해야 한다는 얘기입니다. 권력과 권한을 분산하는 방법 외에는 대안이 없어요. 예를 들어, 어떤 전략이 성공하려면 전략 수행 과정에 참여하는 사람이 많아야 합니다. 경영진 혼자서 새로운 전략을 시행할 수는 없거든요. 이상적인 경영자는 직원들의 욕구와 목표를 소중히 여기고, 많은 시간을 할애해 모든 단계의 사람들과 대화를 나누어야 합니다. 최고경영자의 치명적인 약점은 최전선 업무를 이해하지 못하고 수치만으로 경영을 할 수 있다고 여기는 태도입니다."

피터는 수치란 지금보다 더 단순한 산업 경제 체제의 평가 기준에 불과하기 때문에 현대 조직의 가치를 정확히 반영하지 못한다고 지적했다. 전통적인 경영 시스템은 더 이상 가치를 발휘하지 못한다고 강조하면서 그는 새로운 방식으로 가치를 창출하는 기업으로서 도요타 모터스 (Toyota Motors)를 꼽았다. 도요타는 권력과 평가 기준에 관련된 문제에 효과적으로 대처한 덕분에 시장 변화에 발맞추어 꾸준히 변화할 수 있었다. 도요타의 원가 관리 시스템은 경영자가 임의로 목표를 설정하고 시행하여 원가를 통제하는 중앙집권적인 시스템이 아니다.

"도요타는 원가 통제(Deming 101)에 네트워크화 방식을 이용합니다. 가장 효과적인 원가 평가 기준을 원하는 사람들은 비용을 책정하는 프로세스를 담당하는 직원들입니다. 업무를 더 잘 처리하려는 직원들의 본질적인 욕구를 중요시하는 '존중의 환경'을 조성한다면 그들은 실제 프로세스를 깊게 이해하지 못하는 경영자보다 더욱 효과적으로 원가 평가 기준을 이용할 겁니다."

피터는 이런 현상을 다음과 같이 요약했다.

"원가를 낮추거나 기업의 가치를 높이고 싶다면 모든 단계의 학습 프로세스를 개선하고 신뢰의 환경을 조성하여 이 개선 과정에 많은 사람들이 참여하도록 유도해야 합니다."

제 5 장

관찰-정향-판단-행동

RTE에는 모든 구성원이 일상 업무의 지침으로서 명확히 파악해야 할 프로세스가 있다. 원래 이것은 군대에서 공격 계획을 세우고 실행하는 방법으로 시작되었으나, 이후 사람들은 기업의 시장 경쟁 방식에도 적용할 수 있는 프로세스라고 판단했다.

이 프로세스를 이용하면 기업은 RTE의 자기 조정 시스템이 제공하는 속도를 효과적으로 활용할 수 있다. 이 장에서는 기업이 이 프로세스를 이용해 RTE로 변화하는 방법을 살펴본다.

전투기 조종사 방식

전투기 조종은 RT 환경의 축소판이라고 할 수 있다. 존 보이드(John Boyd)는 한국전쟁에 참전했던 전투 조종사로, 전쟁이 끝난 후 최고의 조종사들에게 최첨단 고공 전투 전술을 가르치는 미 공군 전투기 학교(US Air Force's Fighter Weapons School)에서 교관으로 일했다.

이 학교에서 일하는 동안 보이드는 모든 전투 조종사에게 항상 내기를 걸었다. 자신은 출발 위치와 상관없이 공중전을 시작한 지 40초 만에 무기를 쓸 수 없는 포지션에서 다른 전투기 꼬리 부분으로 선회할 수 있다고 장담하는 것이다. 이 같은 모의 전투에서 보이드는 상대 조종사들이 대적할 생각조차 하지 못할 다양한 전투기 기동 기술을 선보이며 그들을 교란시켰다. 소문에 따르면 그는 내기에서 져 본 일이 한 번도 없었다고 한다.

훗날 보이드는 한국전쟁 당시 공군의 전투 성과를 조사했다. 그 결과 그는 가장 크거나 빠른 전투기가 아닌, 유능한 조종사가 조종하는 기동성이 가장 뛰어난 전투기가 승리한다는 사실을 발견할 수 있었다. 이 연구 결과는 그의 실제 경험과 다르지 않았기 때문에 보이드는 평생 동안 이 문제에 대한 연구와 교육에 전념했다. 때로는 논란의 대상이 되기도 했지만 그의 이론은 대부분 현재 전 세계 공군을 비롯한 모든 군 조직에서 교육 원칙으로 쓰이고 있다. 존 보이드의 생애와 아이디어는 《보이드, 전쟁의 기술을 바꾼 전투 조종사(Boyd, The Fighter Pilot Who Changed the Art of War)》에서 자세히 살펴볼 수 있다.[1]

보이드는 전투기 학교에서 교관으로 일하는 동안 발표한 '공중 공격 연구(Aerial Attack Study)'라는 논문에서 공중 전투에 필요한 효과적인 전술을 요약했다. 통념에 따르면 공중 전투는 너무 빠르고 복잡해서 본능, 직관, 운에 의존할 뿐 상황을 명확히 파악해 행동을 결정할 수 없다고 한다. 하지만 보이드는 공중 전투에도 일련의 기본 기술이 존재하며, 이 기술을 마스터하면 최고의 조종사가 될 수 있다고 했다.

또한 조종사는 머릿속에 전투 상황을 3차원적인 그림으로 그려야 한다고 주장하면서 이를 '상황 인식(situation-awareness)'이라고 불렀다. 조종사는 모든 아군과 적군 비행기의 위치와 속도를 파악해야 한다는 것이다. 보이드가 '에너지 상태(energy state)'라고 표현한 이 속도에 따라 비행기가 펼칠 수 있는 기동 기술이 달라진다. 따라서 조종사가 적군의 에너지 상태를 파악하면 상대가 수행할 수 있는 모든 기술을 예측하고 그에 대처할 대응 기술을 모색할 수 있다.

존 보이드는 전투기 학교를 떠난 뒤 조지아공과대학(Georgia Institute of Technology, GIT)에 진학하여 산업공학 학위를 땄다. GIT에서 공부하는 동안 그는 몇 가지 아이디어를 바탕으로 이른바 '에너지 기동성(energy-maneuverability)' 혹은 EM 이론을 표현할 등식을 공식화했다. 현재 전 세계 항공 엔지니어는 항공기 설계와 기동성 평가 과정에 이 등식을 적용하고 있다.

EM 이론에 따르면 항공기의 잠재적인 기동성은 특정 에너지 비율에 따라 결정된다고 한다. 이는 다음과 같은 식으로 정의할 수 있다.

특정 에너지 비율 = {(추력−항력)/자중} × 속도

즉, 엔진이 발생시키는 추력에서 항공기의 항력을 빼고, 이것을 항공기의 무게로 나눈 다음 속도를 곱하면 특정 에너지 비율을 알 수 있다.[2] 비즈니스 환경에서 RTE가 발휘할 수 있는 기동력을 파악할 때도 이 이론을 적용할 수 있다(이 장 마지막 부분의 '경영진 인사이트' 참고).

존 보이드는 평생 동안 이른바 기동전(maneuver warfare)의 원리와 기술을 이해하고 가르치는 일에 전념했다. 그의 이론을 바탕으로 하여 개인과 조직 전체가 급속도로 변화하는 모든 상황에서 경쟁자를 물리치고 승리할 수 있는 프로세스가 마련되었다. 보이드가 '관찰-정향-판단-행동(Observe-Orient-Decide-Act, OODA)'이라고 명명한 학습 가능한 반복적인 이 프로세스를 현재 'OODA 루프(OODA Loop)' 혹은 '보이드 사이클(Boyd Cycle)'이라고 부른다.

존 보이드는 20년 동안 강연을 통해 OODA 루프에 대한 개념을 전달했지만, 자신의 개념을 문서로 완성하지 못한 채 1997년 사망하고 말았다. 그의 첫 강연은 '투쟁의 유형(Patterns of Conflict)'이라는 제목으로 한 시간 동안 진행되었다. 이후 연구진과 함께 이 개념을 더욱 깊이 연구한 결과 그의 강연은 '승리와 패배에 대한 담론(A Discourse on Winning and Losing)'이라는 이틀 동안의 세미나로 발전했다.[3]

실시간 IT와 비즈니스 조직의 관계는 제트 엔진과 비행기의 관계와 동일하다. 우리는 이제 엄청난 속도로 업무를 처리할 능력을 가지게 되었다. 문제는 어떻게 해야 이 능력을 최대한 활용하는가에 있다. OODA 루프에 따르면 스피드와 규모만으로는 경쟁력을 갖출 수 없다. 정말 중요한 요소는 기동성이다.

OODA 루프의 중심 개념

OODA 루프는 네 단계로 구성된다. 첫 단계는 관찰이다. 이는 환경에 대한 정보를 수집하고 전달하는 프로세스이다. 다음 단계는 정향, 즉 방향 설정이다. 이는 정보를 이용하여 상황을 이해하는 단계로서 다음의 두 단계를 좌우하기 때문에 가장 중요하다. 이 단계에서 환경과 경쟁자들의 위치를 파악하고 활동에 관련된 경향과 위협, 기회를 확인한다. 판단 단계에서는 다양한 대응책과 실행 계획을 수립하고 평가한다. 그 다음에는 마지막 단계인 행동으로 넘어간다. 행동 단계에서는 계획을 실행에 옮기고, 긍정적이거나 부정적인 결과 혹은 중립적인 결과를 얻는다. 이 결과를 다시 관찰함으로써 전체 루프를 반복한다.

OODA 루프에서 개인 및 조직이 반드시 이 네 단계를 거쳐야 할 필요는 없다. 이는 융통성이 있는 루프이므로 환경을 정확히 파악했다면 정향이나 판단 단계를 생략하고 관찰에서 행동 단계로 신속하게 넘어갈 수도 있다. 혹은 관찰과 방향 설정만 하면서 행동을 시작할 적절한 기회를 기다릴 수도 있다. 따라서 OODA는 고정된 일련의 단계보다는 정향을 핵심 단계로 하는 상호적인 활동 네트워크로 파악하는 편이 좋다([표 5-1] 참고).

정향 단계는 가장 중요하므로 좀 더 자세히 살펴보는 것이 좋을 것 같다. 이는 세계에 대한 그림을 그리는 단계로, 이 그림에 따라 판단과 행동이 좌우된다. 효과적인 행동을 취하고 원하는 결과를 얻는 능력의 핵심은 훌륭한 방향 설정에 있다.

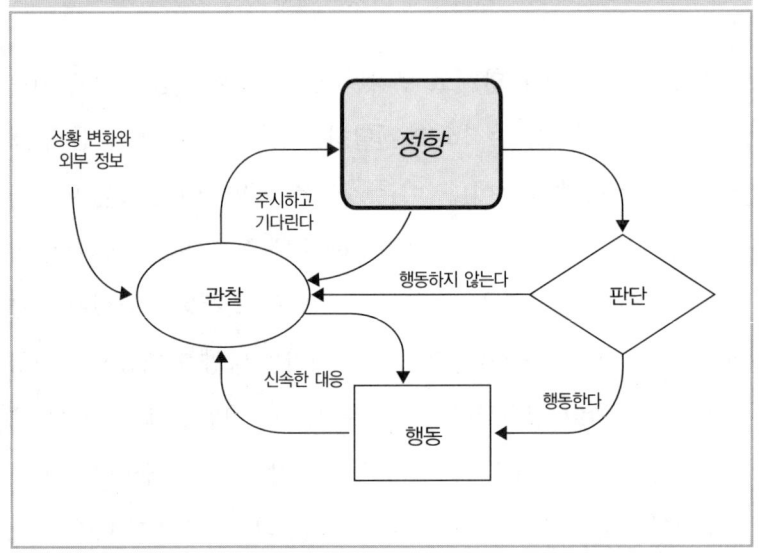

표 5-1 OODA 루프

상황 변화와
외부 정보

정향

주시하고
기다린다

관찰

행동하지 않는다

판단

신속한 대응

행동

행동한다

    각 개인이나 조직은 다소 다른 방식으로 정향 단계를 수행한다.
이 단계는 문화적인 전통과 유산, 새로운 정보, 경험과 같은 요소
의 복잡한 상호 작용, 그리고 이 모든 요소에 대한 분석과 통합 결
과에 따라 달라진다. 정향 단계에 쓰이는 프로세스는 관찰에서 얻
은 새로운 정보와 행동에 대한 피드백의 영향을 끊임없이 받기 때
문에 항상 변화한다. 또한 개인이나 기업마다 이 단계를 수행하는
방식이 다르기 때문에 같은 환경이라도 각기 다른 방식으로 대응
하게 된다.

    조직이 정향 단계를 어떻게 수행하는가에 따라 결과는 엄청나게
달라진다. 이 단계에서 긍정적, 부정적 피드백에 의해 여러 요소
간의 상호 작용이 다양하게 나타난다. 그 결과 조직은 변화하는 환

경에 점점 더 효과적이고 창의적으로 대응하거나, 혹은 부적절하고 비효과적인 행동으로 붕괴할 수 있다. 보이드는 특정 환경에서 유능한 경쟁자는 늘 초기에 파악한 환경과 새롭게 펼쳐진 상황의 차이점에 주목하므로 이따금 그 차이점에서 새로운 기회를 발견하기도 한다고 가르쳤다.

보이드의 표현을 빌리자면, 현실 세계는 '불규칙적이고 무질서하며 예측할 수 없는 방식'으로 진행된다. OODA 루프를 일관적이고 효과적으로 이용하는 사람이 시간이 지날수록 더 유리해진다. 또한 경쟁자보다 신속하게 프로세스를 진행하는 사람이 프로세스를 한 번 끝낼 때마다 더욱 유리해진다. 속도가 느린 경쟁자는 시간이 갈수록 더욱 뒤쳐지고, 점점 악화되는 상황에 대처할 능력도 감소하며, 아울러 OODA 주기를 끝낼 때마다 실제 상황에 적절하지 못하거나 불필요한 행동을 취한다.

관찰, 정향, 판단, 행동에 필요한 시간을 단축할 방법을 터득한 경쟁자는 사건의 속도를 정할 수 있다. 다시 말해, 그들이 주도권을 잡으면 나머지 경쟁자가 그의 결정에 반응해야 한다. 중요한 것은 주기의 절대적인 속도가 아니라 다른 경쟁자와의 상대적인 속도이다. 즉, 경쟁자보다 빨라야 한다. 반드시 월등하게 빨라야 한다는 것은 아니다. 적은 차이라도 반복적으로 쌓이면 결과는 크게 달라진다. 이와 마찬가지로 행동하지 말아야 할 때를 파악하는 능력 역시 중요하다. 비효과적이고 잘못된 행동이라면 아무리 신속하더라도 아무것도 성취할 수 없다.

OODA 루프 개념은 고대 중국의 《손자병법(The Art of War)》에서 큰 영향을 받았다. 《손자병법》은 기원전 500~400년경에 도교 철학자 겸 군사 이론가인 손자가 쓴 병법서이다. 보이드는 손자병법을 차용하여 정(正)법과 기(奇)법 대응책에 관한 자신의 이론을 완성했다. 이는 전통적인 방법과 예측할 수 없는 방법을 혼합하여 최고의 결과를 얻는 방법이다. 다시 말해, 전통적인 정법을 실행하여 어떤 사건에 매우 빠르게 대응하거나 그 사건을 이용하는 반면, 예측할 수 없는 기법으로 경쟁자를 교란시켜 다음에 일어날 일에 혼란을 일으킨다. 이 기법을 이용하면 경쟁자의 속도가 느려져 OODA 루프 주기가 길어진다.

《손자병법》과 OODA 루프 모두 모호성과 속임수를 이용하여 적을 교란시킬 필요성을 역설한다. 이들에 따르면 때로는 너무 신속하고 갈피를 잡을 수 없어서 목적이 불확실하거나 모호해 보이는 행동을 취해야 한다는 것이다. 이는 상황을 주도하여 경쟁자의 행동에 영향을 끼치는 강력한 방법이다. OODA 루프 개념은 상대의 심중이 목표라는 점을 강조한다. 적이 위압감을 느끼고 갈팡질팡하면 이미 전투에서 승리한 것이다. 따라서 손자는 승리하는 군대는 먼저 이기고 난 다음에 싸우며, 패배하는 군대는 먼저 싸우고 난 다음에 승리를 구한다고 말했다.[4]

OODA 루프의 또 다른 주요 개념은 효과적인 조직의 모든 구성원들은 조직의 목적과 주요 목표를 동일하게 이해한다는 점이다. 군사 조직에서는 이것을 '사령관의 의도(commander's intent)' 혹은 '임무 명령(mission orders)'이라고 부른다. 조직은 구성원에게 임무는 전달하지만 임무 수행 방식은 지시하지 않는다. 다시 말해,

조직은 구성원이 올바른 방식으로 업무를 수행할 것으로 믿어 세세한 부분까지 관여하지 않는다. 구성원은 광범위한 목표 범위 내에서 자유롭게 임무 수행 방식을 결정한다. 이는 조직의 각 부서는 가능한 한 자율적이어야 한다는 자생 시스템 모형과 유사하며, 제4장에서 살펴보았듯이 조직 전체에 신뢰감을 조성해야 효과적인 변화가 일어난다는 뜻이다.

모든 RTE는 환경에 효과적으로 대응하기 위해 OODA 루프를 이용한다. 네 단계를 잇달아 수행하거나, 상황이 달라지면 단계를 생략하기도 한다. 전투 조종사와 사령관이 환경을 주시하면서 작전 중 변화를 판단하듯이 경영인은 시장을 주시하면서 변화를 판단해야 한다. 공장, 서비스 단체, 특정 부서, 전체 회사 등 모든 조직의 리더는 OODA 루프를 이용할 능력을 갖추고, 조직이 RTE로 변화할 수 있도록 이끌어야 한다.

OODA 루프는 사실 균형 프로세스나 강화 프로세스 중 어느 한쪽이라고 단정 지을 수 없다. 프로세스를 이용하는 사람들의 의도나 방향에 따라 현재 상황을 유지하기 위해 조치를 취하는 균형 프로세스나 새로운 기회를 이용하고 변화하는 강화 프로세스의 역할을 담당하게 되는 것이다.

RTE의 민첩성

지금껏 살펴보았듯이 기동성은 특정 업무의 성과 최적화 과정이나 속도보다 더 중요하다. 기동성은 OODA 루프나 하위 루프를 신속하게 진행할 수 있는 개인이나 조직의 능력을 의미하며, 경제계에서는 이를 '민첩성'이라고 부른다. 민첩한 기업은 변화가 심하고 복잡한 환경에서도 성공을 거둘 수 있다.

OODA 루프를 신속하게 진행하는 민첩한 기업은 기동성이 뛰어나고 상대 기업을 교란시킬 수 있으므로 매우 강력한 경쟁 대상이다. 이들은 상황을 재빨리 파악하고 행동함으로써 시장을 장악한다. 그런 다음 경쟁자가 첫 번째 행동에도 미처 반응하지 못하고 쩔쩔매고 있을 때 이미 후속 조치를 취한다. 이런 식으로 OODA 행동 주기를 모두 마치면 민첩한 기업은 경쟁자를 모두 제치고 선두로 나서게 되는 것이다.

전쟁과 비즈니스가 유사점이 많다는 사실은 부인할 수 없다. 하지만 비즈니스는 전쟁이 아니라는 점을 명심해야 한다. 전쟁은 파괴의 프로세스로서 우리를 약화시킨다. 전쟁은 상황에 건설적으로 반응하지 못할 때 일어나는 것이다. 반면 상황에 대한 건설적인 대응책을 발견할 때 진행되는 비즈니스는 창조의 프로세스로서 우리를 강하게 만든다. 아무도 죽지 않으며, 패배하더라도 경험으로부터 교훈을 얻어 재시도의 기회를 얻는다.

전쟁과 비즈니스의 유사점을 지적하는 것은 단지 비유하기 위해서일 뿐이다. 하지만 타당한 비유를 신중하게 잘 선택해 이용한다면 비유를 통해 교훈을 얻어 더욱 발전할 수 있다. 이 점을 명심하고 몇 가지 유용한 군사적 비유를 살펴보자.[5]

고대 중국 병서 《손자병법》은 전쟁의 기동성과 비즈니스의 민첩성에 대한 사고에 큰 영향을 끼쳤다. 기업과 개인의 민첩성을 향상시키고 싶다면 《손자병법》을 반복해서 읽어라. 특정한 기술이나 일련의 업무 처리 테크닉이 아닌, 세계를 주시하고 반응하는 방식과 마음가짐을 통해 민첩성을 기를 수 있다.

민첩성은 끊임없이 변화하는 환경에 신속하고 창의적으로 반응하는 능력에서 비롯된다. 민첩한 조직은 모든 구성원이 기본 개념을 정확하게 이해하도록 교육하는 데 초점을 둔다. 이 개념을 제대로 이해해야만 각자 맡은 분야에서 재빨리 방향을 설정하고 판단을 내려 효과적인 행동을 취할 수 있다.

손자는 단순한 개념을 창조적으로 조합하면 어떤 상황에서든 무한대로 다양하게 행동할 수 있다고 말한다. 이것이 민첩성의 핵심이다.

전투에는 단 두 종류의 공격, 즉 비정통 기습 공격과 정통 직접 공격이 있다. 하지만 이 정공(正攻)과 기공(奇攻)의 변형 공격은 실로 무한하다. 이 2가지 공격은 시작점을 찾을 수 없는 원처럼 맞물려 서로의 원천이 된다. 누가 이 무한한 공격 형태를 모두 경험할 수 있을까?[6]

민첩한 RTE는 계층적인 명령 및 통제 구조를 이용하지 않는다. VSM 모형 이론과 미 해병대(US Marine Corps) 같은 현대적인 군대 조직의 사례에서도 이 사실을 명확히 알 수 있다. 해병대의 기본 전략 원칙을 담은 《전투법(Warfighting)》[7]이라는 110페이지짜리 책에서 해병대는 '명령의 철학(Philosophy of Command)'이라는 제목으로 다음과 같이 명시하고 있다(밑줄 친 부분).

무엇보다도 우리가 바라는 속도로 작전을 수행하고 전투의 불확실성, 무질서, 유동성에 대처하려면 명령 체계를 분산시켜야 한다. 즉, 하사관들은 상관에게 정보를 전달하고 명령이 전달되기를 기다리기보다는 그의 의도를 파악해 각자 해야 할 일을 결정해야 한다.[8]

민첩한 조직은 단순하면서도 효과적인 기술을 이용해 신속하게 새로운 비즈니스 프로세스를 실행하고 효과적인 결과를 얻는다. 《전투법》에 실린 해병대 원칙은 다음과 같다.

작동과 관리가 쉽고 성능이 우수하며 다른 장비와 함께 활용할 수 있는 장비를 이용해야 한다. 장비 작동에 대한 전문적인 교육 시간을 최대한 줄일 수 있어야 한다.[9] 해병대는 기존의 능력을 최대한 활용하여 R&D 비용과 방어 시간을 최대한 줄일 수 있다.[10]

기업은 OODA 루프와 《손자병법》의 개념을 통합하고 시장 상황에 맞게 적용함으로써 민첩성을 갖출 수 있다. 기업 경영진은 이런 방침을 기업 문화로 받아들여 지속적으로 강화하고, 고객 서비스 담당자와 행정 지원 부서 직원들은 경영진과 관리자들 못지않게 이것을 명확하게 이해해야 한다.

전투에서 얻은 교훈 중 민첩한 기업에 적용할 수 있는 또 다른 예로 미국 패튼(George Patton) 장군의 명언을 들 수 있다. 전쟁에서 기동성의 위력을 명확히 이해한 그는 이렇게 말했다. "전쟁의 승패는 속도, 단순성, 대담함이라는 전쟁의 황금률에 달려 있다."[11]

새로운 것을 창조하는 강화 피드백

OODA 루프를 진행하는 민첩한 기업은 쉬지 않고 행동해야 한다. 최고 단계의 행동은 2가지 범주의 활동으로 나뉜다. 첫 번째 범주는 기존 업무 처리 방식을 개선하는 활동이고, 두 번째 범주는 새로운 것을 창조하는 활동이다.

첫 번째 범주의 활동은 6시그마의 디마익 프로세스(정의, 측정, 분석, 개선, 통제)에서 실시한 전술과 기술을 이용한다. 디마익은 균형 피드백 루프를 일으키며, 6시그마에 최대한 가깝도록 기존 프로세스를 개선하는 일을 목표로 한다.

두 번째 범주의 활동은 강화 피드백 루프를 일으키는 프로세스를 이용한다. 강화 피드백 루프는 새로운 것을 개발할 수 있도록 추진력과 집중력을 제공한다. 이 활동은 이른바 정의-설계-구축(Define-Design-Build, DDB)이라는 3단계 프로세스를 이용한다.

첫 단계인 '정의'에서는 목표와 세부 목표, 혹은 목표 성취 과정에 필요한 업무를 확인한다. 그리고 세부 목표와 필수 업무를 달성하는 비즈니스 프로세스나 시스템의 개념적 설계를 마련한다.

다음 단계인 '설계'로 넘어가면 개념적 설계를 바탕으로 새로운 시스템이나 비즈니스 프로세스를 정확하게 평가하고 시행할 수 있도록 세부 사항을 설계한다. 선택한 기술과 절차가 적절한지 테스트하고, 수행 업무의 지침이 될 명세와 계획서를 마련한다.

세 번째 단계인 '구축'에서는 최대한 신속하게 임무를 수행하여 필요한 시스템을 수행하고, 설계 단계에서 제안된 새로운 비즈니스 절차를 진행한다. 새로운 시스템과 절차를 확립하면 세부 목표가 성취되고 업무 상황이 달라진다. 구성원들은 최종 목표를 성취하기 위해 이 세 단계를 반복해서 진행한다. [표 5-2]가 이 DDB 프

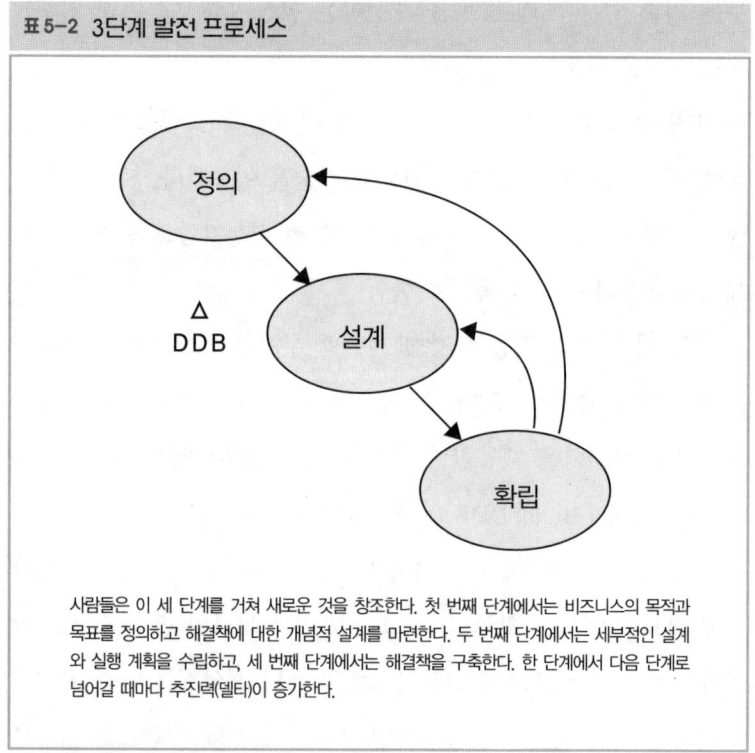

표5-2 3단계 발전 프로세스

사람들은 이 세 단계를 거쳐 새로운 것을 창조한다. 첫 번째 단계에서는 비즈니스의 목적과 목표를 정의하고 해결책에 대한 개념적 설계를 마련한다. 두 번째 단계에서는 세부적인 설계와 실행 계획을 수립하고, 세 번째 단계에서는 해결책을 구축한다. 한 단계에서 다음 단계로 넘어갈 때마다 추진력(델타)이 증가한다.

로세스를 그림으로 설명해 준다.

　이 프로세스에서는 각 단계를 마칠 때마다 프로젝트 추진력이 증가한다. 한 단계에서 다음 단계로 넘어갈 때 추진력의 변화, 즉 델타와 프로젝트의 초점을 객관적으로 측정한다. 이 프로세스를 성공적으로 마치면 '걷기-빨리 걷기-달리기'의 단계처럼 추진력이 확실하게 증가하는 것이다.

종합-RTE의 다이내믹스

　OODA 루프, 6시그마 디마익 프로세스, DDB 단계를 통합하여 RTE의 시스템 다이내믹스를 모형으로 만들 수 있다. 이 RTE 모형은 VSM([표 3-2] 참고)와 RTE([표 3-4] 참고)의 소프트 시스템 도표의 특성을 결합한다. VSM(그리고 미 해병대의 전략 원칙)에 따르면 자생 조직은 계획, 통제를 위한 메타 시스템과 업무를 처리하는 전체 부서로 구성된다.

≫ 메타 시스템

　메타 시스템 작용은 OODA 루프의 4단계로 정확히 정의할 수 있다. RTE는 OODA 루프를 이용하여 시장을 살피고 자사가 예측한 상황과 현재 상황의 차이점에 항상 주목한다.

　RTE의 각 부서는 표준 자동화 시스템을 이용하여 일상적인 업무를 처리한다. 이 시스템은 불규칙적인 업무보다는 일상적인 거래를 효과적으로 처리하는 과정에 초점을 둔다. 기업의 표준 업무 시스템에 맞지 않는 경우가 발생하면 그것을 메타 시스템에 예외로 보고한다.

» 예외 관리

예외 관리는 전혀 새로운 개념이 아니다. 하지만 RTE에서의 예외 관리는 조직 운영 방식의 핵심으로 떠올랐다. RTE는 엄청난 양의 정보가 지속적으로 흐르는 세계에 존재한다. 그렇다면 어떻게 RTE가 정보의 홍수에 휘말리지 않고 데이터를 처리할 수 있는 걸까?

RTE는 일련의 표준 비즈니스 절차를 이용하여 모든 일상적인 거래를 자동화함으로써 인력을 거의 사용하지 않고도 엄청난 양의 데이터를 처리한다. 예외적인 업무를 처리할 때만 인력을 투입한다.

벨 연구소의 섀넌은 표준에서 벗어난 예외를 '정보'라고 표현했다. 제2장에서 우리는 정보에 대해 '예측할 수 없는 뉴스를 포함한 상징'이라고 표현한 그의 정의를 살펴보았다. 데이터 흐름의 양과 빈도가 증가하면 인간은 정보를 포함한 데이터에 초점을 맞추고 나머지는 컴퓨터가 처리하도록 맡긴다.

RTE에서는 예외가 발생하면 비즈니스 프로세스 관리 자동 시스템이 이 사실을 책임자에게 즉시 알린다. 예외적인 데이터가 발생하는 이유는 2가지가 있다. 즉, 불완전하거나 에러를 포함한 데이터가 나타나거나, 일상에서 벗어나는 새로운 사건이 나타났을 때 예외적인 데이터가 발생한다. 후자의 경우는 보이드가 언급한 일종의 미스매치(mismatch)로, 이런 경우가 발생하면 기업은 즉시 주의를 기울여야 한다.

예외는 컴퓨터가 아닌 사람이 직접 분석한다. 데이터에 에러가 나타나면 사람이 근본 원인을 추적하여 바로잡는다. 반면 새로운 요소가 등장했다는 징후가 보이면 예외 관리 루프에 인력을 투입하여 시장 환경 변화나 위협, 기회가 등장했음을 알리는 데이터를 즉시 살핀다. 그런 다음 신속하게 판단을 내리고 행동한다.

조직의 메타 시스템에 투입된 사람이 어떤 결정을 내리면 해당 업무의 담당 부서는 기존 업무 처리 방식을 개선하거나(균형 피드백 루프를 시작하거나) 완전히 새로운 방식을 수립한다(강화 피드백 루프를 시작한다). OODA 루프는 균형과 강화 피드백 루프의 혼합으로서 끊임없이 자기 조정 과정을 거친다.

» 기존 업무 처리 방식 개선

기존 업무 처리 방식의 개선을 목표로 업무의 효율성을 최대한 높이려면 일상적인 업무 처리 방식을 지속적으로 표준화하고 간소화, 자동화해야 한다.

6시그마 디마익 프로세스는 IDEF0(Integrated Definition Level 0)이나 BPMN(Buseinss Process Modeling Notation) 같은 툴을 사용하여 프로세스를 맵핑하고, 그 절차를 표준화하는 가이드 라인을 제시한다. 기업은 이런 도구를 통해 에러의 원천과 프로세싱 단계를 제거함으로써 프로세스를 끊임없이 반복 검토하여 간소화할 수 있다. 비즈니스 프로세스 관리 시스템은 균형 피드백 루프를 형성

표 5-3 민첩한 RT 조직의 시스템 다이내믹스

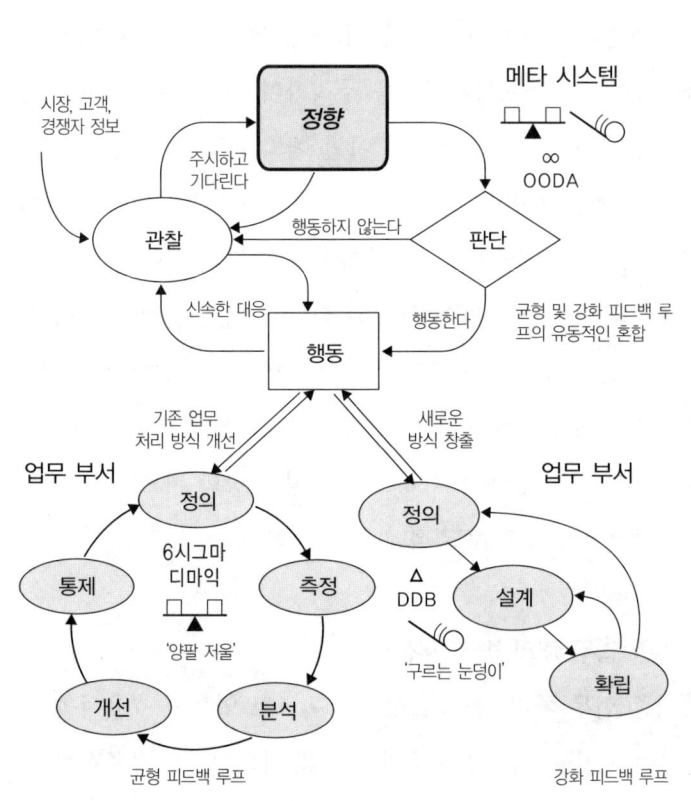

민첩한 조직은 환경을 지속적으로 관찰하고 환경에 맞도록 방향을 설정하며, 이 설정된 방향을 바탕으로 판단하고 행동한다. 그리고 행동 단계에서는 기존 업무 방식을 개선할 것인지, 새로운 방식을 창출할 것인지, 혹은 두 방법을 혼합할 것인지를 선택한다.

기존 업무 방식 개선에 초점을 맞출 경우 균형 혹은 조정 프로세스를 이용하여 업무를 6시그마 단계로 개선한다. 반면 새로운 업무 방식 창출에 초점을 맞춘다면 강화 프로세스를 통해 변화에 필요한 추진력을 형성하여 새로운 시스템과 절차를 개발한다.

하여 비즈니스 프로세스를 조정하고, 6시그마 단계로 꾸준히 발전할 수 있도록 실시간이나 실시간에 가까운 데이터를 제공한다.

» 새로운 방식 창출

새로운 방식을 창출하는 과정에는 정의-설계-구축의 3단계 프로세스가 가장 효과적이다. 이 프로세스는 추진력을 형성하여 새로운 업무 처리 방식을 뒷받침할 새로운 시스템과 절차를 성공적으로 개발한다. 정의-설계-구축은 강화 피드백 루프이다. [표 5-3]은 민첩한 RTE의 시스템 다이내믹스를 보여 준다.

RTE를 형성하려면 수많은 새로운 시스템과 절차를 수립해야 한다. 제6장부터 제9장까지는 RT 시스템 형성 과정에 이용할 IT와 이 프로젝트를 성공적으로 지도할 리더십에 대해 살펴보고, 정의-설계-구축 프로세스를 더욱 심층적으로 탐구해 본다.

경영진 인사이트 Executive Insight

RT 세계의 시각적 방향 설정
 - '3차원 비행 효과(The Flyby Effect)'

실시간 데이터의 상호 작용을 이해하려면 전혀 새로운 방식으로 데이터에 접근해야 한다. 컴퓨터 스크린이나 종이에 숫자를 나열하여 데이터를 전달하는 방식은 이제 쓸모가 없다. 경영 보고서에서 숫자를 나열하며 월별, 분기별, 혹은 연별로 요약한 데이터는 이해하기도 어렵고 정보를 명확하게 전달하지도 못한다. 수치만으로는 미묘한 경향을 알 수 없으며, 다른 기업의 수치와 비교하는 일도 결코 만만하지 않다. 그렇다면 정기적인 데이터를 분석한 보고에서 벗어나 끊임없이 흐르는 RT 세계의 데이터로 변화하기 위해 우리는 무엇을 해야 하는가?

스태포드 비어는 《회사의 두뇌》라는 책을 통해 이른바 '판단 환경 (environments of decision)'에 대해 언급하면서 이를 이용해 자생 시스템 모형의 메타 시스템을 설명했다. 메타 시스템은 환경을 주시하여, 즉 정보를 수집하고 미래를 예측하여 전략을 선택하고 계획을 세워 변화에 적응한다. 메타 시스템이 담당한 역할은 OODA 루프의 관찰, 정향, 판단 단계에 해당된다. 스태포드 비어는 이 판단 환경을 설명하면서 다음과 같이 말한다.

"간단히 말해 인지, 유형 인식, 사건의 전반적인 인식에 대한 심리학의 정보를 종합해 보면 우리는 상대적인 크기와 모양, 색채, 움직임을 고려해 판단을 내려야 합니다."

그는 또한 이 환경을 뒷받침하는 컴퓨터 방식을 설명하면서 다음과 같이 말했다.

"우리 통제 센터에서는 수치 처리 업무는 컴퓨터에 맡기고 관리자들에게는 다른 종류의 정보, 특히 그래픽을 처리하도록 가르칩니다. 하지만 늘 상대적인 움직임을 고려해야 하죠."[12]

비벡 라나디베(Vivek Ranadive)는 소프트웨어 기업의 CEO이다. 그의 회사는 내부의 각 프로세스를 연결하여 협력 업체와 의사 소통할 수 있는 실시간 데이터 전달 소프트웨어 프로그램을 제작, 판매한다. 그는 1999년에 발표한 《오늘날의 힘: 승리하는 기업이 RT 기술을 이용하여 변화를 감지하고 대응하는 방법(The Power of Now: How Winning

Companies Sense & Respond to Change Using Real-Time Technology)》에서 다음과 같이 말했다.

"사용자 인터페이스에 지속적으로 정보를 전달하면 사건 처리 시스템이 마치 3차원으로 비행하듯 실시간 판매 활동을 3차원 화면으로 볼 수 있습니다."[13]

비벡 외에 여러 사람들의 사례를 보면서 나는 RT 세계에서의 엄청난 정보를 처리할 방법에 대해 깊이 생각했다. 분명 종이에 데이터를 인쇄해 전달하는 과거의 방식에서 벗어난 새로운 방식이 필요하다. 수치, 차트, 그래프 등 어떤 정보든 인쇄했다 하면 구닥다리로 전락하고 마니 말이다. 일단 인쇄한 데이터는 움직이지 못한다. 말하자면 돌에 새겨지는 것이다. 돌에 새겨진 정보는 주고받을 수가 없다. 따라서 데이터를 3차원으로 움직이고, 그 동영상에 음향을 덧붙여야 한다. RT 세계의 특징이라 할 수 있는 엄청난 양의 데이터에 효과적으로 대처하려면 우리의 시각과 청각을 100% 활용해야 하는 것이다.

존 보이드의 에너지 기동성 이론을 읽으면서 나는 몇 가지 아이디어를 더 얻었다. 그중 하나가 이른바 '3차원 비행 효과'이다. OODA 정향 단계에 활용할 수 있는 이 3차원 비행 효과는 판단 환경을 움직이는 3차원 그래픽으로 구성하여 RT 정보를 제시한다. [표 5-4]를 예로 들어 이 효과를 설명해 보겠다.

우선 시장에는 도형 모양의 3가지 변수 X, Y, Z가 있다. 이 예에서 X는 총 이윤, Y는 판매 원가, Z는 총수입이다. 이 시장 공간의 기업들은 또 다른 세 변수 x', y', z'로 나타난다. x'는 총 채무, y'는 순 유형 자산, z'는 순 자산이다.

각 기업의 X, Y, Z 가치(기업의 중심점)에 따라 시장에서 기업이 차지하는 위치가 달라진다. 기업은 8면체(8면을 가진 3차원 물체)로 나타나

표 5-4 '3차원 비행 효과' – RT 환경의 시각적 방향 설정

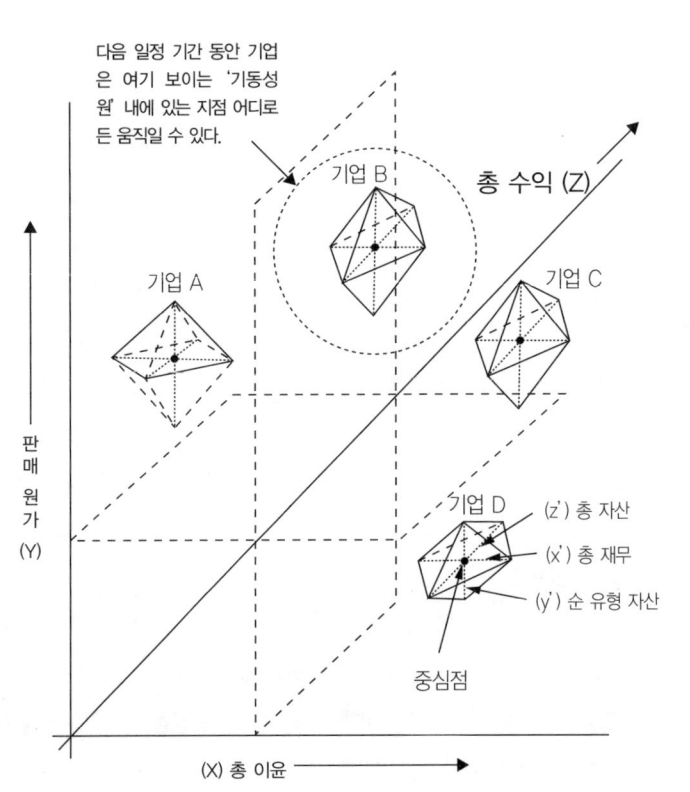

다음 일정 기간 동안 기업은 여기 보이는 '기동성원' 내에 있는 지점 어디로든 움직일 수 있다.

기업 B

총 수익 (Z)

기업 A

기업 C

판매원가 (Y)

기업 D

(z´) 총 자산

(x´) 총 재무

(y´) 순 유형 자산

중심점

(X) 총 이윤

시장 공간에서 기업은 8면체로 나타난다. 시간이 흐르면 기본 데이터의 변화에 따라 8면체의 크기와 모양도 변한다. 시장 공간에서 기업이 차지하는 위치와 다른 기업과의 상대적 위치 또한 변할 것이다. 사람들의 시각은 움직이는 3차원 영상을 바탕으로 경향을 파악하고 예측하기에 적절하므로 이 모든 정보를 재빨리 인식하고 이해할 수 있다.

며, 이 8면체의 크기와 모양은 해당 기업의 변수 x', y', z'의 가치로 결정된다. 시간 경과에 따라 수집한 정보를 바탕으로 타임 시리즈 디스플레이를 만들면 기업의 위치와 모양이 변화하는 모습을 볼 수 있다. 또한 시장 공간에서의 한 기업의 변화를 다른 기업과 서로 비교할 수 있기 때문에 기업들 간의 경향과 관계를 파악하기가 쉽다([표 5-4] 참고).

뿐만 아니라 3차원 비행 효과를 통해 기업의 진로를 계획함으로써 각 기업의 미래 위치를 기간별로 정확하게 예측할 수 있다. 다음 일정 기간 동안 기업은 자신의 '기동성 원' 내에 있는 지점 어디로든 움직일 수 있다. 기동성 원은 기업의 중심점을 원점으로 하고 다음과 같은 방법으로 반지름을 계산하여 그린다.

$$R = (총\ 이윤/총\ 채무) \times 총\ 자산$$

이 기동성 원 등식은 존 보이드가 비행기의 잠재적 기동성을 계산하기 위해 만든 에너지 기동성 등식을 변형한 것이다. 보이드의 등식은 다음과 같다.

$$P = \{(추력-항력)/자중\} \times 속도$$

비행기와 기업이 서로 비슷하다고 가정하고 보이드의 에너지 기동성 등식을 기업에 적용해 보자. 즉, 기업의 판매 수익은 비행기 엔진의 추력과 비슷하고, 판매 원가는 비행기의 항력과 비슷하다. 따라서 총 이윤은 '추력-항력'과 같다. 뿐만 아니라 기업의 총 채무는 비행기의 무게와 비슷하고, 총 자산은 속도와 비슷하다.

이 예는 시작에 불과하다. 이 외에도 비행기와 기업의 유사점은 수없이 많다. 이중 일부는 타당성이 없다고 판명되겠지만 일부는 RTE와 각 부서의 업무 처리 과정에 매우 효과적으로 이용할 수 있다. 여기에서 무엇보다 중요한 사실은 우리가 이 같은 테크닉을 이용해 실시간 데이터를 표현하고 이해한다는 점이다. 제6장의 리더 인터뷰에서 가상 현실 테크닉으로 만든 움직이는 3차원 환경의 예를 살펴보자([표 5-4] 참고).

제 6 장

정보기술(IT)의 활용

IT는 이제 일상적인 수단이 되었다. 돈도 궁극적으로는 일상적인 수단이다. 그러므로 단지 돈이나 IT를 소유하는 것은 경쟁력이 아니다. 그것을 어떻게 이용하고, 그것으로 무엇을 창조하는가 하는 것이 경쟁력이다.

현재 우리의 경제 구조는 큰 변동을 겪고 있다. 전체 산업계가 변화하고, 시장은 새로운 분야에서 가치를 찾는다. 기업은 시장이 새롭게 가치를 두는 대상을 계속해서 주시하면서 제품과 서비스를 비용 효율적인 방식으로 전달할 방법을 모색해야 한다.

경제 분야에서도 '필요'는 발명의 어머니이다. 성공적인 기업은 고객에게 새로운 제품과 서비스를 제공할 뿐 아니라 업무 처리 방식을 끊임없이 개선하고자 노력한다. 이것이 바로 민첩한 기업이다. 민첩한 기업이 되려면 기존의 정보 시스템을 개선하고 새로운 시스템을 개발해야 한다. 이 장에서는 기술을 이용하여 RTE를 지원하는 기본 원칙을 살펴보자.

기술을 이용한 RTE 지원

IT 공급업자와 컨설턴트들이 만든 세 글자로 된 약자는 엄청나게 많아서 해마다 새로운 용어가 등장한다. 너무 빨리 등장했다가 너무 빨리 사라지기 때문에 그런 용어를 만드는 일이 무슨 의미가 있는 건지 의아할 정도이다. IT 공급업자들은 자사 제품을 경쟁 업체와 차별화하고 주목받기 위해 새로운 용어를 끊임없이 만들어 낸다. 제품의 성능을 약간 향상시키고 사소한 부분만 바꿔 놓고도 완전히 새로운 발명인 양 떠들어대는 것이다.

IT 분야에서는 '정신을 쏙 빼놓을 정도로 대단한 물건'이나 '죽여주는 기계'를 개발하기 위해 쉴 새 없이 노력한다. 1990년대 IT 공급업자와 컨설턴트들은 이런 방법으로 새로운 개념이나 제품에 사람들의 관심을 불러일으킴으로써 대단한 성공을 거두었다. 그중에서도 특히 클라이언트/서버 컴퓨팅, 객체 지향적 설계, 전사적 자원 관리(Enterprise Resource Planning, ERP), 고객 관계 관리(Customer Relationship Management, CRM), 그리고 각종 e-비즈니스에 대한 관심이 폭발적으로 증가했다.

이런 분야에 관련된 제품과 서비스의 판매고가 수십 억 달러를 기록했다. 2000년에 들어서자 IT에 대한 관심과 지출이 최고조에 달했다. 하지만 2000년 이후 수많은 기업이 IT 제품만으로는 가치를 창출할 수 없다는 사실을 깨닫고 IT 관련 비용 지출을 감축했다.

IT 제품으로 가치를 창출할 수 있는 유일한 방법은 직원들이 IT 제품을 이용해 원가를 줄이고 수익을 늘이는 것이다. 이를 위해서

는 업무진과 기술진이 특정 상황에서의 기업 업무 및 업무 처리 과
정에 기술을 활용할 방법에 대해 의견을 주고받아야 한다. OODA
루프의 네 단계(관찰–정향–판단–행동)가 이 같은 의사 소통 과정에
매우 효과적이다. 업무상 문제나 기회가 나타나면 관찰, 정향, 판
단, 행동 각 단계의 필수 조건을 살펴본다. 이 필수 조건을 충족시
킬 수 있는지에 따라 IT 제품과 서비스를 분류한다. 단계별로 분류
한 IT 제품의 기능을 확인한 다음 적절한 제품과 서비스를 결합함
으로써 해결책을 계획한다.

이처럼 OODA의 네 단계를 이용하면 새로운 용어의 홍수로 인
한 혼란을 줄일 수 있다. IT 제품과 서비스를 기능별로 분류해 두
면 용어가 변한다 해도 용도를 정확히 이해하고 그것을 이용해 비
즈니스 기본 구조의 안정성과 효율성을 높일 방법을 파악할 수 있
기 때문이다.

›› 관찰: 데이터 수집, 전달, 저장

이 범주에 해당하는 IT 제품은 데이터를 수집하고 전송하고 저
장하는 과정에 쓰이는 하드웨어와 소프트웨어이다. 이를테면 '판
매 시점 관리(Point-Of-Sales, POS) 시스템'과 수동으로 데이터를
입력하는 '주문 접수 시스템'이 여기에 속한다. 또 다른 데이터 수
집 기술에는 휴대 전화, 비디오 카메라, 팩스, 바코드 스캐너, 그
리고 동작, 열, 음향, 전자기 방사선 등의 특성을 감지하는 센서 등
이 있다.

센서는 환경을 관찰하고 데이터를 수집하는 매우 효과적인 방법

으로 등장했다. 현재 가장 주목받는 센서 기술은 차세대 바코드 기술인 전자 식별(Radio Frequency Identification, RFID) 인식표이다. RFID는 바코드를 시각적으로 스캐닝하는 대신 전자 수신기를 장착한 센서로 데이터를 전송한다. 공급망을 거치는 제품에 RFID를 붙이면 창고, 트럭, 상점 등에서 제품의 이동에 따라 스캐너가 RFID 인식표를 읽는다. 따라서 인력을 투입하지 않아도 실시간으로 전 공급망의 제품을 추적하고 재고 수치를 계산할 수 있다.

현재 다양하게 이용되는 또 다른 센서 기술은 이른바 '스마트 더스트(smart dust)'이다. 이는 초소형 센서의 무선 네트워크로, 마치 모래 한 줌을 툭 던져 놓듯이 특정 지역에 이것을 뿌려 놓으면 소형 센서가 서로 연결되어 특정한 화학 합성물이나 열, 음향, 동작 등 관심 대상을 감지한다. 그런 다음 통신 네트워크를 형성하여 수집한 데이터를 멀리 떨어진 다른 장소로 전달한다.

비즈니스 프로세스 관리(Business Process Management, BPM) 시스템, 혹은 비즈니스 활동 감시(Business Activity Monitoring, BAM) 시스템 등도 관찰 단계에 이용할 수 있다. BPM이나 BAM은 구매, 주문 접수, 재고 관리, 수취 계정 같은 기존 거래 프로세스 시스템의 데이터를 관리하고 업무 상태를 감시한다. 그리고 지연 현상이나 예상한 사건이 일어나거나 혹은 시스템 업무가 예정된 경로를 벗어났을 때 이를 사람들에게 알린다.

이 외에도 관찰 단계에서 이용하는 IT로 인터넷, EDI(전자 데이터 교환, Electronic Data Interchange), LAN(기업 내 정보 통신망, Local Area Networks), WAN(광역 통신망, Wide Area Networks)과

무선 데이터 전송 같은 데이터 전송 기술이 있다. 현재 광대역 기술이라는 고속 데이터 전송 기술이 과거의 저속 다이얼 호출(전화 회선으로 컴퓨터의 단말기 등과 연락하는 경우) 원거리 통신 방식을 대체하고 있다. 따라서 시간이 갈수록 더 적은 비용으로 엄청난 양의 데이터를 수집하고 전송할 수 있다.

지금껏 살펴본 이런 기술 덕분에 엄청난 정보가 생겨나고, 그 양도 해마다 늘어나고 있다. 이 데이터를 저장하고 검색하고 확보하기 위해 데이터 저장 및 암호화와 관련된 새로운 제품이 등장한다. 이를테면 대용량 저장 장치를 제공하는 SAN(광저장 영역 네트워크, Storage Area Networks)와 NAS(네트워크 장착 저장 장치, Network Attached Storage) 등을 이용하면 대량의 데이터를 효과적으로 처리할 수 있다.

›› 정향: 데이터의 정보 전환

제5장에서 살펴보았듯이 정향 단계는 OODA 프로세스의 핵심으로서, 처리하지 않은 데이터를 정보로 전환한다. 정보를 수집하기는 쉽지만 분석하고 처리하기란 어렵다. 데이터를 정보로 전환하려면 우선 '예측할 수 없는 뉴스'를 포함한 데이터나 기준에서 벗어난 예외를 발견하여 사람들이 쉽게 이해할 수 있는 형태로 정보를 제시해야 한다. 그렇게 하면 사람들의 필요와 선호도에 따라 데이터를 정보로 전환하는 방식이 달라진다.

조직의 구성원에게 정보를 제시하는 기술을 흔히 비즈니스 인텔리전스(Business Intelligence, BI)라고 표현한다. 이 기술은 기업의 거래 프로세싱 시스템에서 정보를 수집해 데이터 웨어하우스(data warehouses)나 데이터 마트(data marts)라는 특수 데이터베이스에 입력한다. 이를테면 ETL(추출, 변환, 로딩, Extract, Transform, and Load)이라는 프로세스는 다양한 거래 시스템에서 데이터를 취하여 데이터 웨어하우스에 넣는다.

일단 데이터가 데이터 웨어하우스에 들어오면 사람들이 이른바 포털(portal)을 이용하여 데이터에 접근하고 제시한다. 즉, 인터넷 웹 브라우저를 이용해 데이터에 접근하고, 개인의 필요와 선호도에 따라 징의한 포맷으로 정보를 전달하는 것이다. 또한 거래 프로세싱 시스템이나 BPM, BAM 시스템에서 직접 얻은 정보를 제시할 수도 있다.

특정 비즈니스 프로세스가 제한 영역을 벗어났을 때 BPM이나 BAM 시스템의 메시지나 경고를 제시하는 것도 포털이다. 사람들은 포털을 이용하여 원하는 정보와 더불어 특정 비즈니스 프로세스 성과가 저조해질 때 이를 알리는 규칙을 정의한다.

맞춤형 포털 디스플레이를 대시보드라고 부르는데, 이는 사람들에게 중요한 정보를 한눈에 보여 주기 때문이다. 대시보드는 정상적인 비즈니스 프로세스에서 주의를 기울이는 한편 신속하게 대응해야 할 예외적인 상황이 발생하면 이를 재빨리 사람들에게 알린다.

여러 시스템과 데이터 웨어하우스에서 나온 정보를 통합하는 포털 및 대시보드 기술과 관련된 제품이 시중에 매우 많다. 이 기술은 매일 혹은 매시간 적절한 BI를 제공하여 사람들이 맡고 있는 업

표 6-1 개인 대시보드 샘플

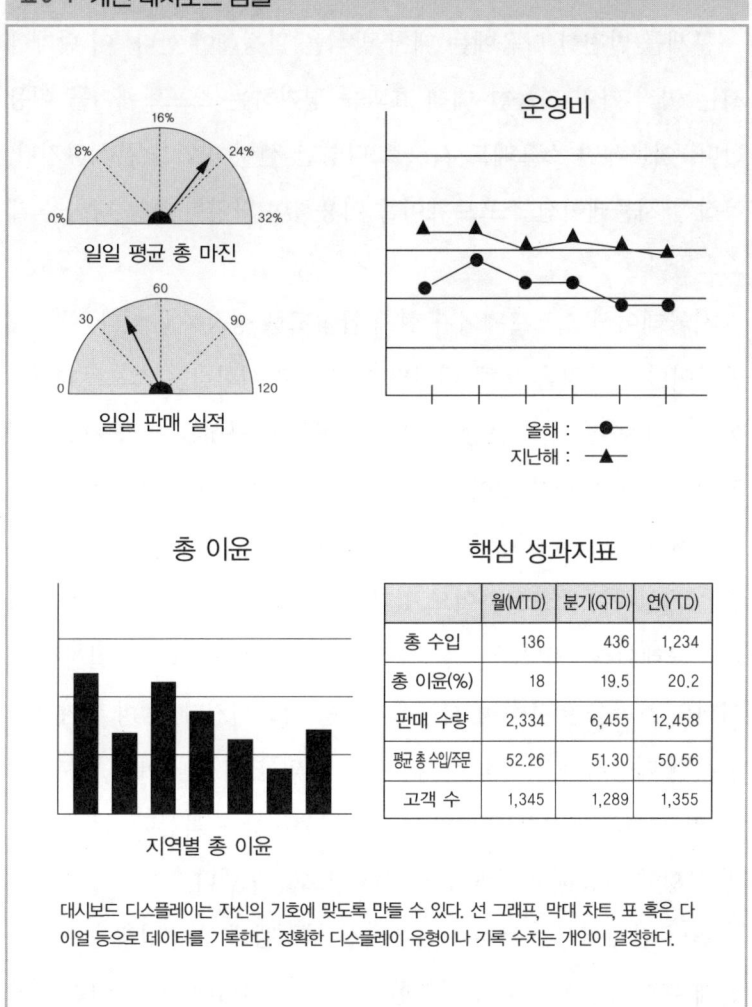

운영비

16%

8%   24%

0%   32%

일일 평균 총 마진

60

30   90

0   120

일일 판매 실적

올해 : ●
지난해 : ▲

총 이윤

핵심 성과지표

	월(MTD)	분기(QTD)	연(YTD)
총 수입	136	436	1,234
총 이윤(%)	18	19.5	20.2
판매 수량	2,334	6,455	12,458
평균 총 수입/주문	52.26	51.30	50.56
고객 수	1,345	1,289	1,355

지역별 총 이윤

대시보드 디스플레이는 자신의 기호에 맞도록 만들 수 있다. 선 그래프, 막대 차트, 표 혹은 다이얼 등으로 데이터를 기록한다. 정확한 디스플레이 유형이나 기록 수치는 개인이 결정한다.

무 과정에서 일어나는 일들을 알린다. RTE 경영 방법을 이해하고 싶다면 우선 포털 이용법부터 배워야 한다([표 6-1] 참고).

» 판단: 대안 고려 및 선택

문제를 발견한 다음에는 대처 방식을 결정해야 한다. 이 단계에서는 여러 가지 가능한 대책 효과를 평가하는 소프트웨어를 이용한다. 이를테면 스프레드 시트로 다양한 선택 방안을 분석하거나, 복잡한 시뮬레이션 소프트웨어를 이용하여 다양한 행동 방침을 테스트한다.

시뮬레이션 소프트웨어가 현재 급속도로 성장하고 있다. 예컨대 공장이나 공급망을 통해 데이터 흐름을 활성화하는 소프트웨어를 이용하면 여러 가지 공장 디자인과 공급망 구성을 테스트하여 가장 효율적인 방법을 찾아낼 수 있다. 주식 포트폴리오의 운용을 가상하거나, 다양한 시장 환경과 조직 구조에서 기업의 재정적인 운용을 가상하는 소프트웨어도 있다.

시뮬레이션 소프트웨어는 환경 관찰 시스템이 포착한 실시간 데이터의 흐름을 이용하여 시뮬레이션을 작동시킨다. 정향 단계에서 실시간 데이터를 처리하는 시스템은 예외를 발견해 어떤 부분에서의 업무 성과가 목표 영역에서 벗어났는지를 주목한다. 그런 다음 이 상황에 대응해야 할 담당자에게 경보를 보낸다.

판단 단계에서는 흔히 시뮬레이션 시스템에 문제 상황을 야기한 실제 데이터를 입력하여 다양한 대응책을 시험해 본다. 이런 식으로 효과적인 대응책을 미리 확인하여 실제 행동으로 옮긴다. 이처럼 컴퓨터로 시나리오를 실행해 보면 실제로 테스트하는 것보다 비용과 시간이 절약된다.

지식경영(Knowledge Management, KM)이나 중역 정보 시스템

(Executive Information Systems, EIS)은 과거 경험으로부터 얻은 정보를 저장하고 검색한다. 현재 상황과 비슷한 실례를 검색하여 과거 행동의 결과를 평가하는 것이다. 이 시스템은 조직의 메모리 역할을 한다. 유사한 상황에서 가장 효과적인 행동, 즉 이른바 베스트 프랙티스를 확인하여 다시 이용하는 것이다. 게다가 비효과적이었던 행동까지도 저장되어 있기 때문에 같은 실수를 미연에 방지할 수 있다.

» 행동: 기존 절차 개선 및 새로운 절차 구축

기업의 모든 행동을 돕는 IT 제품과 서비스가 있다. 기업은 거래에서 구매까지, 생산 계획에서 창고 관리까지 다양한 응용 시스템으로 업무 처리에 필요한 행동을 취한다. 이 같은 활동의 목적은 첫째, 기존 프로세스의 효율성과 대처 능력을 높이거나, 둘째, 새로운 상황에 대응할 새로운 프로세스를 개발하기 위해서이다. 행동 단계와 관련된 IT 제품이나 서비스는 이 2가지 목적을 겨냥한 것이다.

기존 절차를 개선하는 제품과 시스템을 평가할 때, 지속적인 개선 프로세스인 6시그마를 명심해야 한다. 시스템이 데이터를 지속적으로 제공하면 비즈니스 프로세스 관리(BPM)나 비즈니스 활동 관리(BAM)가 이를 이용하여 매일 업무 처리의 효율성을 모니터하고, 업무 결과가 제한 영역에서 벗어나면 경보를 발생시킨다. 구성원들은 이 시스템을 이용해 업무를 수행한다. 따라서 이들이 쉽게 이용하여 조직의 목표를 성취할 수 있는 시스템을 만들어야 한다.

새로운 프로세스와 업무 처리 방식의 구축 과정을 지원하는 제품 및 서비스에 대한 수요가 엄청나게 증가했고, 그에 따라 많은 제품과 서비스가 등장했다. 현재 IT 산업은 새로운 프로세스와 시스템을 성공적으로 창출하는 분야보다는 기존 프로세스를 개선하는 분야에 더욱 능숙하다. 따라서 새로운 일을 시도할 때 실패율이 매우 높다는 점을 유념해야 한다.

성공하려면 무엇보다 리스크를 효과적으로 관리해야 한다. 새로운 대규모 시스템이 이익을 안겨 줄 것이라는 희망으로 막대한 돈을 도박하듯 투자하도록 유도하는 제품이나 서비스는 피해야 한다. 속된 말로 흥하든 망하든 한번 해 보자는 생각으로 위험 부담이 많은 프로젝트에 도박을 건다면 분명 돈을 잃게 될 것이다. 다음 세 장에서 RTE에 필요한 새로운 시스템과 절차를 성공적으로 구축하는 방법을 자세히 살펴보자([표 6-2] 참고).

새로운 IT 전략을 향해

지난 30년 동안 여러 기업이 새로운 하드웨어와 소프트웨어에 수백만 달러를 투자한다는 IT 전략을 세우고 광범위하고 값비싼 소프트웨어 어플리케이션 패키지를 이용하거나 혹은 완전히 새로운 대규모 시스템을 구축했다. 하지만 성공률은 아무리 포장해서 말해도 보잘것없었다. 이미 수명이 다한 이런 전략으로는 RTE의 필요를 효과적으로 충족시킬 수 없다.

RT 세계는 본질적으로 끊임없이 변화한다. 지금껏 기업은 표준

표6-2 OODA 루프를 이용한 IT 제품 분류

관찰 데이터 수집, 전송, 저장	정향 데이터를 정보로 전환	판단 대안 고려와 선택	행동 기존 프로세스 개선이나 새로운 프로세스 구축
판매 시점 시스템	BI 시스템	시뮬레이션 시스템	기존 시스템
주문 접수 시스템	포털	지식경영	BPM과 BAM 시스템
BPM과 BAM 시스템	대시보드	스프레드 시트	웹 서비스와 SOA
휴대 전화	BPM과 BAM 시스템	기타	새로운 시스템
비디오 카메라	EIS 시스템		기타
바코드와 스캐너	기타		
RFID 인식표와 판독기			
'똑똑한 먼지'			
기타			

어플리케이션 패키지(ERP, CRM, 공급망 관리 등)를 설치하여 복잡하고 유동적인 문제에 대한 해답을 모색해 왔다. 이런 기업은 누구나 이용할 수 있는 획일적이고 유연하지 못한 IT 시스템에만 의존한다. 이런 시스템의 속도는 대규모 소프트웨어 공급업자가 획일적으로 정하기 때문에 기업은 자신이 처한 특정 상황에 맞도록 속도를 조절하지 못한다.

바야흐로 이제 사람과 컴퓨터를 결합하여 각자의 장점을 살리는 전략의 전성기가 도래했다. 변화가 극심하고 속도가 빠른 세계에서는 단순하고 탄탄한 기술을 이용하여 표준 비즈니스 절차를 자동화하고, 이 표준 절차에서 벗어난 예외는 사람에게 맡기는 방법이 가장 좋다. 간단히 말해, 기계적이고 반복적인 업무를 자동화함으로써 사람들을 해방시켜 창의적인 일을 하도록 해야 하는 것이다.

기업은 기계적이고 일상적이며 반복적인 업무를 자동화함으로써 원가를 절감하고 이례적인 업무에 인력을 투입하여 고객의 독특한 욕구에 민감하게 대처할 수 있다. 비벡 라나디베는 《오늘날의 힘》에서 이 전략을 '가장 효율적인 방법'이라고 표현했다.[1] 효율성과 변화 대처 능력을 갖추었을 때 기업은 경쟁자들을 물리칠 수 있다. 다음은 이 전략의 4가지 요점이다.

1. 완벽한 시스템이 아닌 훌륭한 시스템을 신속하게 구축한다.
2. 일상적인 업무는 컴퓨터에 맡긴다.
3. 예외적인 업무는 사람에게 맡긴다.
4. 경험을 바탕으로 지속적으로 시스템과 프로세스를 조정한다.

» 완벽한 시스템이 아닌 훌륭한 시스템을 신속하게 구축하라

현재 수많은 기업이 시스템을 훌륭하게 구축해야 하는가, 아니면 신속하게 구축해야 하는가를 두고 고심하고 있다. 기술과 비즈니스가 급속하게 변화하는 지금 이 질문에 대한 해답은 '신속하게 구축하라'이다. 이는 시스템을 신속하게 구축해야 '훌륭하게 구축'하는 것이 된다는 뜻이다. 온갖 특성을 도입하여 발생 가능성이 희박한 업무까지 처리할 시스템을 구축하겠다는 욕심은 버리고 일상적인 업무만 처리할 컴퓨터 시스템을 구축해야 한다.

기존 시스템을 최대한 활용하면서 새로운 IT 제품과 서비스를 첨가하라. 기존 시스템 컴포넌트를 바탕으로 새로운 컴퓨터 시스템을 지속적, 점진적으로 구축하여 비즈니스 변화 속도에 맞추어 시스템을 개발해야 한다. 즉, 기존 시스템의 능력과 특성을 이용해 새로운 시스템을 개발해야 한다는 뜻이다. 이를테면 기존 컴퓨터 시스템 사이에 데이터 링크를 구축하거나 기존 시스템의 기능을 혼합하여 단순한 사용자 인터페이스를 마련하는 것이다.

현재 시중에 나와 있는 간단한 IT 컴포넌트들을 다양하게 결합하고 기존 컴퓨터 시스템과 함께 이용하면 완전히 새로운 시스템을 구축할 수 있다. 이러한 컴포넌트를 몇 가지 살펴보면 다음과 같다.

- **ASCII 플랫 파일**(일명 텍스트 파일, ASCII flat files): 지난 20년 동안 생산된 모든 컴퓨터는 ASCII 파일 처리 능력이 있기 때문에 다른 시스템과 데이터 교환이 용이하다.
- **FTP**(File Transfer Protocol): 세계 전 지역에 대량의 데이터를 전송할 때 인터넷에서 FTP를 통해 ASCII 파일을 전송하는 방법이 가장 손쉽고 빠르며 저렴하다.
- **이메일이나 인스턴트 메시지**(Instant Message, IM): 세계 모든 사람과 연락할 수 있는 가장 쉽고 빠르며 저렴한 방법이다.
- **일괄 처리**(batch processing): 일정 기간 동안 데이터를 일괄적으로 모아서 컴퓨터로 주고받는 가장 간단하고 오래된 전송 방식. 배치 사이클을 하루, 1시간, 10분…그리고 실시간으로 운용할

수 있다.

- **관계형 데이터베이스**(Relational DataBases, RDB): 지난 15년에 걸쳐 관계형 데이터베이스가 가장 일반적인 데이터 저장 방식으로 자리 잡았다. 이 데이터베이스를 이용하면 데이터를 검색하고 전송하기가 쉽다.
- **웹 페이지**: 전형적인 웹 페이지의 모양과 느낌은 일정한 규칙과 처리 방식을 따른다. 현재 모든 컴퓨터 사용자가 이 보편적인 시스템 인터페이스의 작동 방식을 알고 있다.
- **현 세대 휴대 전화**(current-generation mobilephones): 휴대 전화는 끊임없이 변한다. 전 세계 수백만 명에 이르는 사람들이 휴대 전화로 음성과 영상, 데이터를 주고받는다. 뿐만 아니라 휴대 전화로 인터넷에 접속하고 이메일을 교환한다. 휴대 전화는 사람들을 모든 종류의 컴퓨터나 통신 체계에 연결하는 편리한 인터페이스이다.

IT 전략이라고 해서 반드시 최첨단 기술을 이용해야만 하는 것은 아니다. 비교적 단순한 기술을 효과적으로 이용하는 편이 더욱 바람직하다. 기업 목표 성취에 있어서 가장 중요한 요소는 기술 자체가 아니라 그것을 얼마나 효과적으로 이용하는가이다.

>> **일상적인 업무는 컴퓨터에 맡겨라**

컴퓨터가 가장 잘하는 일은 컴퓨터에 맡겨라. 구매 주문, 송장, 대차대조, 주문 현황, 주소 변경 등 기본 거래와 관련된 일상적인 데이터 프로세싱은 컴퓨터에 일임하라. 즉, 일상적인 데이터 처리 업무를 비롯한 모든 일상 업무는 자동화한다. 컴퓨터는 이런 종류의 업무를 사람보다 더 훌륭하게, 더 빨리, 더 저렴하게 처리한다.

쓸데없이 복잡하고 광범위한 컴퓨터 시스템이 너무 많다. 모든 상황을 처리할 시스템을 마련하기보다는 비교적 간단한 규칙을 따르는 일상적인 거래에 컴퓨터를 집중적으로 이용하라. 쉽게 원인을 알 수 있는 소수의 에러 처리 과정도 자동화하라. 용량은 크지만 기술적으로 단순한 시스템을 일상적인 거래에 지원하라.

이렇게 하면 복잡한 컴퓨터 시스템 구축 비용과 리스크 부담과 시간을 줄일 수 있다. 복잡한 IT는 비싸고 리스크 부담이 크다. 더구나 복잡한 IT가 지원하는 컴퓨터 시스템과 비즈니스 프로세스는 한번 구축하면 교체하기 어렵기 때문에 시장 변화에 유연성을 발휘하지 못한다.

» 예외적인 업무만 사람에게 맡겨라

단순한 시스템으로 처리하지 못하는 복잡한 업무에 사람을 투입하라. 표준 프로세스 시스템의 기본 규칙을 따르지 않는 거래는 예외적인 업무이다. 이런 경우 프로세싱 시스템은 해당 거래와 관련된 데이터를 차단하고 담당자에게 경보를 보낸다. 담당자가 업무를 인수하면 컴퓨터 시스템은 다시 대량의 일상적인 거래를 처리한다.

예외를 처리하는 사람은 표준 프로세스에 맞도록 데이터를 수정하거나 처음부터 끝까지 거래 과정을 관할한다. 이는 사람을 일상적인 업무로부터 해방시켰기 때문에 가능한 일이다.

예외 처리 업무는 판에 박힌 일이 아니기 때문에 매우 흥미롭다. 이런 업무에는 사고, 의사 전달, 문제해결 과정이 필요하다. 사람들은 이런 일을 재미있어한다. 지난 20만 년 동안 인간의 두뇌는 바로 이런 일을 하기 위해 진화해 왔다. 사람들은 재미있고 흥미로운 일을 훌륭하게 해내고, 그 일을 통해 배우면서 능숙해질 것이다.

RTE의 진정한 가치는 효과적인 예외 처리에서 나타난다. 시장에서 어떤 제품과 서비스가 일상 용품이 되면 기업은 원가를 절감하기 위해 생산과 배송을 표준화, 자동화하고 일상적이고 획일적인 거래에서 벗어난 예외 사례에서 이윤을 증대할 기회를 찾아야한다.

» 경험을 바탕으로 지속적으로 시스템과 프로세스를 조정하라

표준 비즈니스 프로세스에 예외가 나타나는 이유는 해당 거래와 관련된 데이터에 에러가 나타나거나 표준 프로세스로는 처리할 수 없는 새로운 거래 형태가 등장했기 때문이다. 어떤 이유에서 예외가 발생했든 간에 이에 효과적으로 대처하는 기업이 이윤을 증대시킬 수 있다.

데이터의 에러로 인해 예외가 발생한 경우, 담당자는 에러의 근본 원인을 찾아 제거해야 한다. 근본 원인을 제거할 때마다 프로세스의 효율성이 높아지므로 이윤도 증가한다.

그러나 새로운 거래 형태의 등장으로 예외가 발생했다면 담당자는 왜 그런 일이 일어났는지를 밝혀야 한다. 새로운 거래 형태가 등장했다는 것은 대개 새로운 기회나 위협이 될 변화가 나타났다는 뜻이다. 새로운 기회든 위협이든 여기에 효과적으로 대처한다면 기업은 수입을 증대시키거나 비용을 절약할 수 있다.

RTE의 시스템 구조는 지속적으로 발전한다. 에러의 원인을 발견해 제거할 때마다 거래 시스템도 변한다. 또한 새로운 기회나 위협을 발견할 때마다 그에 대처하기 위한 새로운 컴퓨터 시스템과 절차를 구축한다. 그런 다음 효과적으로 업무를 수행한 새로운 시스템을 기업의 표준 시스템과 절차에 추가한다. 시간이 지나면서 이런 식으로 새로운 체계가 점차 과거의 체계를 대체하게 되는 것이다.

민첩한 RTE를 위한 IT 인프라스트럭처

RTE에 필요한 IT 인프라스트럭처에는 공통적인 이론이 있다. 이를 'SOA(서비스 지향적 아키텍처, Service-Oriented Architecture)' 라고 부른다. SOA는 앞에서 살펴본 IT 전략을 지원할 IT 인프라스트럭처의 구축 과정과 관계가 있다. 기업은 SOA를 통해 우선 각기 다른 내부 시스템의 업무를 통합하고, 공동 작업을 원하는 다른 기업과 시스템을 연결할 수 있다.

현재 SOA 설계와 관련된 여러 가지 기술이 급속도로 발전하고 있다. 이 기술은 모두 XML과 웹 서비스의 활용에 바탕을 둔다.[2] 이 두 기술을 이용하면 기업의 기존 IT 인프라스트럭처의 컴포넌트를 재결합하여 새로운 시스템을 구축할 수 있을 뿐 아니라 다른 기업과 쉽게 데이터를 교환하고 협력할 수 있다.

» XML

1990년대 후반에 발달한 이 소프트웨어는 확장성 표기 언어 (eXtensible Markup Language)라는 뜻으로, 하이퍼텍스트 표기 언어(HyperText Markup Language, HTML)에서 개발되었다. HTML은 모든 인터넷 웹 사이트를 구축할 때 쓰는 언어이다. 인터넷 웹 페이지는 정적인 온라인 문서 형태에서 더욱 발전하여 그 콘텐츠가 유동적으로 빈번히 변화해 왔다. 그 결과 웹 기반 응용 프로그램의 데이터를 역동적으로 정의하고 조작하기 위해 XML를 만들게 되었다.

시스템 개발자는 XML를 이용해 데이터 개체를 정의하며, 이 개체를 구성하는 데이터의 속성을 정의하고 분류할 수 있다. 예를 들어 '고객'은 데이터 개체이고, '이름', '성', '주소', '시', '주', '우편 번호', '전화번호', '신용 한도' 등은 데이터 속성이다. 이를 XML로 표현하면 다음과 같다.

〈고객〉
〈이름〉조지프(Joseph)〈/이름〉
〈성〉휴스(Hughes)〈/성〉
〈주소〉123 메인 스트리트(123 Main Street)〈/주소〉
〈시〉디모인(Des Moines)〈/시〉

〈주〉아이오와(IA)〈/주〉

〈우편 번호〉40660〈/우편 번호〉

〈전화번호〉5159999999〈/전화번호〉

〈신용 한도〉10000.00〈/신용 한도〉

〈/고객〉

이 데이터 개체 정의와 관련된 개념으로 XML 스키마(XML schema)가 있다. 스키마는 각 데이터 속성에 저장된 데이터 유형을 정의한다. 고객 데이터 개체의 경우 스키마는 이름, 성, 시 속성에 있는 데이터는 캐릭터 데이터로, 우편 번호 속성의 데이터는 정수로, 신용 한도의 데이터는 2항 십진법 숫자로 정의한다.

XML은 모든 데이터를 ASCII 텍스트 파일로 저장한다(ASCII 텍스트 파일은 모든 컴퓨터가 처리할 수 있는 포맷이라는 점을 기억하라). XML 데이터에 접근하는 컴퓨터 시스템은 이 텍스트 파일을 가져와서 관련 XML 스키마를 이용해 텍스트 파일을 데이터 유형으로 전환한다. 또한 XML은 데이터를 제시하고 다른 사용자의 입력에 반응하는 방법을 제시한다. 한 프로그램이 XML 데이터를 다른 프로그램에 보내면 그 프로그램은 내부 데이터 유형을 XML 텍스트 파일과 스키마로 전환한다. 따라서 ASCII 텍스트 파일을 가져오거나 내보내고 XML 해석기를 이용하여 텍스트를 내부 데이터 유형으로 전환하는 컴퓨터는 XML로 다른 시스템과 데이터를 주고받을 수 있다.

» 웹 서비스

XML은 인터넷과 같은 네트워크를 통해 서로 메시지를 전송함으로써 각기 다른 프로그램이나 컴퓨터 시스템이 협력할 수 있는 표준 방식이다. 웹 서비스는 이러한 XML의 능력을 바탕으로 하는 기술로, 프로그램이 메시지를 XML 문서 형태로 만드는 과정의 표준을 정의한다. 웹 서비스 표준에 따라 XML 문서가 다른 프로그램이 보낸 메시지를 어떤 프로그램으로 받아야 할지, 또 그 프로그램이 XML 문서에 포함된 데이터를 어떻게 해석할지가 결정된다.

컴퓨터 시스템이나 프로그램에 웹 서비스 인터페이스를 설치하면 네트워크로 연결된 모든 시스템이나 프로그램이 전송하는 표준 XML 메시지를 수신할 수 있다. 웹 서비스 인터페이스는 메시지에 있는 XML 데이터를 내부 프로그래밍 언어와 데이터베이스가 이해할 수 있는 포맷으로 전환한다. 그런 다음 이 데이터를 바탕으로 XML 메시지가 요구한 업무를 처리하고, 그 결과를 다시 XML 메시지로 전환하여 원래 메시지를 보낸 시스템으로 전송한다.

XML과 웹 서비스는 한 프로그램에서 다른 프로그램으로 데이터를 전송하거나 기존 컴퓨터 시스템의 일부를 새로운 프로그램과 연결하여 새로운 시스템을 구축할 때 매우 유용하다. 또한 신속하게 특정 시스템 기능을 제공하는 기존 시스템과 효과적으로 결합하여 시장의 변화에 따라 새롭게 등장하는 문제에 대처한다. 이 2가지 소프트웨어는 기본 IT 컴포넌트로 급속하게 떠오르고 있으며, 앞으로 RTE에 필요한 새로운 IT 인프라스트럭처의 구축 과정에 유용하게 쓰일 것이다.

가상현실이 매우 유용하다

조이 모니스 말너(Joy Monice Malnar)는 어배나—샘페인(Urbana-Champaign)의 일리노이대학(University of Illinois) 건축대학원(School of Architecture)의 부교수이다.

그녀는 일리노이대학 석사 출신으로, 지난 20년 동안 건축학을 가르치며 건축가로 일해 왔다. 일리노이대학에서 일하기 전에는 시카고(Chicago)에 있는 유명한 회사 스키드모어(Skidmore)와 오잉스(Owings), 메릴(Merrill)에서 일했고, NCSA(National Center for Supercomputing Applications)에서 근무했으며, 시카고의 먼들라인 대학(Mundelien College)과 로욜라대학(Loyola University)에서 강의를 했다. 《감각 디자인(Sensory Design)》과 《인테리어 디멘션: 폐쇄된 공간에 대한 이론적 접근(The Interior Dimension: A Theoretical Approach to Enclosed Space)》을 공동 집필하기도 했다.

조이는 NCSA 연구팀과 공동으로 건축가가 이용할 수 있는 가상현실 시스템을 개발했다. 조이는 "수백 년 동안 건축가는 스케치와 모델링의 2가지 방법을 이용해 설계를 했죠."라고 말한다. 하지만 건축에 가상현실을 이용하려면 설계를 전혀 새로운 개념으로 이해해야 한다.

"지금은 이 두 방법을 합쳐서 풀 사이즈 빌딩 모델을 작성합니다. 그런 다음 그림과 축소 모형을 바탕으로 완성된 모습을 머릿속으로만 그려 보던 과거와는 달리 여러 가지 감각을 이용해 온몸으로 경험하지요."

조이는 윌리엄 셔먼(William Sherman), 앨런 크레이그(Alan Craig)와 공동으로 작업했다. 이들은 NCSA의 컴퓨터 과학자로, 《가상

현실 이해(Understanding Virtual Reality)》를 공동 집필했고, CAVE™라는 가상현실 환경에서 광범위한 연구를 진행했다. CAVE는 시카고의 일리노이대학 전자 시각화 연구소(Electronic Visualization Laboratory)에서 개발되었다. 윌리엄 셔먼과 앨런 크레이그도 이 개발 과정에 참여했으며, 현재 사용자들을 지원하면서 이 기술을 계속 연구하고 있다.

CAVE는 사람이 걸어 들어갈 수 있는 가로 세로 높이가 각각 10피트인 입방체로서 앞쪽과 양쪽의 벽, 그리고 바닥에 컴퓨터 그래픽 동영상을 투사한다. 입체 안경과 위치 추적 장치를 사용하면 여러분 앞에 3차원 공간이 펼쳐진다. 엔터프라이즈(Enterprise) 우주선의 '홀로데크(holodeck)'처럼 가상 공간을 걸어 다니거나 컨트롤 스틱(일명 마술 지팡이, control stick)을 써서 날아다닐 수도 있다. 조이는 동료들과 함께 이 첨단 CAVE 기술을 이용하여 자신의 필요에 맞는 가상 공간을 만들고 있다.

NCSA와 일리노이대학 공학대학원 학생인 칼레브 리타루(Kalev Leetaru)는 몇 년 전 3차원 환경을 만들어 탐험할 수 있는 '섀도라이트-미라지(ShadowLight-Mirage)'라는 프로그램을 만들었다(http://shadowlight.ncsa.uiuc.edu/). 조이와 그녀의 학생들은 CAVE에서 건축물을 짓고 평가할 때 이 프로그램을 많이 이용하고 있다. 칼레브는 이렇게 말한다.

"가상현실 덕분에 건축 설계는 이른바 '온몸 설계'로 발달했습니다. 건축가는 이제 자신이 만든 창조물을 단지 수동적으로 지켜보기보다는 가상현실을 통해 능동적으로 경험하게 된 거죠."[3]

그는 꾸준히 프로그램을 개선하여 사용자 친화적인 특성을 첨가하고 있다.

"나는 조이와 학생들에게 끊임없이 피드백을 받으면서 그들의 눈에 시스템이 어떻게 보이는지 파악합니다. 그들이 인터페이스 중에서 마음에 드는 부분과 그렇지 않은 부분을 알려 주면 나는 그것을 더 쉽고 효과적으로 이용할 수 있도록 설계를 바꾸는 거죠. 이것이 바로 그들과 함께 일하면서 얻을 수 있는 진정한 즐거움이에요."

조이는 자신이 컴퓨터와 프로그래밍에 문외한이라고 솔직하게 인정한다. 그녀의 목적은 기술을 배우는 것이 아니라 기술을 이용해 특정 환경의 설계를 가르치고 실행하는 완전히 새로운 방식을 창조하는 데 있다.

"나는 가상현실을 단순한 도구로 생각하지 않습니다. 가상현실을 통해 우리는 끊임없이 발전해 온 감각 인지 능력을 이용합니다. 이렇게 다른 인지 능력을 활용하면 연필이나 평평한 컴퓨터 모니터에 나타나는 캐드(컴퓨터 원용 설계, Computer Aided Design, CAD) 프로그램보다 훨씬 더 다양한 차원으로 설계 작업을 수행할 수 있습니다. 정면에서뿐만 아니라 다양한 각도로 설계도를 보면서 수많은 데이터를 처리할 수 있지요. 환경 속을 걸어 다니면서 아주 세세한 패턴까지 잡아냅니다. 가끔씩은 정말 눈에 띄지 않는 곳에서 변화나 흥미로운 점을 발견하기도 해요. 그리고 여기에 소리까지 첨가하는 거예요. 소리는 환경의 여러 요소에 관해 많은 정보를 알려 줍니다. 이를테면 소리를 통해 그것들이 어디에 있는지, 얼마나 가까이 있는지, 혹은 움직이는지 멈추었는지 등을 알 수 있죠."

조이는 이런 감각적인 입력의 처리 및 대응 능력을 갖추면 보다 훌륭한 건축가로서 차원 높은 설계를 할 수 있다고 설명한다.

"학생들은 실제로 땀을 흘리며 일한다고 표현합니다. CAVE에서 2시간 정도 일하고 나면 정말 육체적으로 피곤하거든요. 단언하건대 CAVE에서 일하는 것이 컴퓨터 모니터 앞에 앉아 있는 것보다 건강에도 훨씬 좋습니다. 더구나 우리 학교 신체운동학과가 적절한 운동과 면역 체계의 관계를 규정하는 연구를 하고 있고, 심리학자 아서 크레이머(Arthur Kramer)의 연구진이 첨단 신경 이미지 기법을 이용해서 운동을 하면 뇌세포와 뉴런의 수가 증가한다는 사실을 연구하고 있는 중이기 때문에 나는 그렇게 믿고 있어요."

조이와 인터뷰를 하고 있는 동안 윌리엄이 어떤 프로그램을 이용해 풍동(wind tunnel; 기류의 속도를 인공적으로 조절하면서 항공기의 모형, 부품을 시험하는 통 모양의 장치)에서 물방울이 흘러가는 모습을 입체적으로 보여 주었다. 그리고는 내게 "이 물방울 가운데 서 있으면 어떤 기분이 될지 느껴 봅시다."라고 말했다. 나는 입체경을 쓰고 윌리엄을 따라 CAVE로 들어갔다. 윌리엄은 손에 들고 있던 컨트롤 스틱을 이용해 화면을 돌렸고, 우리는 계속해서 터널 속을 걸어 들어갔다. 그리고 마침내 CAVE의 맨 뒤쪽에 도착하자 수백 개의 가상 물방울들이 터널 속을 소용돌이치면서 우리를 향해 날아오는 것처럼 보였다. 온도가 떨어져 물방울이 차가워지자 색깔이 변했다. 유통 회사에서 중역으로 일하고 있는 나는 다음과 같은 생각을 했다.

'이 물방울을 공급망에서 움직이는 제품으로 볼 수 있겠군. 세상에, 처음부터 끝까지 완벽하게 볼 수 있는 공급망이라니!'

물방울이 나를 흥분시켰다. 나는 조이와 칼레브에게 3차원 비행 효과에 대해 언급했다(제5장의 '경영진 인사이트' 참고). 3차원 환경을 판매 원가, 총 이윤, 총수입으로 정하고, 환경에 있는 각 회사를 8면체로 나타내면 이 8면체의 크기는 회사의 총 자산, 순 유형 자산, 총 채무 같은 가치에 따라 달라진다고 자세히 설명했다. 그리고 이 디스플레이에 재정 관련 데이터를 계속 입력하면 8면체가 계속 공간을 움직이게 되는데, 그러는 동안 모양이 변한다고 덧붙였다. 조이는 내가 말하는 공간이 건축 분야와 관련이 있으며, 그녀의 몇몇 학생이 내 공간과 유사한 추상적인 공간을 설계한 적도 있다고 말해 주었다.

칼레브는 섀도라이트-미라지 소프트웨어를 이용해 내가 묘사한 환경을 구축해 보자고 제안했다. 나는 다시 한번 입체경을 쓰고 CAVE로 들어갔다. 칼레브는 컨트롤 스틱으로 공간을 끌어들이는 방법을 가르쳐 주었다. 나는 그가 가르쳐 준 대로 3차원 물체를 만들기 시작했다. 칼레브는 내 앞의 공간에 명령 메뉴를 띄우는 방법도 가르쳐 주었다([그림 6-1]과 [그림 6-2] 참고). 나는 이 메뉴를 이용해 물체를 카피하고 크기를 정했으며, 여기에 색감과 질감을 더했다. 물체를 좀 더 자세히 보고 싶으면 그쪽으로 다가갔고, 컨트롤 스틱을 이용해 내 얼굴 가까이로 끌어당겨 만져 보기도 했다. 나는 빠른 속도로 배울 수 있었으므로 머릿속으로 온갖 가능성을 떠올리느라 바빴다.

CAVE 시설은 베크만 첨단 과학 기술 연구소(Beckman Institute for Advanced Science and Technology) 캠퍼스에 있다. 우리는 CAVE에서 엘리베이터를 타고 베크만 연구소의 통합 시스템 연구실(Integrated Systems Lab) 국장인 행크 카츠마르스키(Hank Kaczmarski)의 연구 시설로 내려갔다. 그는 몇몇 동료들과 함께 훨씬 더 진보된 3차원 환경 '큐브(Cube)'를 만들고 있었다. 큐브는 네 벽과 천장, 바닥 등 6면으로 둘러싸인 공간이다. 나는 조이, 행크와 함께 큐브로 들어갔다. 행크는 남부 일리노이 전역의 근교 개발 상황부터 가스구름 속에서 분자가 움직이는 모습에 이르기까지 갖가지 프로그램을 불러내 보여 주었다. 각 프로그램을 불러낼 때마다 우리는 그 디스플레이 속으로 들어가 여기저기 돌아다니면서 다양한 각도로 디스플레이를 살펴보았다. 이런 식으로 데이터와 상호 작용할 수 있다니 정말 짜릿했다.

큐브에 동력을 제공하는 컴퓨터 기술은 불과 몇 년 전 CAVE를 만들 때 사용되었던 기술에 비해 상당히 저렴하다. CAVE 구축에는 실리콘

그림 6-1 3차원 공간 항해 : 사례 1

그림 6-2 3차원 공간 항해 : 사례 2

그래픽스®(Silicon Graphics)가 그래픽을 제공했다. 큐브는 윈도우(Windows)나 리눅스(Linux)를 운용하는 인텔 기반 표준 서버를 이용한다. 큐브에 이용하는 3차원 애니메이션 소프트웨어는 공적 도메인에 해당 소프트웨어를 올릴 경우 지급되는 보조금으로 비용을 충당한다. 원한다면 행크와 동료들은 그 프로그램 설치 과정에 계약직으로 참여할 수 있다. IT를 이용해 이런 경험을 할 수 있다니 정말 기발하다. 하지만 이것은 시작에 불과할 뿐이다.

제 7 장

RTE 시스템 구축과 도전

이 장에서는 우선 새로운 시스템을 구축하는 과정부터 알아보자. 앞에서 살펴보았듯이 발 빠른 기업이 행동하기로 결정했다면 이는 기존 업무 처리 방식을 개선하거나 새로운 방식을 수립한다는 뜻이다. 새로운 방식이란 새로운 시스템을 말한다. RTE를 구현하려면 새로운 것을 창조하는 수많은 활동을 해야 한다. 또한 RT 세계에서 성공하려면 새로운 방식으로 효과적인 업무 수행을 할 수 있는 시스템이 필요하다.

특정 시스템 개발 프로젝트가 성공하려면 우선 프로젝트를 이끌 유능한 인재가 있어야 한다. 한편으로는 부문 설계자(특정 상황의 요구를 충족시킬 시스템을 설계해야 하므로)로서, 한편으로는 일반 관리자(시스템 구축 과정을 관리해야 하므로)로서의 역할을 담당하며 프로젝트의 전 과정을 관할하는 사람을 나는 '시스템 구축 담당자(system builder)'라고 부른다.

다음으로는 프로젝트에 투입될 적절한 팀 구성이 필요하다. 프로젝트 팀은 해당 프로젝트에 필요한 기술을 갖춘 2~7명으로 구성된다.

모든 시스템 개발 팀은 6가지 기본 테크닉을 이용하는데, 해당 프로젝트의 특정한 상황에 따라 이중 몇 가지를 집중적으로 이용하기도 한다. 이 6가지 기본 기술을 '핵심 테크닉(core techniques)'이라고 부른다. 이 장의 뒷부분에서 이 테크닉에 대해 살펴보도록 하자.

조직에 필요한 IT

조직은 IT그룹으로부터 다음의 2가지를 기대한다. 첫째는 효율적이고 신뢰할 수 있는 기존 시스템의 업무 처리이고, 둘째는 기업의 성장과 변화를 뒷받침할 새로운 시스템의 효과적인 개발이다.

IT 전문가들은 첫 번째 업무는 훌륭하게 해낸다. 실패하는 경우가 거의 없다. 전화 시스템, 이메일, 주문 접수, 회계 시스템 등 기존 시스템의 업무 처리가 너무나 훌륭하기 때문에 오히려 당연히 그래야 하는 것처럼 여겨진다. 업무를 훌륭하게 처리하려면 많은 노력과 기술이 필요하지만 이것은 비교적 잘 해낸다.

반면 두 번째 임무에 대한 IT의 성과는 형편없다. 대부분의 시스템 개발 프로젝트는 실패로 끝난다. 어떤 조사 결과를 읽는지와 성공을 어떻게 정의하는지에 따라 다르겠지만 프로젝트 실패율은 대략 50~80%이다.[1] 실패의 주된 이유는 유능한 시스템 구축 담당자가 부족하고, 프로젝트 팀에게 핵심 기술 이용 방법을 가르치지 않기 때문이다. 유능한 시스템 구축 담당자가 프로젝트를 맡아 팀원에게 핵심 테크닉을 제대로 가르친다면 성공률은 매우 높아질 것이다.

시스템 구축 담당자

시스템 구축 담당자는 기업과 기술을 이어 주는 가교 역할을 한다. 이들은 조직의 효율성을 높이고, 새로운 시스템을 설계하고 구축하여 성공에 필요한 도구를 제공한다. 시스템 구축 담당자의 기술과 능력이 결국 프로젝트의 성패를 결정하는 셈이다.

시스템 구축 담당자가 없다면 프로젝트는 위원회의 경영으로 인한 탁상공론에 빠져 십중팔구 비용만 낭비한 채 실패로 끝나고 말 것이다. 시스템 개발 프로젝트를 후원하는 고위 경영자의 가장 큰 임무는 프로젝트를 이끌 유능한 시스템 구축 담당자를 발굴하는 것이다.

시스템 구축 담당자는 기술진이나 업무진에서도 찾을 수 있다. 어느 쪽이든 시스템 구축 담당자는 일정 기간 동안 핵심 테크닉 이용 방법을 배우고 실행에 옮겨야 한다. 또한 사업의 전반적인 상황과 새로운 시스템이 대처해야 할 특정 문제를 이해하고, 기술과 업무 분야에 대해 해박한 지식을 갖추어야 한다.

시스템 구축 담당자는 적극적으로 기술을 배우고 업무에 참여하며, 업무에 기술을 적용하여 경쟁력을 높임으로써 항상 더 많은 수익을 올릴 방법을 모색해야 한다. 시스템 구축 담당자의 임무는 (1)시스템 설계와 (2)시스템 구축을 위한 프로젝트를 이끄는 2가지 활동으로 집약할 수 있다. 좀 더 자세하게 살펴보자.

» 시스템 설계

지난 20여 년간 경험한 바에 의하면 유능한 시스템 구축 담당자가 갖추어야 할 능력은 다음의 5가지로 요약할 수 있다. 물론 다른 기술도 중요하지만 기본적으로 이 5가지 기술이 부족하면 설계 프로세스를 훌륭히 수행할 수 없다.

1. 업무 파악하기
2. 포괄적인 프로세스 창출하기
3. 신중하게 결정하기
4. 단순한 기초 패턴 모색하기
5. 기술과 프로세스를 단순하게 결합하기

업무 파악하기

효과적으로 시스템을 설계하려면 우선 사업의 전망과 발전 형태부터 이해해야 한다. 시스템 구축 담당자는 각기 다른 부서의 직원들과 지금보다 훨씬 더 돈독한 관계를 맺고 그들의 요구와 의견, 경쟁자들의 동향에 대해 대화를 나누어야 한다.

새로운 시스템을 이용할 직원은 자신의 업무에 필요한 특성과 능력을 어느 정도 알고 있다. 이 아이디어를 종합하여 간단하고 유용한 시스템을 만들어야 한다. 사람들은 자신이 낸 아이디어를 바탕으로 시스템이 만들어지면 매우 흡족해하며 사용법을 빨리 익히게 된다. 이것이 바로 훌륭한 시스템이다.

시스템 구축 담당자는 시스템을 통해 개선하고자 하는 업무를 반드시 이해하고 있어야 한다. 즉, 특정 업무의 기본 개념이나 규칙, 원가 결정 요인, 조직의 전반적인 활동에서 그 업무가 차지하는 역할을 제대로 파악해야 한다. 시스템은 목적이 아니라 목적을 위한 수단으로서, 시스템 구축 프로젝트의 목적은 언제나 업무 처리 과정의 개선에 초점이 맞추어져 있어야 한다.

만일 시스템 구축 담당자가 개선해야 할 업무에 전혀 경험이 없다면 일정 기간 동안 해당 업무를 처리하는 직원과 함께 일하거나 업무 처리 과정을 관찰하는 것이 좋다. 시스템 구축 담당자는 개방적인 태도로 업무를 배우고 또 도우려 한다는 인상을 주어야 한다. 그러면 직원들은 시간과 노력을 투자해 시스템 구축 담당자를 가르치고 의견을 나눌 것이다. 이런 경험을 통해 시스템 구축 담당자는 새로운 시스템의 윤곽을 잡을 수 있다.

포괄적인 프로세스 창출하기

시스템 구축 담당자는 복잡성에 효과적으로 대처해야 한다. 즉, 복잡한 기업 환경과 시스템 기술을 극복하여 효과적인 시스템을 구축해야 한다. 여러 사람이 적절한 기술을 갖추고 협력한다면 복잡성에 효과적으로 대처할 수 있다. 독자적으로 일하기보다는 한 팀이 되어 일할 때 복잡성으로 인한 위압감과 두려움이 감소하기 때문이다.

시스템 구축 담당자에게는 이 같은 협력 과정을 지휘할 능력이 있어야 한다. 샐리 헬게센(Sally Helgesen)은 《통합의 웹(The Web of Inclusion)》에서 이런 능력을 갖추려면 꼭대기보다는 중심에 있기를 좋아하고, 명령을 내리기보다는 합의를 이끌어 내기를 좋아해야 한다고 말했다.[2] 시스템 구축 담당자는 경영, 기술, 관리, 판매 등 현재 설계 중인 시스템의 영향을 받을 전 부서 직원들로부터 아이디어와 통찰력을 이끌어 낼 수 있어야 한다.

한 사람이 당면 문제와 가능한 해결책을 완벽하게 이해해 새로운 시스템을 설계할 수 있다고 생각해서는 안 된다. 이는 지금보다 훨씬 단순한 시대에나 통했던 감상적인 착각이다. 시스템 구축 담당자는 포괄적인 설계 프로세스를 체계화하여 모든 관련자가 참여하도록 유도함으로써 지속적으로 효과를 발휘할 기발한 시스템을 구축할 수 있다.[3]

신중하게 결정하기

세부적인 요소까지 신중하게 고려해야 한다. 성급하게 판단하면 안 된다. 상황을 분석하고 다양한 해결안을 조사하는 동안에는 어떤 결정도 내리지 않도록 자제력(때로는 용기)을 발휘하라. 인간에게는 어떤 문제를 알고 싶어하고 명확한 해답을 찾고자 하는 욕구가 있다. 그래서 해결책으로 떠오르는 첫 번째 혹은 두 번째 아이디어를 성급하게 선택해 버리고는 마음의 문을 닫고 이미 받아들인 개념과 어긋나면 어떤 아이디어도 받아들이지 않는다. 새로운 시스템으로 대처해야 할 상황은 매우 복잡하다. 따라서 효과적인 해결책이 금방 떠오를 확률은 거의 없다.

시스템 구축 담당자는 상황에 대한 분석 결과를 종합하여 설계 과정에 참여한 모든 사람들이 쉽게 이해하고 습득할 수 있는 형태로 제시해야 한다. 대개 차트, 도표, 표, 목록을 이용한 그래픽 형태를 이용한다. 그런 다음 설계 팀과 함께 시간이 허락하는 한 최대한 많은 해결 방안을 마련한다.

유명한 건축 설계사인 크리스토퍼 알렉산더(Christopher Alexander)의 말을 빌리자면 설계는 '여러 가지 다양한 제약을 받으면서 형태를 체계화하는 과정'이다.[4] 노련한 설계자는 맨 처음 나온 설계안에 사로잡히지 않고 꾸준히 다른 디자인을 설계함으로써 창의적인 긴장감을 형성한다. 이러한 여러 가지 초기 설계안의 아이디어를 바탕으로 최종 설계안을 완성한다.

단순한 기초 패턴 모색하기

분석한 내용을 종합하여 설계안을 완성하는 창의적인 도약 단계이다. 처음에는 상황이 복잡하고 적용할 기술이 많아 어떻게 해야 할지 갈피를 잡지 못할 것이다. 하지만 이런 불확실성을 극복하고 상황을 분석하여 여러 가지 해결 방안을 제시하다 보면 차츰 단순하고 유용한 아이디어가 보이기 시작한다.

이런 창의적인 아이디어는 이른바 잠재의식에서 나온다. 아이디어는 의식적인 생각에서 나와 잠재의식으로 넘어간다. 쓸모 있는 아이디어는 누구나 바로 이거라고 무릎을 치며 알아볼 수 있다. 아마도 한 달 전에는 왜 이런 생각을 하지 못했는지 스스로 의아해할지도 모른다. 하지만 분석 과정을 시작하기 전까지는 어떤 것이

쓸모 있는 아이디어인지 전혀 알 수 없다. 훌륭한 설계는 모두 간단하고 쓸모 있는 아이디어를 바탕으로 이루어진다.

우리 모두가 천재일 수는 없다. 따라서 우리가 하는 일에는 단순한 기본 패턴이 있다. 그렇지 않다면 시간이 지남에 따라 예전에 자신이 했던 일도 어떻게 했었는지 기억 나지 않을 것이다. 이 단순한 기본 패턴이 여러 차례 변하면 일이 복잡해진다. 피터 센지는 《제5경영》에서 현재 우리가 하는 일의 단순한 패턴을 이해해야만 훌륭한 시스템을 설계할 수 있다고 말했다.[5]

일단 업무 패턴을 파악한 다음에는 그에 부합하는 시스템을 설계한다. 이렇게 하면 사람들이 쉽게 이해할 수 있는 시스템이 구축되어 패턴이 다양하게 변하더라도 유연성을 발휘해 효과적으로 대처할 수 있다.

기술과 프로세스를 단순하게 결합하기

시스템 구축 담당자는 기술 및 기술 발전 방식을 배워야 한다. 시스템 구축 담당자는 컴퓨터와 통신 기술을 이용해 기업의 당면 문제에 대한 해결책을 마련한다. 따라서 주 하드웨어, 소프트웨어의 장점과 단점, 그리고 사용 가능한 운영 체제 플랫폼에 대한 지식을 갖추고 있어야 한다.

시스템 구축 담당자는 특정 기술이 어떤 상황에서 효과적이고 어떤 상황에서 효과가 없는지 제대로 파악해야 한다. 현재 기술 분야의 변화 속도를 감안할 때 새로운 개발 기술의 추세를 놓치지 않으려면 부단히 노력해야 한다. 핵심 기술을 갖춘 사람들과 인적 네트워크를 형성하고 그들의 경험을 공유하라. 업계 잡지를 꾸준히 읽고 컨퍼런스와 박람회에도 참석하라.

'우아한 단순함'을 보여 주는 기술적인 시스템을 설계하도록 노력해야 한다. 기술 컴포넌트를 가능한 한 적게 이용하면서 각 컴포넌트의 장점을 최대한 활용한다. 몇 가지 기술 컴포넌트를 결합하여 단점을 각 요소의 장점으로 보완함으로써 시스템에 필요한 특성을 얻는다. 가능하면 기존 시스템 인프라스트럭처 중에서 장기간 안정성을 유지하고 변화에 신속히 대처했던 컴포넌트를 활용하도록 한다.

'똑똑함의 덫'을 조심하라. 사람은 정신이 산만할 정도로 세부적인 면까지 낱낱이 밝혀 자신의 지성을 과시하려 한다. 만일 특정 설계가 너무 상세한 듯한 느낌이 든다면 십중팔구 너무 복잡하다는 뜻이다. 시스템을 개발할 때는 늘 복잡성에 빠질 위험이 존재한다. 실제로 설계 과정에서 처음 제안되는 일부 설계안은 지나치게 복잡하거나 '똑똑'하다. '우아하고 단순한' 설계를 찾아라. 분명히 찾을 수 있을 것이다.

» 프로젝트 이끌기

시스템 구축 담당자는 관리자보다는 리더에 가깝다. 새로운 시스템에 대해 아이디어를 내고 판매하려면 때로는 몽상가가 되어야 한다. 이와 동시에 협상을 거쳐 필요한 지원을 확보하고 여러 차례 설계를 수정하여 성공적인 시스템을 구축해야 하므로 정치가 같은 면도 있어야 한다. 그리고 무엇보다 과정 진행과 시스템 구현에 전념할 수 있는 집중력과 추진력을 갖추어야 한다.

시스템 구축 담당자에게는 관리 기술보다는 리더십이 더 필요하다. 리더는 새로운 것을 만드는 반면 관리자는 이미 존재하는 것을 효과적으로 운영한다. 두 특성 모두 필요하지만 이 2가지를 혼돈하지 말아야 한다. 그렇게 되면 여러 가지 큰 문제가 발생한다. 시스템 구축은 새로운 것을 만드는 과정이므로 관리자가 아닌 리더가 필요한 것이다. 시스템 개발 프로젝트의 리더십에서 가장 중요한 기술은 다음과 같다.[6]

1. 뛰어난 의사 전달 및 협상 기술
2. 기준과 기대치 높이기
3. 위임하라, 위임하라, 위임하라
4. 항상 적극적으로 프로젝트에 참여하기
5. 결단력
6. 활력과 집중력을 가지고 행동하기

뛰어난 의사 전달 및 협상 기술

설계자로서의 시스템 구축 담당자는 설득력 있는 시스템 비전을 창출해야 한다. 리더로서의 시스템 구축 담당자는 이 비전을 다른 사람과 공유하여 후원자를 유치하고, 그들의 행동을 유도해야 한다. 리더라면 심지어 칵테일 파티에서 처음 만난 사람에게도 시스템을 설명할 수 있어야 한다. 기술자나 업계 내부자만 그의 설명을 이해할 수 있다면 이는 의사 전달이 효과적이지 못했다는 증거이다. 리더는 프로젝트의 비전을 실현할 방법을 명확히 제시해야 한다. 또한 시스템의 목적을 몇 가지 단순한 세부 목표로 나누고, 각 목표마다 수행해야 할 업무를 설명해야 한다.

훌륭한 리더는 자신의 재능을 십분 활용하여 메시지를 효과적으로 전달하고, 협상을 통해 지원을 확보한다. 그렇다고 유명한 대중 연설가만큼 언변이 좋거나 외향적이어야 하는 것은 아니지만, 후원자들과 효과적으로 의사 소통하기 위해 꾸준히 노력해야 한다. 1 대 1로 만나거나, 소집단과의 비공식적인 모임을 갖거나, 시스템의 핵심 개념을 간단한 도표를 이용해 설명하는 방법이 매우 효과적이다. 이따금 유능한 코치의 지도를 받아 표현과 의사 전달 기술을 향상시키는 것도 좋은 방법이 된다.

기준과 기대치 높이기

훌륭한 리더는 늘 지지자들의 욕구나 소망을 자극한다. 사람들은 자신의 능력을 향상시켜 인정이나 보너스로 보상을 제공하는 프로젝트나 프로세스에 참여하기를 원한다. 리더는 사람들이 자부심을 가지고 따를 만한 기준을 설정해야 한다. 하지만 무조건 기준을 높게 잡는 것만으로는 부족하다. 사람들은 실패를 싫어하기 때문에 기준을 충족시킬 자신이 없으면 아예 시작하지도 않는다. 따라서 리더는 높은 기준에 부응하기 위해 노력하도록 사람들을 지원하고 교육해야 한다.

고층 건물이 처음 등장하던 시절에 일부 고층 건물과 호수 근처의 공원들, 시카고의 여러 대로를 설계한 시카고 출신의 대건축가

다니엘 번햄(Daniel Burnham)은 "시시한 계획은 세우지 마라. 그것은 사람의 영혼을 자극하지 못한다."라고 말했다. 큰 기대와 큰 이익을 안겨 주는 목표를 설정하라. 그러면 사람들이 그 목표에 도달하기 위해 열정적이고 헌신적으로 노력할 것이다.

다시 한번 말하지만 사람들은 실패를 싫어한다. 성취 가능한 목표를 선택하고, 팀원들이 그 목표를 성취할 수 있다고 믿어라. 리더가 이를 진심으로 믿지 못하면 팀원들 역시 자신의 능력을 의심하게 되기 때문에 열정적이고 헌신적으로 일하지 않는다.

위임하라, 위임하라, 위임하라

프로젝트의 목적과 중대한 목표를 설정하고, 프로젝트를 시작한 다음에는 프로젝트의 각 부분을 유능한 사람들에게 위임한다(팀원 중에 유능한 사람이 없다면 프로젝트를 중단하라).

훌륭하게 정의된 프로젝트는 프로젝트 완수를 위해 성취해야 할 일련의 세부 목표를 명확히 제시한다. 프로젝트 리더는 개별적인 업무뿐 아니라 특정한 세부 목표와 관련된 전체 업무를 위임해야 한다. 업무를 효과적으로 위임하지 않으면 정해진 시간과 예산에 맞추어 프로젝트를 끝낼 수 없다.

특정 업무에 관심을 보이는 사람에게 그 업무를 위임하는 것이 가장 효과적이다. 사람들은 자신의 능력을 향상시키고 보상을 받을 수 있는 업무에 참여하고 싶어한다. 그러므로 전반적인 목표와 구체적인 세부 목표를 명확히 이해해야 주어진 업무에 과감히 도전한다. 또한 프로젝트 리더는 팀원의 업무 처리 능력을 믿어야 한다. 리더가 팀원의 능력을 의심한다면 그는 업무를 맡으려 하지 않을 것이다.

마지막으로, 리더는 팀원과 함께 일하면서 필요한 자원을 제공해야 한다. 만일 위임받은 일을 팀원 혼자 진행해야 한다면 그들은 방어적인 태도를 취하고 변명만 늘어놓게 될 것이다.

항상 적극적으로 프로젝트에 참여하기

전체 업무를 위임하라고 해서 프로젝트 관리 책임까지 위임하라는 것은 아니다. 리더는 항상 적극적으로 프로젝트에 참여해야 한다. 그러려면 무엇보다 팀원이 문제를 제기할 때 그들의 말을 경청해야 한다. 톰 피터스(Tom Peters)는 《혼돈 속의 경영(Thriving on Chaos)》에서 "이상하게 들리겠지만 다수의 사람에게 권한을 위임하는 최선의 도구는 '경청'이다."라고 말했다.[7]

프로젝트 리더는 그야말로 팀원들의 하인이다. 팀원의 성공이 곧 리더의 성공이며, 그들이 성공하지 못하면 리더도 성공하지 못한다. 리더는 정기적으로(대개 일주일에 한 번) 회의를 열어 프로젝트 진행 과정과 불가피한 문제를 해결할 방법에 대해 허심탄회하게 논의해야 한다. 대개 사람들은 자신이 직면한 문제의 해답을 이미 알고 있거나 혹은 신속하게 찾아낸다. 그들은 문제에 대해 솔직하게 의논하고 리더의 의견을 듣고 싶어한다. 리더가 사람들이 원하는 임무를 제대로 수행한다면 팀원들도 나머지 업무를 잘 처리할 것이다.

결단력

리더는 어떻게 자원을 할당해 목표를 성취해야 할지 판단해야 한다. 이는 리더가 내려야 할 가장 중요한 결정 사항이다. 프로젝트를 진행함에 따라 수많은 장애물이 등장해 중대한 업무를 가로막는데, 팀원이 이런 장애물에 부딪히면 리더는 자원을 재할당하거나 목표를 다시 정해 장애물을 제거해 주어야 한다.

때로는 프로젝트 진행 과정에 필요한 정보가 부족한 상태에서 어려운 결정을 내려야 할 때도 있다. 이런 경우 미 해병대는 이른바 '70% 해결책'을 이용했다. 70% 해결책이란 완벽하지는 않지만 지금 당장 이용 가능한 자원으로 신속하게 진행할 수 있는 해결책을 일컫는다. 해병대는 또한 문제를 분석하고 계획을 수립하는 시간을 제한했다. 정해진 시간 내에 적당한 결정을 내리는 편이 완벽하지만 이미 늦어 버린 결정을 내리는 것보다 낫다. 결정을 내려야할 때 리더가 적절한 인재를 투입하고 마감 시한을 정하면 일을 맡은 사람이 기간 내에 가장 훌륭하게 문제를 분석하고 판단하여 다음 단계를 진행한다.

리더가 문제에 참여하여 적시에 중대한 결정을 내리지 않으면 프로젝트는 추진력을 잃어 결국 중단되고 말 것이다. 프로젝트 리더가 관련자들을 문제 분석 과정에 투입했을 때 곧바로 합의를 얻을 수도 있지만 그렇지 못할 수도 있다. 후자의 경우에는 리더가 결정을 내려야 한다. 순조롭게 진행되다가도 결단력 부족으로 '분석 마비(analysis paralysis)'에 빠져 정처 없이 헤매다 끝나는 프로젝트가 많다는 사실을 명심하자.

활력과 집중력을 가지고 행동하기

프로젝트를 이끄는 일은 고양이 무리를 이끄는 일과 같다. 끊임없이 프로젝트를 홍보하고 관련자들에게 혜택을 주어야 한다. 리더는 프로젝트 팀을 격려하고 달래고 지원하면서 프로젝트를 진행해야 한다. 또한 의사를 전달하고, 기준과 기대치를 높게 잡고, 업무를 위임하며, 항상 프로젝트에 적극적으로 참여하고, 결정을 내려야 한다. 하버드 경영대학원 교수 윌리엄 풀머(William Fulmer)의 말처럼 "리더는 팀원에게 끊임없이 위기감을 전달해야 한다. 그러려면 넘치는 에너지가 필요하다."[8]

효과적인 프로젝트 환경 조성 과정에서 가장 강력한 요소는 바로 시스템 구축 담당자의 행동과 태도이다. 리더는 모범을 보임으로써 선봉에 나서서 팀을 이끌어야 한다. 필요하다면 리더의 역할이 필요한 세부적인 업무에도 관여해야 한다. 리더의 존재와 행동

표 7-1 시스템 구축 담당자의 기술

설계 기술	리더십 기술
• 업무 파악하기 • 포괄적인 프로세스 창출하기 • 신중하게 결정하기 • 단순한 기초 패턴 모색하기 • 기술과 프로세스를 단순하게 결합하기	• 뛰어난 의사 전달 및 협상 기술 • 기준과 기대치 높이기 • 위임하라, 위임하라, 위임하라 • 항상 프로젝트에 적극적으로 참여하기 • 결단력 • 활력과 집중력을 가지고 행동하기

이 팀원들에게 동기를 부여해 그 결과 프로젝트가 제대로 진행되는 것이다. [표 7-1]에 시스템 구축 담당자에게 필요한 기술을 요약했다.

핵심 테크닉

농구 경기에 드리블, 패스, 슈팅 등 몇 가지 기본 기술이 있듯이 정보 시스템 개발이라는 게임에도 기본 기술이 있다. IT 프로젝트 팀의 기술 수준은 이 테크닉의 역량으로 결정된다. 프로젝트 팀은 각기 다른 상황에 이 테크닉을 적절하게 결합해 이용함으로써 적절한(때로는 훌륭한) 결과를 얻을 수 있다. 다음 6가지 테크닉은 시스템 설계에 참여한 사람들이 배우고 숙달해야 할 단순하지만 포괄적인 기술이다.

1. 합동 응용 설계(Joint Application Design, JAD)
2. 프로세스 맵핑(process mapping)
3. 데이터 모델링(data modeling)
4. 시스템 프로토타이핑(system prototyping)
6. 시스템 테스트와 롤아웃(system test and rollout)

» 합동 응용 설계(JAD)

시스템 구축 담당자는 JAD 테크닉을 이용해 모든 팀원의 지식과 통찰력을 종합하는 포괄적인 프로세스를 만들 수 있다. JAD 테크닉은 리더의 지도 방식, 팀원 간의 상호 작용 방식, 문제 접근 방식을 지배하는 일련의 규칙을 나열한다. 시스템 구축 담당자는 이 규칙을 이용해 팀원의 창의적인 문제해결 능력과 시스템 설계의 바탕이 되는 아이디어를 이끌어 낸다.

오늘날 재계의 당면 문제인 설계 업무의 지나친 복잡성에 대처하기 위해 JAD가 등장했다. 문제를 개별적으로 분석하면 개인이나 집단은 지속적으로 적절하고 효과적인 시스템 설계를 제시할 수 없다. 하지만 업무진과 기술진이 적절히 혼합된 프로젝트 팀은 JAD 테크닉을 이용해 언제든지 적절한 시스템을 설계할 수 있다.

» 프로세스 맵핑

프로세스 맵핑은 기업에서 진행되는 여러 업무의 프로세스와 이 프로세스 간의 관계를 확인하는 테크닉이다.[9] 우선 상위 프로세스를 확인한 다음 상위 프로세스의 하위 프로세스들을 확인한다([표 3-3] 참고). 그리고 각 프로세스에 필요한 데이터 입력을 정의하고 데이터 원천을 나열한다. 또한 각 프로세스의 데이터 출력을 정의하고 데이터 출력의 용도를 나열한다.

이 테크닉은 비즈니스 프로세스의 업무와 프로세스 사이에서 일어나는 데이터 흐름을 시각적인 맵으로 나타내 준다. 각 업무와 업무에 입출력하는 데이터 흐름을 보여 주는 이 다이어그램을 이용하여 기술진과 업무진은 함께 문제를 의논하고 프로세스를 개선할 기회를 발견한다. 그래픽을 이용해 많은 양의 정보를 신속하고 정확하게 전달할 수 있기 때문에 문서보다 훨씬 더 효과적이다. [표

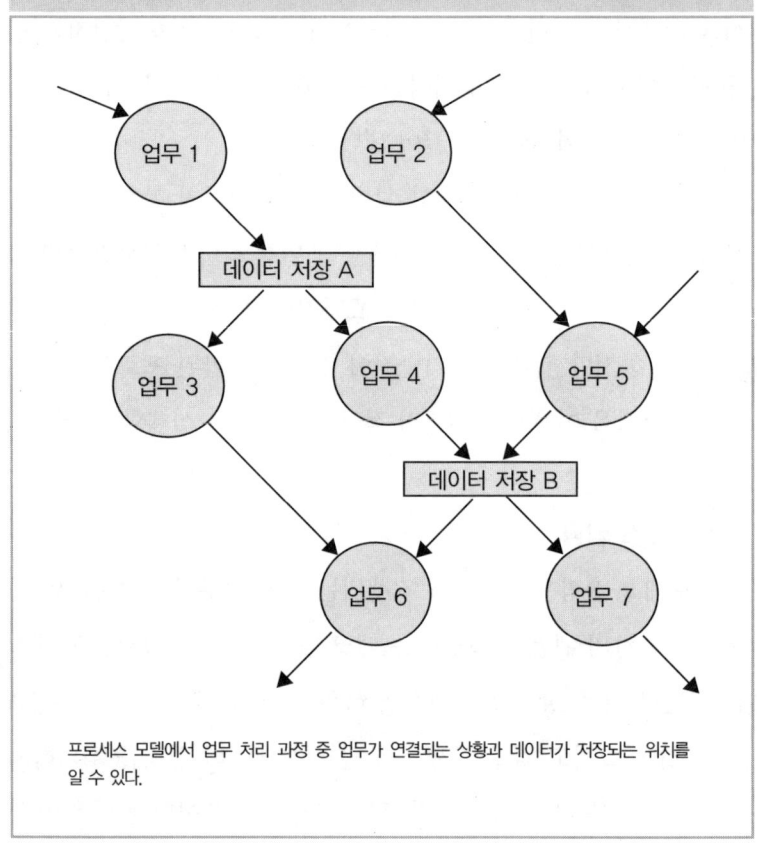

표 7-2 프로세스 맵

업무 1　　업무 2

데이터 저장 A

업무 3　　업무 4　　업무 5

데이터 저장 B

업무 6　　업무 7

프로세스 모델에서 업무 처리 과정 중 업무가 연결되는 상황과 데이터가 저장되는 위치를
알 수 있다.

7-2]는 프로세스 맵핑 다이어그램의 예이다.

» 데이터 모델링

데이터 모델은 수집해야 할 데이터의 개체 혹은 항목을 정의한
다. 대개 비즈니스 프로세스 해체 테크닉을 이용해 개체를 확인하
는데, 고객, 제품, 송장 같은 개체는 데이터가 각기 다른 비즈니스

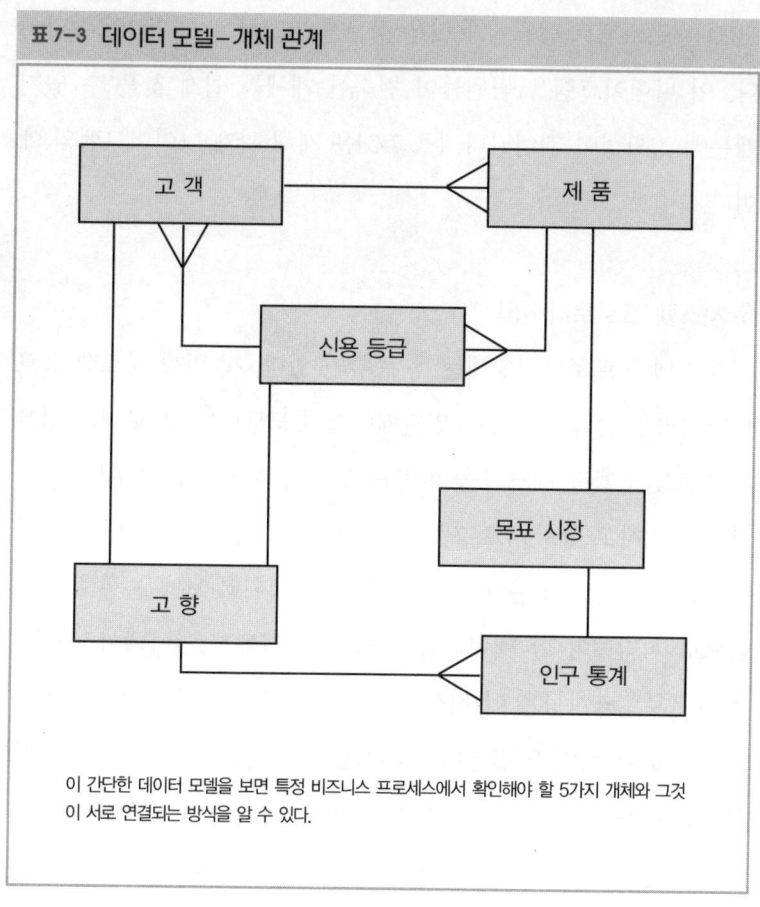

표 7-3 데이터 모델-개체 관계

고 객		제 품
	신용 등급	
		목표 시장
고 향		인구 통계

이 간단한 데이터 모델을 보면 특정 비즈니스 프로세스에서 확인해야 할 5가지 개체와 그것이 서로 연결되는 방식을 알 수 있다.

프로세스 사이를 이동할 때 확인할 수 있다. 개체 확인 후에는 개체의 특성이나 속성을 정의한다. 이를테면 고객이라는 개체는 고객 수, 이름, 주소, 신용 한도 등의 속성을 포함한다.

개체 관계 다이어그램(Entity Relationship Diagram, ERD)이라는 시각적 다이어그램을 만들 때도 이 테크닉을 이용한다. 프로세스 맵핑 테크닉으로 만든 프로세스 흐름 다이어그램과 마찬가지로

ERD는 프로젝트 팀원에게 많은 정보를 전달하는 시각적인 수단이다. 이 다이어그램은 팀원들이 친숙한 개체를 쉽게 찾을 수 있기 때문에 정확성이 뛰어나다. [표 7-3]은 개체 관계 다이어그램의 예이다.

» 시스템 프로토타이핑

시스템 프로토타이핑에는 두 종류가 있다. 첫 번째 시스템 프로토타이핑은 시스템 사용자 인터페이스의 모델이다. 프로젝트 팀은 프로세스 모델링 테크닉을 바탕으로 완전 자동화할 프로세스, 인력을 투입하고 컴퓨터로 지원할 프로세스, 전적으로 사람에게 맡길 프로젝트를 결정한다. 프로젝트 팀은 데이터 모델을 통해 시스템으로 처리해야 할 데이터를 확인한다. 사용자 인터페이스의 시스템 프로토타이핑은 이 지식을 바탕으로 컴퓨터 스크린을 연결하고 배열하여 사람과 컴퓨터를 혼합한 프로세스를 지원한다. 또한 시스템 사용자에게 화면 간 이동 방법과 인쇄된 시스템 출력의 레이아웃을 보여 준다. 시스템 사용자는 쌍방향 슬라이드 쇼로 만들어진 이 시스템 프로토타이핑에서 키보드나 마우스 혹은 기타 명령 도구를 이용해 다른 컴퓨터 스크린으로 이동할 수 있다. 뿐만 아니라 업무 담당자들은 실제로 작업에 이용할 새로운 시스템의 혜택을 확인하고 개선 방안을 제안할 수 있다.

두 번째 시스템 프로토타이핑은 구조적 프로토타이핑으로서, 시스템 구축 과정에서 선택된 하드웨어와 소프트웨어 컴포넌트를 결합하여 만든다. 이 프로토타이핑은 이 컴포넌트들이 얼마나 훌륭하게 작동하는지를 입증한다. 선택한 소프트웨어를 특정 하드웨어에 설치하고 각기 다른 소프트웨어 컴포넌트를 연결한다. 다양한 환경에서 데이터가 이동하면서 하드웨어와 소프트웨어가 협력하여 예측한 사용자 수와 데이터 양을 처리할 수 있는 능력을 측정한다. 기술진은 이 프로토타이핑에서 실제로 시스템을 구축할 때 일어날 수 있는 문제를 확인한다. 팀원은 시스템 구축 과정에 이용할 기술이 과연 효과적일지, 새로운 시스템의 업무 요구량을 충족시킬 수 있을지를 살펴본다. [표 7-4]는 2가지 시스템 프로토타이핑(기술적인 건축 및 사용자 인터페이스)의 원리를 설명해 준다.

》 객체 지향적 설계와 프로그래밍

객체 지향적 설계(Object-Oriented Design, OOD)와 객체 지향적 프로그래밍(Object-Oriented Programming, OOP)은 지난 30년 동안 시스템 구축 분야에서 개발된 여러 가지 테크닉 가운데 가장 최근에 등장했다. 이 테크닉의 목적은 안정적이고 재사용이 가능하며, 디버깅(debug)과 수정이 용이한 소프트웨어를 설계하고 프로그래밍하는 데 있다.

객체 지향 테크닉은 전기 엔지니어가 휴대 전화 같은 장치를 설계할 때 이용하는 엔지니어링 테크닉과 유사하다. 휴대 전화는 여러 가지 부품의 집합체라고 볼 수 있다. 이 부품 중 상당수는 머더보드(motherboard; 컴퓨터의 주요 부품을 끼울 수 있는 주회로 기판)에 꽂는 집적 회로 칩(IC 칩, Integrated Circuit chips)이다. 각 IC 칩은 투입 입력, 수행 업무, 산출 출력에 의해 결정된다.

객체란 IC 칩의 소프트웨어이다. 휴대 전화가 상호 작용을 하는 IC 칩으로 구성되듯이 시스템은 상호 작용을 하는 소프트웨어 객체로 구성된다. 현재 화두로 떠오른 웹 서비스 기술은 OOP의 한 예이다. 웹 서비스는 기존 시스템의 프로그램(객체)으로 구성되는데, 이들은 특정한 XML 포맷을 이용하여 인터넷에서 입력을 보내

표 7-4 시스템 프로토타이핑

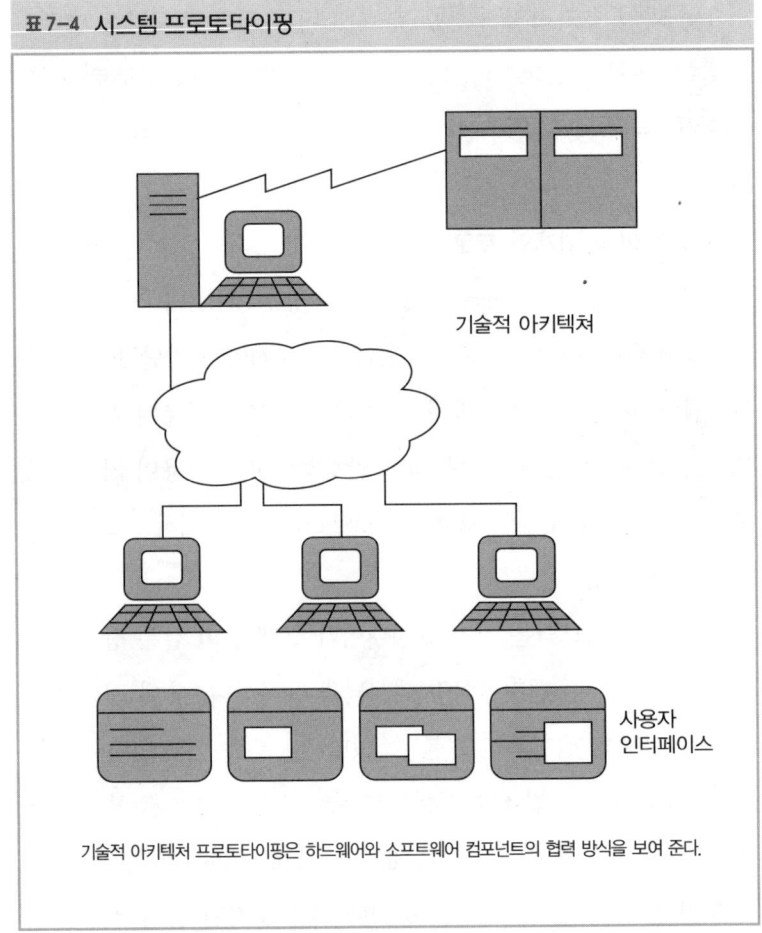

기술적 아키텍처

사용자
인터페이스

기술적 아키텍처 프로토타이핑은 하드웨어와 소프트웨어 컴포넌트의 협력 방식을 보여 준다.

고 출력을 받음으로써 서로 통신한다.

일단 객체 지향적인 설계가 완성되면 각 객체마다 설계 명세에 맞는 코드만 쓰면 되기 때문에 프로그래밍은 비교적 간단하다. 업무를 처리하고 상호 작용하여 시스템을 운영하는 방식과 관련된 어려운 결정은 모두 객체 지향적인 설계에서 결정된다. 프로그래

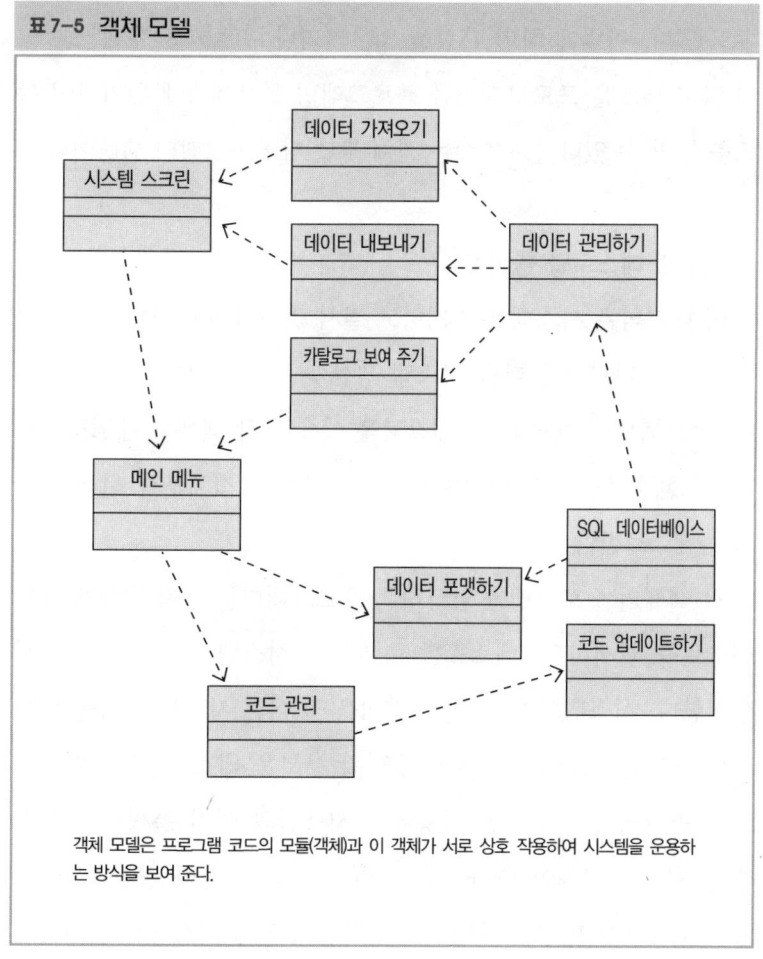

표 7-5 객체 모델

객체 모델은 프로그램 코드의 모듈(객체)과 이 객체가 서로 상호 작용하여 시스템을 운용하는 방식을 보여 준다.

밍 언어가 객체 설계에 다소 영향을 끼치기는 하지만 대개 객체 설계는 언어와 무관하다.

시스템 구축 담당자는 객체별로 프로그래밍 프로세스를 추적함으로써 프로그래밍 과정을 효과적으로 관리한다. 일반적으로 하루에서 사흘 정도면 객체 설계를 마칠 수 있다. 어떤 순서로 설계하든 상관없으며, 프로그래머가 많다면 여러 객체를 동시에 설계할 수도 있다. 이렇게 하면 혼란을 일으키거나 프로젝트 통제권을 잃지 않고 새로운 프로그래머를 프로그래밍 프로세스에 투입하여 속도를 높일 수 있다. [표 7-5]는 객체 모델 다이어그램의 샘플이다.

›› 시스템 테스트와 롤아웃

이 테크닉은 시스템을 철저하고 질서 정연하게 테스트하고 버그를 찾아내 바로잡은 다음 시스템 생산 과정으로 넘어갈 때 이용한다. 프로젝트 팀원들은 이 테크닉을 이용해 각 객체를 개별적으로 테스트한 다음 각 시스템의 기능을 수행하는 객체군과 전체 시스템을 테스트한다.

각 객체의 프로그램을 담당하는 프로그래머는 먼저 객체에 유닛 테스트를 실시하고, 테스트를 통과하면 시스템 테스트 환경에서 확인한다. 시스템의 업무 처리 방식을 잘 아는 사람들이 작성한 테스트 스크립트를 이용해 시스템의 각 부분을 테스트한다. 이때 테스트 스크립트는 다양한 상황에서 시스템의 여러 특성을 실행할 수 있도록 작성해야 한다. 테스트를 진행함에 따라 점점 더 많은 부분을 테스트 환경에 투입하다가 마침내 전체 시스템을 한꺼번에

표 7-6 핵심 테크닉(게임의 기술)

1. **JAD:** 프로젝트에 참여한 사람들의 아이디어와 종합적인 지식을 모아 적절한 설계를 만든다.

2. **프로세스 맵핑:** 사람들이 빨리 이해할 수 있도록 기존 업무 처리 과정을 그림으로 나타내고 새로운 과정을 정의한다.

3. **데이터 모델링:** 시스템이 처리해야 할 데이터의 종류와 양을 정의하여 데이터베이스를 설계한다.

4. **시스템 프로토타이핑:** 시스템 사용자 인터페이스와 기술적 아키텍처를 구축하고 테스트하여 시스템이 업무에 필요한 조건을 충족시키는지 확인한다.

5. **객체 지향적 설계와 프로그래밍:** 재사용할 수 있는 이미 정의된 소프트웨어 컴포넌트를 결합한 시스템을 만들어 효과적인 시스템을 구축하고 향상시킨다.

6. **시스템 테스트와 롤아웃:** 시스템의 결함을 제거하고 시스템을 이용할 사람들을 교육하여 시스템을 신속하게 생산하고 효과적으로 이용한다.

테스트하게 된다.

테스트 환경에서 시스템을 테스트하고 버그를 수정한 다음에는 시스템 롤아웃 단계로 넘어간다. 첫 단계로 시스템을 베타 테스트나 시험 집단에 롤아웃한다. 그런 다음 다양한 수정 방안을 제시하여 시험 집단이 시스템을 좀 더 쉽게 활용하여 업무를 조정할 수 있도록 지원한다. 그리고 마지막으로, 시스템을 생산하여 구성원들이 효과적으로 변화에 적응하도록 적절한 교육을 실시한다([표 7-6] 참고).

고객 서비스와 판매 생산성 향상

서닐 아로라(Sunil Arora)는 애닉스터 인터내셔널(Anixter International)의 글로벌 e-비즈니스 담당 부사장이다. 애닉스터는 국제적인 유통 회사로서 데이터, 음성, 비디오를 처리하는 유무선 전기 통신 제품을 취급한다. 2003년 애닉스터는 27억 달러의 총수입을 올렸다. 서닐은 IT 부서의 비즈니스 시스템 설계사로 애닉스터에 입사한 후 수많은 업무를 처리하고 승진을 거듭하면서 비즈니스를 배웠다.

그동안 유럽과 아시아/퍼시픽 지역 정보 서비스 담당 부사장으로 일하던 그는 지난해 유럽에서 돌아왔다. 남북 아메리카의 웹 기반 고객 서비스와 판매 시스템인 e애닉스터(eAnixter)의 롤아웃 과정을 위해 애닉스터가 그를 본사로 불러들인 것이다. 그는 유럽과 아시아에 이미 이 시스템을 소개한 바 있었다.

e애닉스터 시스템으로 탄생한 새로운 판매 및 고객 서비스 절차는 고객 서비스를 제고하고 판매 생산성을 증대하는 매우 강력한 결합체였다. 서닐은 다음과 같이 말한다.

"영업소를 대상으로 조사한 결과 영업 사원들은 직접 고객을 만나는 것보다는 우편 판매와 고객 서비스 관련 업무에 상당한 시간을 투자하는 것으로 나타났습니다. 이 때문에 고객들은 필요할 때 영업 사원을 만나기가 너무 어렵다고 불평했죠. 우리는 고객이 필요할 때 필요한 서비스를 제공하고 싶었습니다. 그러려면 영업 사원이 고객 서비스 관련 업무보다는 판매 활동에 더 많은 시간을 투자할 수 있는 방법을 모색해야 했죠. 그래서 e애닉스터 시스템을 통해 새로운 절차를 마련하게 되었던 것입니다. 일상적인 고객 서비스와 우편 판매 업무를 최대한 자동화하는 데 초점을 맞추고, 자동화할 수 없는 우편 판매 업무에는 고객 서비스 담당자를 투입한 겁니다. 영업 사원보다 고객 서비스 담당자 관리 비용이 더 적기 때문에 새로운 절차는 예전 방식보다 훨씬 더 효율적이었죠. 고객 서비스 담당자는 업무 내용을 지사 판매 책임자에게 보고하고, 계정의 이윤에 따라 보너스를 받습니다. 그러니 영업 사원과 밀접하게 협력하여 고객을 잘 관리해야 하는 거죠. 이 절차는 우리 회사 판매 조직의 업무 처리 방식에서 중대한 변화였기 때문에 예상했던 대로 시행하기까지 시간이 많이 걸렸습니다."

e애닉스터 시스템은 영업 사원들이 오랫동안 이용해 온 기존의 레거시 시스템(legacy system)을 활용한다. 레거시 시스템은 도표식 웹 기반 사용자 인터페이스를 사용하기 때문에 새로운 어플리케이션 프로그램을 구축해야 기능을 첨가할 수 있었다. 새로운 응용 프로그램은 웹 서버를 운용하고 레거시 시스템은 메인 프레임을 운영하지만, 2가지 모두 사용자에게는 웹 브라우저로 제공된다. 웹 브라우저는 모양과 느낌이 같은 통일된 스크린을 이용한다. 이런 식으로 애닉스터는 비용 면에서 매우 효율적인 방법으로 시스템을 개발하고 배치할 수 있었다.

새로운 시스템이 성공하려면 이를 업무에 이용할 때 어떤 혜택을 얻을 수 있는지를 널리 알려야 한다. 서닐은 e애닉스터의 기능과 장점을 입증하기 위해 많은 시간을 투자하고 있다. 시스템 개발에 성공했다는 사실을 홍보하고 후원자를 확보하여 계속해서 시스템을 홍보할 추진력을 얻는 것이다.

"이 시스템은 기존 판매 부서와 경쟁하지 않습니다. 고객이 온라인이나 영업 사원을 통해 주문을 하면 시스템을 통해 다른 영업 사원에게도 주문 내용, 주문과 관계된 문제, 주문 발송 날짜, 그 밖의 다른 관련 정보를 전달합니다. 이미 유럽의 네 국가가 초기 형태의 e애닉스터를 도입했습니다. 애닉스터 도입 1년 후에 실시한 조사에 따르면 온라인 거래를 가장 많이 이용한 영업 사원들이 가장 생산성이 높고 수입이 많았더군요. 저는 각 나라의 e애닉스터 이용 현황을 조사한 다음 보고서를 작성해 경영진과 지사 책임자, 영업 사원들에게 보냈습니다. 신규 고객 수와 더불어 매월 총 고객과 실제로 이용한 고객의 비율을 보고서에 기재했죠. 유럽 시장에서의 우리 목표는 실제 고객 이용률 20%였습니다."

서닐은 영업 사원들에게 인센티브를 제시해 시스템 홍보를 유도했다고 한다. 영업 사원들은 각 고객에게 맞는 제품과 가격 정보를 담은 제품 카탈로그를 만들었다. 세일즈 책임자는 이 카탈로그를 검토해 온라인에 등록했다. 이런 방식을 통해 영업 사원은 좀 더 생산성을 높이고, 복잡하지만 이윤이 많은 주문에 시간을 투자할 수 있었다. 현재 유럽 애닉스터는 업무의 35%를 온라인으로 처리한다. 서닐은 애닉스터의 몇 가지 성과를 다음과 같이 설명한다.

"주문당 평균 구입품 수는 50%, 주문당 평균 구매 액수는 60% 상승했습니다. 원 스톱 쇼핑을 할 수 있다는 편리함 때문에 주문량이 늘어난 거죠."

e애닉스터는 고객의 욕구에 맞춘 제품과 서비스를 제공함으로써 지금까지와는 다른 고객 서비스를 지원했다. 서닐은 이 같은 서비스의 몇 가지 실례를 들었다. 애닉스터가 e애닉스터를 이용해 구축한 입찰 시스템에서 거래업자가 애닉스터의 제품과 거래업자의 인건비를 포함한 입찰서를 제출한다. 그러면 고객이 이 입찰서를 온라인으로 검토하고 거래업자를 선택해 주문서를 제출하는 것이다.

또 다른 실례로 케이블 모뎀 제조업체가 주문을 접수하여 특정 인터넷 서비스 가입 고객에게 모뎀을 보내는 시스템이 있다. 애닉스터는 이 모뎀을 비축해 두었다가 고객에게 배송했다. 제조업체는 e애닉스터를 통해 애닉스터 창고에 있는 자사 모뎀의 재고 수와 반품된 모뎀 수를 온라인으로 확인했다. 서닐은 이렇게 말한다.

"회사의 제품과 서비스를 고객의 욕구에 맞게 만들면 고객에게 더 많은 가치를 전달할 수 있습니다. 이와 같은 새로운 시스템을 실행하려면 새로운 업무 방식을 배우고, 사람들에게 혁신적인 시스템 사용법을 제시해야 하죠. 그리 쉬운 일은 아닙니다. 하지만 전 세계에 퍼져 있는 애닉스터가 e애닉스터를 실행한다면 우리 회사 경쟁력은 더욱 강화될 것입니다."

제8장

RTE 시스템 개발

　RT 세계에서 기업은 지속적으로 업무 방식을 조정하고 개선하여 시장 변화에 대처한다. 이처럼 끊임없이 변화하는 환경 속에서 성공하려면 기업은 최신 정보 시스템을 바탕으로 올바른 판단을 내려야 한다. 또한 새로운 비즈니스 프로세스를 지원할 새 업무 지원 시스템이 필요하기 때문에 지속적으로 새로운 시스템을 개발해야 한다.

　이 장에서는 정보 시스템 개발 과정에서 전략을 수립하고 전술을 이용하는 방식을 살펴본다. 새로운 시스템을 개발하려면 무엇보다 변화하는 환경에 효과적으로 대처해야 한다. 가장 효과적인 방법은 정의-설계-구축(DDB) 방식을 도입하는 것이다.

새로운 정보 시스템 구축을 위한 응용 전략과 전술

　사람들은 대부분 목표, 목적, 전략, 전술 같은 단어를 구분하지 않고 사용한다. 그러다 보니 이 용어들의 정확한 의미와 더불어 어떤 상황에서 사용해야 할지 불분명해졌다. 이 용어들을 사용해 효과를 얻고 싶다면 정확하고 분명하게 사용해야 한다. 그렇지 않으면 이런 단어를 쓸 때마다 진부하게 들리거나, 상대에게 거들먹거리는 이미지로 비춰지거나, 혹은 무능함을 감추려고 일부러 어려운 말을 사용하는 것처럼 보인다. 앞으로 살펴볼 내용 중 가장 핵심적으로 사용할 용어 몇 가지를 정의하면 다음과 같다.

- **비즈니스 비전**(business vision): 이는 기업의 존재 이유와 소망 등 기업의 목적에 대한 정의이다. 기업이 무엇을 위해 노력하고 어디에 자원을 투자하는지를 정의하는 일련의 목표로, 기업의 비전을 자세히 설명한다.
- **목표**(goal, mission): 기업의 비즈니스 비전을 성취하기 위해 요구되는 성과나 상태를 질적으로 표현한 문구이다. 몇 가지 예를 들자면 '전국적인 판매 프로그램 강화 및 성장', '시장 추세를 활용할 수 있는 e-비즈니스 인프라스트럭처 개발' 등이다.
- **세부 목표**(objective, milestone): 세부 목표는 양적으로 표현되어야 한다. 또한 목표를 성취하기 위해 필요한 구체적이고 측정 가능한 성과를 명시해야 한다. 기업 전략은 목표 성취 과정에서 달성해야 할 세부 목표를 정의한다. 무엇보다 세부 목표는 측정할 수 있어야 한다. 세부 목표는 사실을 바탕으로 성취 여부가 결정된다. 예를 들면 다음과 같다. '금년 건강보험 분야 판매를 15% 높인다', '이번 사분기 동안 고객 서비스 담당 직원에게 새로운 시스템 사용법을 교육시킨다' 등이 있다. 세부 목표란 목표를

성취하기 위해 수행해야 할 구체적이고 측정 가능한 것이 되어야 한다.

- **전략**(strategy): 간단히 정의하면 '목적을 이루기 위해 이용하는 수단'이라고 할 수 있다. 즉, 목적(기업의 목표)을 성취하기 위해 수단(기업의 역량)을 이용하는 기술이다. 전략의 효과는 기업이 이룰 수 있는 일을 명확히 이해하고 있는지의 여부에 달려 있다. 기업의 역량을 넘어서는 수단을 이용하면 전략은 반드시 실패한다. 전략의 목적은 사용 가능한 수단을 최대한 성공적으로 이용하는 데 있다. 전략은 목표를 이루기 위해 이용하는 수단이다.

- **전술**(tactics): 업무를 수행하기 위해 사용하는 방법으로, 기업의 전략을 수행하기 위해 필요한 조치를 실행하고 통제하는 것이다. 전술은 기업 전략에서 결정된 세부 목표를 성취하기 위해 인력과 프로세스, 기술을 효과적으로 조정하는 것이다. 전술은 실제로 그 일을 발생시켜 세부 목표를 성취하는 데 사용된다.

- **테크닉**(techniques): 미리 정해 둔 결과를 도출하기 위한 명확한 조치나 행동으로, 임무 성취 과정의 기준이 되는 체계적인 절차이다. 테크닉을 효과적으로 결합하여 전술을 구축한다.

- **계획**(plan): 새로운 세부 목표를 성취하기 위해 수행하는 반복되지 않는 일련의 업무로, 업무 스케줄과는 다르다. 업무 스케줄이란 기존 업무 상태를 유지하기 위해 수행하는 반복적인 일련의 업무를 말한다. 계획은 현재 상황, 세부 목표, 전술을 바탕으로 세운다. 프로젝트 계획에 나타난 업무 진행 과정을 보면 그 프로젝트에 이용될 전술과 테크닉을 알 수 있다([표 8-1] 참고).

표 8-1 전략과 전술 적용

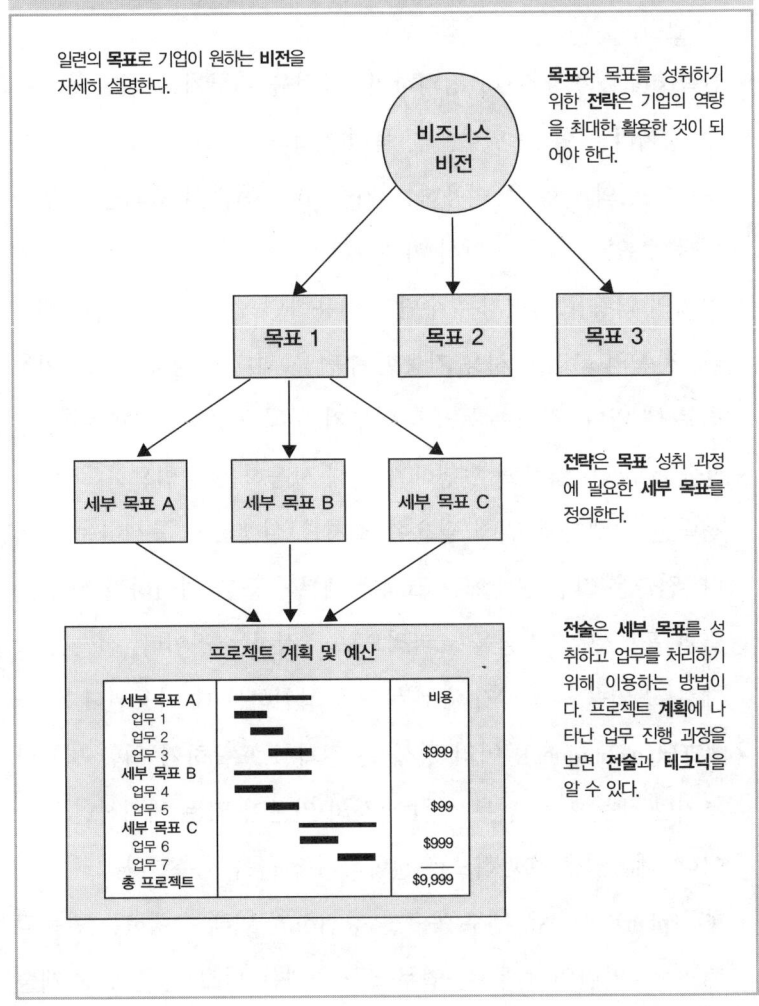

일련의 **목표**로 기업이 원하는 **비전**을 자세히 설명한다.

목표와 목표를 성취하기 위한 **전략**은 기업의 역량을 최대한 활용한 것이 되어야 한다.

비즈니스 비전

목표 1   목표 2   목표 3

세부 목표 A   세부 목표 B   세부 목표 C

전략은 **목표** 성취 과정에 필요한 **세부 목표**를 정의한다.

프로젝트 계획 및 예산

세부 목표 A		비용
업무 1	▬▬▬	
업무 2	▬▬	
업무 3	▬	$999
세부 목표 B	▬	
업무 4	▬	
업무 5	▬	$99
세부 목표 C	▬▬	
업무 6	▬▬	$999
업무 7	▬	
총 프로젝트		$9,999

전술은 **세부 목표**를 성취하고 업무를 처리하기 위해 이용하는 방법이다. 프로젝트 **계획**에 나타난 업무 진행 과정을 보면 **전술**과 **테크닉**을 알 수 있다.

시스템 설계를 위한 전략적 지침

나는 여러 해 동안 복잡한 업무 상황을 요약하고 단순한 기본 패턴을 발견하기 위해 꾸준히 노력해 왔다. 그 결과 컴퓨터 시스템을 설계하고 구축하는 규칙 혹은 전략적 지침을 발견하게 되었다. 이러한 전략을 세우면 올바른 방향으로 전진할 수 있었던 반면 이를 무시하면 혹독한 대가를 치러야 했다. 다음에 시스템 설계를 위한 긍정적인 지침 5가지와 부정적인 지침 2가지를 나열했다.[1]

» 긍정적인 지침

1. **기업의 목표와 밀접한 시스템 프로젝트를 실행하라**: 프로젝트를 성공시키려면 조직이 목표 성취 과정에 직접적으로 기여해야 한다. 기업은 새로운 시스템을 통해 사업상 기회를 창출하거나 확인하고, 그것을 효과적으로 이용해 장기적인 혜택을 얻을 수 있어야 한다.

2. **시스템을 이용해 경쟁력을 강화하라**: 지금 당장은 불가능하더라도 앞으로 자사를 긍정적이고 획기적으로 바꿀 수 있는 일이 무엇인지 자문하라. 고객의 입장에서 생각해 보고, 노드스트롬(Nordstrom, 미국의 유명 백화점)의 모토처럼 고객에게 '놀라움과 기쁨'을 줄 수 있는 방법을 생각하라. 시장을 변화시키거나 가치를 전환할 수 있는 기회를 찾고, 극적으로 원가를 절감하거나 생산성을 향상시킬 업무 방식을 모색하라. 경쟁자의 입장에서 생각하고, 그들이 당신 회사의 방식을 쉽게 모방하거나 예측하지 못하도록

하라. 경쟁자가 따라 할 수 없는 가치 있는 일을 하는 것, 그것이 바로 경쟁력이다.

3. **기존 시스템의 장점을 활용하라**: 기존 시스템이 오랫동안 안정과 변화에 대처하는 능력을 입증했다면 새로운 시스템 설계에 기존 시스템을 통합하라. 전략은 사용 가능한 수단을 최대한 동원하여 목표를 성취하는 것이며, 시스템 설계는 이 전략을 구현한 것이다. 기존 시스템의 장점을 바탕으로 새로운 시스템을 구축하라. 이는 자연의 진화 과정과 흡사하다. 새로운 시스템은 새로운 업무 기능을 창출해야 한다. 새로운 시스템이 이전 시스템과 근본적으로 동일하게 일을 처리한다면 비용을 투자할 가치가 없다.[2]

4. **가장 단순한 기술과 비즈니스 절차를 이용해 최대한 많은 목표를 성취하라**: 기술과 프로세스를 단순하게 결합하여 몇 가지 세부 목표를 성취하도록 계획하라. 그러면 업무의 복잡성과 리스크 부담을 줄이고 일정한 비용을 여러 세부 목표에 투자할 수 있기 때문에 목표 성취의 가능성이 더욱 커진다. 각기 다른 목표를 성취하기 위해 각기 다른 기술이나 프로세스를 이용한다면 비용과 복잡성은 증가하고 프로젝트의 성공 가능성은 전반적으로 감소한다.

5. **개발 과정에서 융통성을 발휘할 수 있는 설계 구조를 마련하라**: 시스템 설계를 개별적인 컴포넌트나 목표로 나누고, 그것을 가능한 한 동시에 수행하라. 한 세부 목표를 먼저 성취해야만 다른 세부 목표를 성취할 수 있는 방식은 피하라. 그래야 한 세부 목표의 성취 과정이 지연되더라도 다른 진행 과정이 영향을 받지 않는다. 다양한 세부 목표를 성취하는 과정에 필요한 여러 가지 기술을

갖춘 인재를 영입하라. 여러 가지 목표를 성취하는 데 필요한 기술이 동일하다면 한 목표에서 다른 목표로 팀원을 교체 투입하기가 쉽다. 세부 목표를 스케줄대로 진행하지 못하거나 완전히 실패할 경우 대처할 수 있는 계획을 세워 두어라. 필요한 경우에는 몇 가지 특성을 제거하더라도 기업에 큰 가치를 안겨 줄 시스템을 설계해야 한다.

» 부정적인 지침

1. 처리할 수 없을 정도로 복잡한 시스템을 만들지 마라: 지혜란 무엇이 가능한지를 판단하는 감각에서 시작된다. 감당할 수 없는 일에 매달리지 마라. 기업의 목표와 그것을 성취할 수 있는 시스템을 정의할 때, 감당할 수 있는 일만 목표로 삼아라. 만만하지는 않더라도 성취할 수 있는 목표를 수립하라. 조직 구성원들이 자신감을 가지고 도전해야 한다. 비현실적인 목표를 성취하려고 애쓰다가 자신감을 잃어서는 안 된다.

2. 이전에 실패했던 방식이나 시스템 설계를 새로운 프로젝트에 이용하지 마라: 더 열심히 노력한다고 해서 한번 실패했던 프로세스가 성공을 거두지는 못한다. 한번 실패를 겪은 사람들의 사기는 급격히 떨어지게 되어 프로젝트 접근 방식을 완전히 바꾸지 않는 한 다시 도전하려 하지 않는다. 이전 실패로부터 얻은 교훈을 명심하면서 프로젝트의 세부 목표를 성취할 더 나은 방법을 제시하라 ([표 8-2] 참고).

표 8-2 시스템 설계의 전략적 지침

긍정적인 지침

1. 기업의 목표와 밀접한 시스템 프로젝트를 실행하라.
2. 시스템을 이용해 경쟁력을 강화하라.
3. 기존 시스템의 장점을 활용하라.
4. 가장 단순한 기술과 비즈니스 절차를 이용해 최대한 많은 목표를 성취하라.
5. 개발 과정에서 융통성을 발휘할 수 있는 설계 구조를 마련하라.

부정적인 지침

1. 처리할 수 없을 정도로 복잡한 시스템을 만들지 마라.
2. 이전에 실패했던 방식이나 시스템 설계를 새로운 프로젝트에 이용하지 마라.

프로젝트를 진행할 때 반드시 지켜야 할 전술적 원칙

프로젝트 팀과 협력하여 핵심 테크닉을 적용할 때, 시스템 구축 담당자가 명심해야 할 6가지 원칙이 있다. 이 원칙에 따라 핵심 테크닉을 결합하여 컴퓨터 시스템을 구축하라. 그러면 지속적으로 바람직한 결과를 얻을 수 있는 전술을 마련할 수 있다.

1. 모든 프로젝트에는 적절한 권한과 총괄적인 책임을 맡은 전임 리더(시스템 구축 담당자)가 필요하다: 전임 리더가 프로젝트 성공에 대한 책임을 지고 그 일에 집중할 수 있도록 한다. 그에게 판단을 내리고 행동할 권한을 부여해야 한다. 시스템 구축 담당자가 경과를 보고할 조정위원회나 경영 감독 집단이 있는 건 좋지만, 위원회가 총괄적인 책임과 권한을 행사한다면 시스템 구축 담당자가

적시에 판단을 내리지 못한다는 단점이 있다. 시스템 구축 담당자가 없으면 프로젝트 진행 속도가 느려지거나 전혀 진행되지 않으면서 막대한 비용만 소요된다.

2. 결과 측정이 가능하고 서로 겹치지 않는 일련의 세부 목표를 정의하여 프로젝트 목표를 성취하라: 팀원들이 자신의 임무를 명확하게 파악할 수 있도록 세부 목표를 세운다. 또한 여러 가지 세부 목표의 경계가 분명해야 한다. 만일 목표가 서로 겹치면 팀원들 사이에 혼란과 갈등이 생기게 된다. 그저 좋은 아이디어처럼 보이는 일이 아니라 프로젝트 목표를 성취하기 위해 절대적으로 필요한 일만 목표로 삼는다. 그리고 세부 목표는 기업의 목표를 위해 반드시 수행해야 할 업무를 모두 포함해야 한다.

3. 업무와 기술 분야의 적절한 능력을 갖춘 2~7명의 팀원으로 여러 팀을 구성한 다음 팀 리더를 정하고 프로젝트 세부 목표를 할당하라: 세부 목표를 성취하는 과정에서 여러 가지 문제가 나타날 수 있다. 이 문제에 효과적으로 대처할 경험과 업무 및 기술 분야 능력을 갖춘 2~7명으로 프로젝트 팀을 구성한다. 상호 보완적인 능력을 갖춘 사람들로 한 팀을 구성하여 각자의 장점으로 팀에 공헌함으로써 취약한 부분이 없도록 한다. 팀원들은 시스템 설계 과정에서 각자 관심 있고 능숙한 분야에 집중한다. 특정 분야에 관심이 없거나 능숙하지 못한 팀원에게는 그 일을 맡기지 않는다. 팀에서 가장 효과적인 단어는 '나'가 아니라 '우리'이므로 프로젝트가 성공하면 팀 전체에게 보상을 주고, 실수를 했을 때는 팀원 전부가 책임을 지도록 한다. 한 사람을 슈퍼스타나 희생양으로 만들면 팀

전체의 사기와 업무 성과에 악영향이 미친다.

4. 팀원들에게 업무 방식이 아닌 업무 내용을 전달하라: 명확한 프로젝트 목표를 제시해 팀에 올바른 방향을 제시하고, 그들이 성취해야 할 세부 목표를 명확히 밝혀 준다. 세부 목표에는 팀원이 반드시 처리해야 할 업무를 명시한다. 시스템 구축 담당자가 프로젝트 목표와 세부 목표를 통해 팀원들이 참여해야 할 게임을 명확하게 정의하여 제시하면 팀원들은 자신이 해야 할 일을 스스로 계획한다. 조지 패튼 장군은 이렇게 말했다. "사람들에게 당신이 무엇을 원하는지 말하라. 하지만 그 일을 어떻게 해야 할지는 알리지 마라." 여러분과 팀원이 프로젝트 목표 성취 과정에 필요하다고 합의할 경우 세부 목표를 수정하거나 새로운 항목을 첨가할 수도 있다.

5. 프로젝트를 일주일 내에 완수할 수 있는 여러 업무로 나누고, 30~90일 이내에 기업에 가치 있는 성과를 안겨 주어라: 업무를 일주일 이내의 단위로 나누고, 각각의 업무가 명확한 성과를 창출해 내는 프로젝트 계획을 구성하라. 그리고 각 업무의 진행 상황을 시작, 지연, 완수로 파악하라. '몇 % 완수'라는 말로는 진행 상황을 정확하게 파악할 수 없다. 목표를 성취했는지, 만일 성취하지 못했다면 언제 성취할 수 있을 것인지가 중요하다. 시스템 구축 담당자는 업무 진행 과정을 세부적으로 추적하여 현재 상황을 파악하고, 각 세부 목표 성취에 필요한 시간과 비용을 정확하게 예측해야 한다. 몇 주 동안 지속되는 업무는 진행 과정을 측정하기 어렵기 때문에 예상하지 못했던 결과가 나타날 수도 있다.

대개 이런 업무는 완수 비율을 보고하는 방식으로 전달되므로 처음에는 예정대로 잘 진행되는 것처럼 보이지만, 마지막 주에 다다르면 마무리는커녕 업무를 끝내기까지 다시 몇 주일이 걸린다. 각 업무는 30~90일마다 회사에 귀중한 성과를 안겨 주어야 한다. 그래야만 회사는 프로젝트가 제대로 진행된다는 사실을 확인하고 전체 프로젝트가 끝나기 전에 각 업무에서 얻은 성과로 프로젝트에 투입한 비용을 충당할 수 있다.

6. **모든 프로젝트에는 시스템 구축 담당자를 도울 사무 담당 직원과 계획 및 예산을 업데이트할 팀 리더가 필요하다:** 프로젝트 계획과 예산은 기업의 대차대조표, 손익계산서와 같다. 계획과 예산을 지속적으로 정확히 업데이트하여 프로젝트 팀원이 적절한 판단을 내리도록 정보를 제공하라. 흔히 계획과 예산을 업데이트하는 일은 시스템 구축 담당자와 팀 리더의 임무라고 생각하는데, 이는 사장과 경영진이 장부 작성에 매달리기를 바라는 것과 마찬가지로 잘못된 생각이다. 기업에 부기를 담당하는 회계부서가 있듯이 프로젝트 팀에는 프로젝트 계획과 예산을 관리하는 사무 담당 직원이 존재한다. 그는 시스템 구축 담당자에게 프로젝트가 어떻게 진행되고 있는지 보고하고, 매주 팀 리더와 함께 계획과 예산을 검토해 업데이트해야 한다. 그래야만 시스템 구축 담당자는 프로젝트의 진행 상황을 정확히 모니터하고, 팀 리더는 보고서 작성에서 벗어나 팀을 이끄는 일에 주력할 수 있다([표 8-3] 참고).

표 8-3 프로젝트 실행의 전술적 원칙

1. 모든 프로젝트에는 적절한 권한과 총괄적인 책임을 맡은 전임 리더가 필요하다.

2. 결과 측정이 가능하고 서로 겹치지 않는 일련의 세부 목표를 정의하여 프로젝
   트 목표를 성취하라.

3. 업무와 기술 분야의 적절한 능력을 갖춘 2~7명의 팀원으로 여러 팀을 구성한
   다음 팀 리더를 정하고 프로젝트 세부 목표를 할당하라.

4. 팀원들에게 업무 방식이 아닌 업무 내용을 전달하라.

5. 프로젝트를 일주일 내에 완수할 수 있는 여러 업무로 나누고, 30~90일 이내
   에 기업에 가치 있는 성과를 안겨 주어라.

6. 모든 프로젝트에는 시스템 구축 담당자를 도울 사무 담당 직원과 계획 및 예산
   을 업데이트할 팀 리더가 필요하다.

정의-설계-구축 프로세스

DDB 프로세스는 시스템 구축 담당자가 특정 상황에 적절한 핵심 테크닉을 선택하여 이용할 수 있도록 기본 원칙을 제공한다. DDB는 6가지 핵심 테크닉을 다양하게 결합하여 업무를 완수하는 방법, 즉 일련의 전술이다.

DDB의 장점은 소수의 핵심 테크닉을 광범위하게 활용할 수 있다는 데 있다. 시스템 개발 팀의 모든 구성원이 이 테크닉을 명확히 이해하고 효과적으로 활용한다면 적시에 효율적으로 시스템을 구축할 수 있다. 시스템 구축 담당자는 전략적 지침과 전술적 원칙을 통해 6가지 핵심 테크닉을 적절히 혼합함으로써 거의 무한대에 가까운 다양한 방식으로 특수 상황에 필요한 조건을 충족시킬 수

있다.

성취하고 싶은 목표와 성과 기준을 정의하는 과정에서 시스템 구축 담당자는 프로젝트를 후원하는 기업 경영진과 협력한다. 시스템 구축 담당자는 전략적 지침을 이용하여 경영진이 정한 기준에 맞는 시스템의 개념적 설계를 마련한다. 개념적 설계란 말 그대로 목표를 성취하기 위해 이용하는 전략이다. 프로젝트의 세부 목표는 개념적 설계를 통해 개발된 다양한 시스템 컴포넌트를 구축하는 데 있다.

그런 다음 비용 편익 분석(cost-benefit analysis)을 실시하여 시스템의 편익을 위해 비용을 투입할 가치가 있는지의 여부를 평가한다. 만일 비용이 너무 많이 든다고 판단되면 성과 기준을 대부분 충족시키면서 비용이 적게 드는 다른 개념적 설계를 제시한다. 그리고 개념적 설계에 비용을 들일 가치가 있다고 판단되면 초기 프로젝트 계획을 수립하고 설계 단계로 넘어간다.

설계 단계에서 설계 팀은 세부적인 시스템 설계를 수립하고, 시스템 구축 담당자는 설계 팀의 활동을 지시한다. 설계 팀이 시스템 사용자 인터페이스의 세부적인 프로토타이핑을 만들면 시스템을 이용할 사람들이 직접 테스트를 한다. 설계 팀은 시스템 설계에 명시된 업무 체계와 하드웨어, 소프트웨어로 기술적인 프로토타이핑을 제작한다. 그리고 이 프로토타이핑을 이용해 제시된 시스템의 기술적 컴포넌트가 조화를 이루는지, 그것이 목표한 업무 기준을 충족시키는지를 확인한다.

효과적인 시스템에 필요하다고 판단되면 시스템 설계를 조정할 수 있다. 테스트 결과에 따라 사용자 인터페이스나 기술적 컴포넌트를 바꾼다. 세부적 설계를 완성하면 프로젝트 계획과 예산을 업데이트하여 업무를 구축시킨다(구축 단계). 반면 설계 단계에서 실시한 테스트 결과 투자한 비용에 비해 시스템이 기대만큼 효과를 거두지 못하고 있다고 판단되면 프로젝트를 취소할 수도 있다.

구축 단계에서는 보충 인력을 투입하고 여러 팀이 해당 프로젝트의 세부 목표인 시스템 컴포넌트 구축에 집중한다. 설계 단계를 완벽하게 마친 다음에는 시스템 구축 담당자부터 팀 리더, 팀원에 이르기까지 모든 참여자가 시스템 구축 임무에 주의를 기울이고 에너지를 집중한다.

DDB는 시간 제한 제도를 이용해 추진력을 최대한 제공하고, 프로젝트를 신속하게 이끈다. '사람들은 더 이상 미룰 수 없을 때까지 작업을 미룬다' 라는 속담도 있는 것처럼 마감 시한을 정해 이런 경향에 대처해야 한다. 누군가 정의 단계가 2~6주 걸릴 것을 어떻게 아느냐고 묻는다면 '그렇게 정했기 때문' 이라고 답하면 된다.

일단 기한이 정해지면 그 안에 모든 일을 처리해야 한다. 핵심 테크닉을 이용해 업무를 처리하고, 기한이 끝나 갈 즈음에는 알아야 할 사실을 모두 알아내야 한다. 그리고 그 새로운 지식을 바탕으로 설계 과정으로 넘어갈지, 아니면 프로젝트를 취소할지 판단한다.

시간 제한 제도의 지침을 따르면 프로젝트를 진행할 추진력이 생긴다. 관련된 핵심 테크닉을 충분히 활용하여 정해진 기간 내에 다양한 업무를 처리하는 것이 프로젝트 팀의 임무이다. 반면 시스

표 8-4 정의-설계-구축 프로세스

정의
- 후원자
- 시스템 구축 담당자

핵심 테크닉
- JAD
- 프로세스 맵핑

결과물
1. 시스템이 성취하려는 업무 목표
2. 시스템 성과 필수 요건
3. 개념적 시스템 설계
4. 프로젝트 세부 목표
5. 비용 편익 분석
6. 설계 단계를 위한 세부적인 계획과 예산

설계
- 시스템 구축 담당자
- 프로젝트 팀

핵심 테크닉
- JAD
- 프로세스 맵핑
- 데이터 모델링
- 시스템 프로토타이핑

결과물
1. 새로운 비즈니스 프로세스의 세부 설계
2. 시스템 데이터 모델
3. 시스템 프로토타이핑 /원형
4. 구축 단계를 위한 세부적인 계획과 예산

구축
- 시스템 구축 담당자
- 프로젝트 팀

핵심 테크닉
- 객체 지향적 설계와 프로그래밍
- 시스템 테스트와 롤아웃

결과물
1. 시스템 실행
2. 시스템의 테크니컬 문서화
3. 완벽한 업무 처리 훈령

2~6주	1~3개월	2~6개월
(총 경비의 5~10%)	(총 경비의 15~30%)	(총 경비의 60~80%)

템 구축 담당자의 임무는 업무에 시간과 자원을 효과적으로 할당하는 것이므로 설계 기술과 지도력을 발휘해 올바른 방향으로 프로젝트를 이끌어야 한다. 이렇듯 모든 사람들이 도전할 만한 임무를 제시하는 프로젝트에 참여하게 된다면 실로 짜릿할 것이다([표 8-4] 참고).

정의-설계-구축 프로세스의 이점

DDB 프로세스는 시스템 개발 프로젝트를 후원한 고위 경영자에게 프로젝트 리스크 요소를 관리할 방법을 제시한다. 정의 단계에서 경영자는 적은 시간과 돈(프로젝트 총 경비의 5~10%)을 투입하여 사업 기회를 확인한다. 만일 결과가 긍정적이면 회사는 설계 단계에 적절한 시간과 돈(프로젝트 총 경비의 15~30%)을 더 투자한다. 설계 단계에서 소규모 프로토타이핑 시스템을 구축하여 돈을 투자할 만한 기회인지 확인하는 것이다. 구축 단계에 이르면 대부분의 시간과 돈(프로젝트 총 경비의 60~80%)을 투입한다. 경영자는 최대한 많은 정보를 수집하여 구축 단계로 진행할지의 여부를 결정해야 한다. 이때 기회의 특징과 그 기회를 활용할 해결 시스템을 제대로 파악해야 리스크 요소를 줄일 수 있다.

시스템 구축 담당자는 DDB 프로세스를 통해 새로운 컴퓨터 시스템 구축 과정이 얼마나 복잡한지를 파악한다. 프로젝트를 진행하면서 시스템 구축 담당자는 어떻게든 주어진 일을 해내야 하는 어려운 상황에 처하게 된다. DDB 프로세스는 전략적 지침과 업무 처리 과정을 구성하는 전략적 기본 구조를 제공한다. 시스템 구축 담당자는 이 프로세스를 이용하여 적절한 마감 시한을 정하고, 정의와 설계 단계를 거쳐 상황을 조사한 다음 대처 방안을 결정한다. 또한 시스템 설계와 예산이 결정되면 팀 리더와 함께 구축 단계에서 활용할 전술을 마련한다. 시스템 구축 담당자는 구축 단계에서 핵심 테크닉을 이용해 업무를 체계화하고 업무 과정을 지도한다.

프로젝트에 참여한 팀원들에게 DDB는 그들이 이용해야 할 테크닉을 분명하게 이해할 수 있도록 도와주는 수단이 된다. DDB의 세 단계를 통해 팀원들은 업무 수행 과정에서 이용해야 할 핵심 테크닉 확인 및 학습에 집중할 수 있다. 또한 DDB는 소집단 활동을 중요시하기 때문에 DDB 프로세스를 도입하면 팀원 혼자 일할 때보다 더욱 효과적으로 기술을 익히고 활용할 수 있다.

복잡성에 대처하기

RT 세계에서 민첩한 기업은 일명 '움직여! 움직여! 움직여!(Move it! Move it! Move it!)' 프로세스라고 부르는 DDB를 이용해 신속하고 반복적인 프로세스로 시스템을 구축한다. 또, 민첩한 기업은 각 단계마다 마감 시한을 정해 철저하게 지킨다. 복잡성에 대처하는 최선의 방법은 엄격하고 신속한 접근 방식이기 때문이다. 현실 세계에는 복잡한 상황이 많지만, 그렇지 않은 경우마저도 복잡하다고 인식하는 사람들도 많다. 만일 여러분과 프로젝트 팀이 현재 직면한 상황을 필요 이상 오랫동안 심사숙고한다면 상황이 지나치게 복잡하다고 인식하여 이른바 '분석 마비(analysis paralysis)' 상태에 빠지고 말 것이다.

복잡성에 적절히 대처하는 방법을 터득하면 업무를 처리할 때 매우 유리하며, 사업 기회를 정의하여 유연하고 조화롭게 활용하는 과정을 익힌다면 시장에서 주도적인 역할을 할 수 있다. 기회는 흔히 기회의 꼬리를 물고 나타난다. DDB 프로세스를 익힌 팀과 함께 이 모든 기회를 포착한다면 여러분은 반드시 성공할 것이다. 기회를 정의하고 활용할 시스템을 설계한 다음 신속하게 구축하라. 한 번의 기회를 성공적으로 활용하면 또다시 새로운 기회의 문이 열린다. DDB를 이용하여 지속적으로 기회를 포착하라. 그러면 여러분 조직의 경쟁력은 실로 막강해질 것이다.

■ 경영진 인사이트 Executive Insight

IT를 이용한 사업 확장

마이크 알텐도르프(Mike Altendorf)는 에이스 하드웨어(Ace Hardware Corporation)의 IT 담당 부사장이다. 에이스 하드웨어는 도매 매출 30억 달러를 기록하는 기업으로, 경쟁이 치열한 시장에서 꾸준히 성장해 왔다. 에이스 하드웨어 대리점은 유럽과 중동, 환태평양 지역뿐 아니라 북미, 중미, 남미까지 진출해 있다.

마이크는 기술자가 아니라 실무자로 현재 위치에 올랐다. 따라서 그는 에이스의 업무 현황과 앞으로 지원해야 할 업무를 잘 파악하고 있다. 그의 임무는 새로운 시스템의 영향을 받을 업무 분야를 확인하고 지원하는 것이다. 그는 매년 여러 분야의 관리자 및 직원과 협력하여 가장 유익한 IT 개발 프로젝트를 선택한다. 마이크는 이렇게 말한다.

"우선 업무를 자동화할지 혹은 새로운 방식을 도입할지 여부를 선택합니다. 그러면 새로운 시스템을 통해 기회를 얻을 수 있을지 간단히 평가할 수 있지요. 우리는 종종 새로운 일을 할 수 있는 기회를 찾습니다. 에이스 데이터 웨어하우스(Ace Data Warehouse, ADW)가 좋은 예죠. 지난 몇 년에 걸쳐 구축한 데이터 웨어하우스 덕분에 판매 경향을 추적하고 신속하게 가격을 조정하거나 새로운 제품을 출시할 수 있습니다. 데이터 웨어하우스는 새로운 기회를 찾을 때 매우 효과적입니다."

마이크는 IT 체계가 기업에 주는 혜택에 대해 다음과 같이 설명했다.

"우리는 여러 팀을 조직하여 다양한 분야의 업무에 투입합니다. 이 IT 팀의 리더는 해당 분야의 경쟁자를 파악하여 실행할 수 있는 프로젝트를 목록으로 작성합니다."

마이크는 매년 6월경 실무 및 기술 분야 관리자로 구성된 소위원회 회의를 소집하여 프로젝트 방안을 검토하고 선택한다.

"감사부에서 프로젝트마다 투자수익률(Return Of Investment, ROI)을 산정합니다. 직원들에게는 각 부서에 필요한 프로젝트의 우선순위를 매기라고 지시하구요. 그 다음에는 전략의 우선순위를 정합니다. 우리 회사는 소매 판매와 수익성, 고객 관리와 자사 홍보, 도매 효율성에 전략의 초점을 맞춥니다. 그런 다음 각 잠재적 프로젝트가 이 세 요소와 얼마나 밀접한 관계가 있는지에 따라 전략의 우선순위를 매기는 거죠."

이 소위원회는 프로젝트 목록 중에서 회사에 가장 긍정적인 영향을 미치고 앞으로 이용할 IT와 가장 잘 맞는 프로젝트를 선택한다. 그런 다음 선택한 프로젝트 목록을 에이스 하드웨어를 운영하는 13명(CEO 포함)의 관리자에게 제출한다. 이들은 필요할 경우 이 목록을 바꿀 수 있다. 매년 크고 작은 150여 개의 프로젝트가 개발을 기다리고 있다.

마이크는 프로젝트를 효율적으로 진행하기 위해 몇 가지 업무에 집중한다. 우선 적절한 프로젝트 리더를 발굴한다.

"우리는 항상 리더의 자질을 갖춘 IT 인재를 찾고 있습니다. IT 분야에도 두 부류의 사람이 있어요. 한 부류는 관리보다는 기술에 초점을 두려는 사람이며, 다른 한 부류는 사람과 프로젝트를 관리하려는 사람입니다. 프로젝트 리더는 후자의 유형이어야 하죠."

마이크는 프로젝트 관리 조직(Project Management Office, PMO)의 필요성을 절실히 느꼈다고 한다.

"우리는 올해부터 PMO를 설치하고 있는데, 이미 프로젝트가 상당히 진척된 상태입니다. 회사 웹 사이트에서 모든 개발 프로젝트의 진행 상황을 볼 수 있습니다. 프로젝트의 진행 상황은 계획 종료, 설계, 개발, 베타 테스트, 생산 등 다섯 단계로 나타냅니다."

프로젝트 관리 조직은 각 프로젝트 팀과 협력하여 최우량 사례를 실행하고, 프로젝트 관리 교육을 실시하며, 매주 세부 프로젝트 계획과 예산을 업데이트한다. 따라서 웹 사이트에서 각 프로젝트의 진행 상황을 더욱 명확하고 신속하게 확인할 수 있다.

프로젝트를 성공으로 이끄는 또 다른 강력한 테크닉은 성공적으로 프로젝트를 완수했을 때 제공하는 인센티브 보너스이다. 프로젝트로 얻은 이익의 20%를 팀원들에게 보너스로 제공하는 것이다.

"우리 회사의 개발 국장이 이 프로그램을 제안했습니다. 프로젝트를 정해진 시간과 예산에 맞게 끝냈는지 여부와 프로젝트 실행 이후 비즈니스 사용자의 만족도를 바탕으로 프로젝트 성공률을 측정하죠. 현재 우리 회사의 프로젝트 성공률은 90%를 넘어섰습니다. 이 프로그램을 실시하기 전 성공률은 대부분의 IT기업처럼 40~50%에 불과했었는데 말입니다."

제 9 장

강화 피드백 루프의 형성

이제 DDB에 핵심 테크닉을 어떻게 활용하여 성공적으로 정보 시스템을 구축하는지 좀 더 세부적으로 살펴보자. IT 용어로는 이 과정을 시스템 개발 방법론(system development methodology)이라고 부른다. 시스템 구축 담당자는 DDB를 통해 새로운 시스템 개발 과정에 필요한 업무를 규정하고 체계화하며, 계획하고 수행한다. 반면 시스템 개발 프로젝트를 후원하는 경영인은 프로젝트 진행 과정에서 일어나는 활동을 이해하고 평가한다.

정의-활동의 기초

흔히 사람들은 정의 단계를 간과하거나 프로젝트를 빨리 시작하기 위해 성의 없이 진행한다. 하지만 프로젝트 팀을 제대로 이끄느냐 혼란스럽게 만드느냐는 바로 이 정의 단계에 달려 있다. 정의 단계를 훌륭하게 마치면 프로젝트를 명확하게 파악할 수 있기 때문에 성공률은 확연히 증가한다. 반면 정의 단계가 제대로 이루어지지 못하면 진행 과정에 혼란이 일어나 성공 확률은 희박해진다.

정의란 기업 전략에 맞는 시스템 개발 계획을 세우는 단계이다. 이 단계에서 시스템 개발 프로젝트 후원자는 프로젝트의 목표를 명확히 전달하고, 시스템 구축 담당자와 협력하여 시스템이 충족시켜야 할 성과 기준을 확인한다.

» 프로젝트 목표 정의

프로젝트 목표는 기술이 아닌 업무와 관련이 있다. 따라서 프로젝트를 통해 업무를 향상시킬 수 있어야 한다. 목표를 규정할 때는 목표 성취를 위해 수행해야 할 조치와 그로 인해 얻을 수 있는 혜택을 명시하는 형식을 취한다. 몇 가지 예를 들어 보자.

- 인접 시장에서 신규 고객을 확보하여 전국 매출을 증대한다.
- 창고의 물품 인수 프로세스 단계를 단순화하여 배송 후 판매 가능한 제품을 신속하게 확보한다.

프로젝트 목표에는 '왜 이 프로젝트를 진행해야 하는가?'에 대한 해답이 나타나야 한다. 또한 목표는 양이 아닌 질로 표현되어야 한다. 모든 사람이 이해하기 쉽고 한두 문장으로 간결하게 표현해야 훌륭한 목표 선언문이라 할 수 있다. 이에 비해 비전 선언문은 조직의 목적이나 소망을 좀 더 포괄적으로 명시한다. 목표는 조직이 이 비전을 실현하기 위해 성취해야 할 여러 가지 일들 중 하나이다.

» 전략 수립

일단 목표를 정의하면 다음 단계에서는 그것을 성취하기 위한 전략을 수립한다. 전략은 기업의 역량이나 장점을 이용해 목표를 성취할 방법을 제시한다. 기업은 흔히 새로운 시스템을 구축하여 이 전략을 수행한다. 후원인인 경영자는 시스템 구축 담당자 및 다른 적절한 직원과 협력하여 전략과 이것을 지원하는 개념적 시스템 혹은 하이 레벨 시스템을 정의한다. 로버트 카플란(Robert Kaplan)과 데이비드 노턴(David Norton)은 〈하버드 비즈니스 리뷰〉에 발표한 유명한 논문 'BSC-성과 동인으로서의 지표(Balanced Scorecard-Measures that Drive Performance)'[1]에서 조직의 업무 성과를 포괄적으로 검토하는 판단을 4가지 관점에서 정의했다. 시스템에 충족시켜야 할 성과 기준을 다음 네 관점으로 설명해 본다.

1. **재무 관점**: 시스템을 통해 어떤 재무 성과를 거두기 바라는가?
2. **고객 관점**: 내 · 외부 고객은 시스템에서 무엇을 원하는가?
3. **프로세스 관점**: 목표를 성취하기 위해 어떤 비즈니스 프로세스를 개선해야 하는가?
4. **학습 및 성장 관점**: 목표를 성취하기 위해 어떻게 지속적으로 배우고 능력을 향상시켜야 하는가?

브레인스토밍을 거쳐 각각의 관점마다 성과 기준 목록을 작성하라. 그런 다음 목록을 검토하고 가장 중요한 기준을 3~6가지 선택하라. 만일 프로젝트를 통해 이 기준을 충족시키는 시스템을 구축한다면 그 프로젝트는 반드시 성공할 것이다.

다음으로는 성과 기준을 완전히 새로운 방식으로 성취할 수 있는지 살펴본다. 지금은 불가능하지만 앞으로 가능해진다면 업무 방식을 획기적으로 바꿀 수 있는 방법은 무엇일지 자문해 보라. 시스템을 이용하여 지금까지와는 다른 새로운 방식으로 업무를 처리함으로써 기업의 업무 상황을 바꾸고 경쟁력을 강화할 수 있는 방법을 모색하라.

» 개념적 시스템 설계

개념적 설계란 기업의 전략을 있는 그대로 구체화하는 것이다. 시스템의 개요라 할 수 있는 개념적 설계는 이미 실행하고 있는 시스템이나 절차를 바탕으로 이루어진다. 특정한 성과 기준을 충족시키는 몇 가지 다른 시스템 개념 설계를 마련하고, 우선 설계를 업무 흐름의 다이어그램이나 프로세스 맵으로 나타낸다.

그런 다음 각 활동에 입출력되는 데이터를 구체적으로 명시함으로써 프로세스의 활동을 정의한다. 각 활동마다 데이터 흐름의 양과 빈도, 그리고 각 데이터의 원천과 도착지를 추정하고, 이 업무를 수행할 사람들(만일 있다면)의 유형을 정의한다. 얼마나 많은 사람들이 투입될까? 그들의 기술 수준은 어느 정도인가? [표 9-1]은 제안된 e-비즈니스 시스템의 프로세스 맵이다.

다음 단계에서는 자동화할 업무와 인력을 투입할 업무, 이 두 방법을 혼합할 업무를 결정한다. 일반적으로 사람들은 반복적이고 기계적인 업무를 자동화함으로써 문제해결과 의사결정 업무를 좀 더 효과적으로 수행할 수 있는 시스템을 좋아한다. 이때 사람은 시스템이 운영되도록 시동을 거는 역할을 하고, 기술은 이를 지원한다.

컴퓨터 시스템의 기존 인프라스트럭처를 평가하고, 그것을 바탕으로 시스템을 구축할 방법을 모색하라. 가장 비용 효율적인 방식은 기존 시스템을 활용하여 최소한의 경비로 조직에 새로운 역량

표 9-1 e-비즈니스 시스템의 프로세스 맵

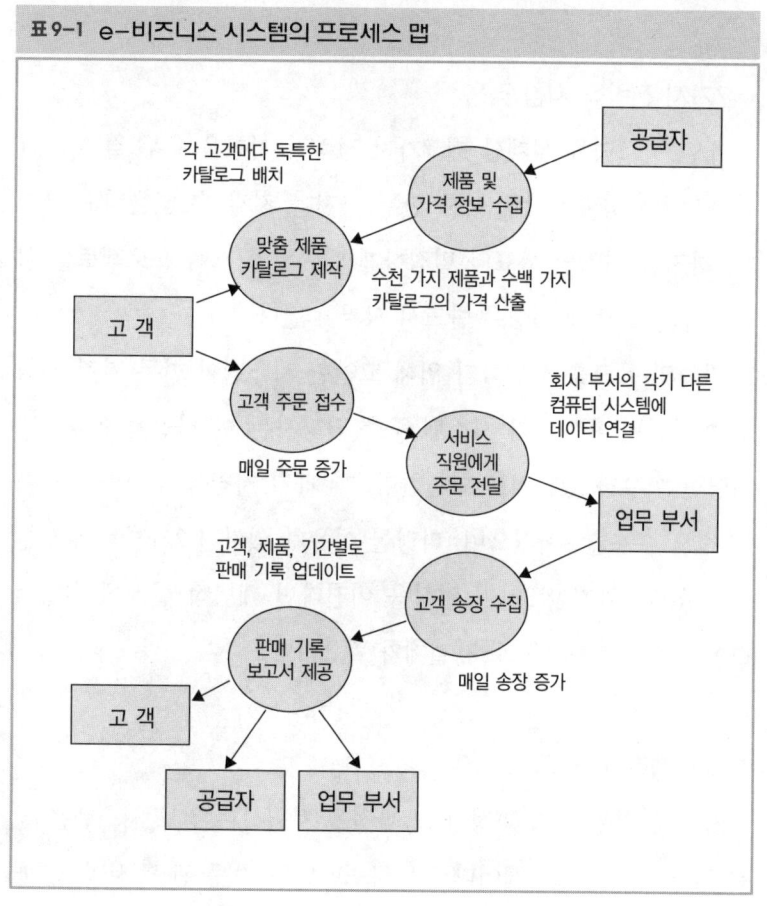

을 부여하는 것이다.

이런 방식으로 시스템을 구축하려면 우선 특정한 성과 기준을 충족시킬 비즈니스 프로세스와 기술을 선택하여 가장 간단한 형태로 결합한다. 단순하면서도 데이터를 더 많이 처리하고, 기업의 성장에 따라 새로운 기능을 첨가할 수 있는 시스템을 설계하도록 한다. 또한 다른 사람의 아이디어와 피드백을 참고하여 시스템을 재조정하고 향상시킨다.

» 7가지 전략적 지침 적용

개념 시스템을 설계할 때 7가지 전략적 지침을 모두 잘 따라야 한다. 어떤 상황에서는 이중 한두 가지를 지킬 수 없을지도 모른다. 하지만 기업의 목표와 밀접하게 연관된 시스템 프로젝트를 실행하라는 첫 번째 지침은 반드시 지켜야 한다.

기업의 목표를 성취하기 위해 고안한 시스템이 한두 가지 지침을 어겼다면 후원자와 시스템 구축 담당자는 이 사실을 인식하고 정당한 이유가 있는지를 확인한다. 한 가지 지침을 무시했다면 어느 정도 수용할 수 있으며, 타당한 이유가 있다면 2가지를 무시할 수도 있다. 하지만 3가지 이상을 어긴다면 개념적 설계에 치명적 결함이 있다는 뜻이므로 재설계가 필요하다.

» 프로젝트 세부 목표 정의

새로운 업무 처리 과정과 그 과정을 지원하는 정보 시스템은 상위 컴포넌트의 집합체이다. 각 컴포넌트는 주문 관련 서비스, 배송, 데이터 저장 및 검색과 같은 관련 업무를 수행한다.

상위 컴포넌트란 설계한 시스템을 구축하는 데 필요한 세부 목표이다. 대개 3~9개의 상위 레벨 컴포넌트, 즉 세부 목표가 있으며, 다른 컴포넌트는 이 상위 컴포넌트의 하위 컴포넌트가 된다. 이때 상위 컴포넌트는 9개가 넘지 않도록 설계한다. 사람들은 대부분 어떤 대상을 한 번 보아서는 이해하기 어려우며, 한 번에 7개(±2) 이상의 사실을 기억하지 못하고, 아울러 시스템 정의와 관련 세부 목표가 명확해야 프로젝트가 성공할 수 있기 때문이다.

너무 광범위하거나 소수만이 이해할 수 있는 복잡한 시스템 정의는 아무 쓸모가 없다. 시스템 정의가 복잡하면 프로젝트 팀원들이 이 정의를 바탕으로 다음 단계인 설계와 구축의 업무를 수행할 수 없다. 또한 팀원들이 프로젝트의 목표를 각자 다르게 이해할 수도 있다. 이런 경우 프로젝트가 진행됨에 따라 팀원들 간의 긴장과 논쟁이 증가하여 업무 조정이 점점 어려워진다.

선택한 세부 목표는 9개월 내에 성취해야 한다. 또, 세부 목표는 과정의 중간 단계가 아니라 독자적인 가치를 창출하는 독립적인 단계이다. 다시 말해, 다음 단계의 완수 여부와 상관없이 가치를 창출할 수 있어야 한다. 우선 단시간에 성취할 수 있는 세부 목표를 찾아 시작하라. 그러면 전체 프로젝트가 끝나기 전에 재정적으로 성과를 거두어 비용을 충당할 수 있다. 먼저 성취한 세부 목표는 다른 세부 목표의 성취 과정에 토대를 제공한다.

시스템 개발 활동의 순서를 엄격하게 규정하는 세부 목표는 세우지 마라. 현실은 계획대로만 진행되는 것은 아니다. 따라서 필요할 때마다 상황에 맞도록 바꿀 수 있는 유연한 계획을 세워야 한다. 또, 최대한 많은 세부 목표를 동시에 진행하라. 하나의 세부 목표를 성취하기 위해 특정 업무를 수행할 때 다른 업무의 영향을 받지 않도록 해야 한다. 그래야 하나의 세부 목표가 지연되더라도 병행하는 다른 세부 목표의 달성이 지연되지 않는다. 이때 시스템 구축 담당자는 필요하다면 하나의 세부 목표에서 다른 목표로 자원을 이동시킬 수 있다.

[표 9-2]의 개념적 시스템 설계는 4가지 상위 컴포넌트로 구성된다(다이어그램에 번호를 붙여 놓았다). 각 컴포넌트는 독자적으로 가치를 창출하며, 컴포넌트의 업무는 다른 컴포넌트와 상관없이 진행된다. 이 4가지 컴포넌트는 시스템 개발 프로젝트의 세부 목표로, 개념적 설계에 나타난 시스템을 구축한다.

» 초기 계획 및 예산 수립

일단 3~9가지 세부 목표를 정의하면 상위 프로젝트 계획을 수립할 수 있다. 각 세부 목표마다 전반적인 계획서를 만들어 그 세부 목표를 성취하기 위해 해야 할 주요 업무를 나열한다. 각 세부 목표를 위한 설계 및 결과물을 만드는 것과 관련된 업무도 포함시킨다. 또한 기업의 목표를 성취하기 위해 새로운 시스템을 구축할 때 이용할 전략과 시스템 설계, 구축 작업의 마감 일자를 계획서에 명시한다.

그리고 필요한 시간과 비용을 계산하여 총 예산을 산정한다. 계획에 포함된 각 업무에는 일정 기간 동안 특정한 기술을 갖춘 일정

표 9-2 e-비즈니스 인프라스트럭처: '웹으로 구현된 공급망'

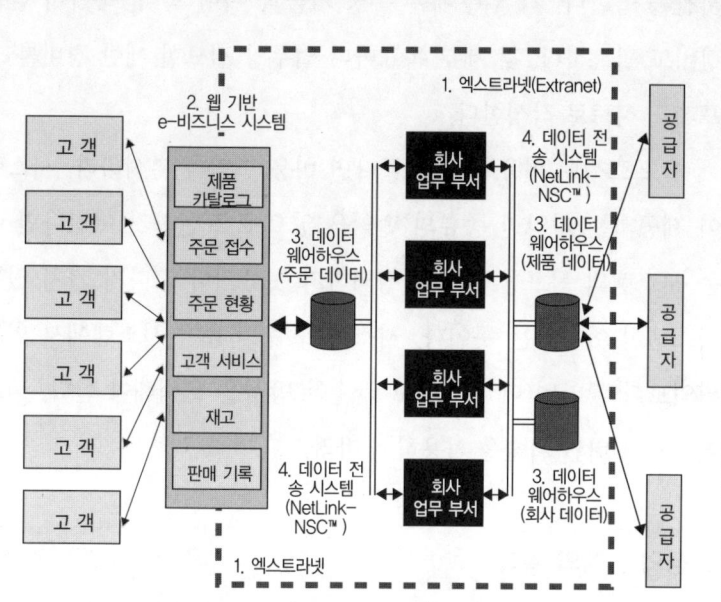

이 개념적 설계는 4가지 세부 목표(번호를 붙여 놓았다)를 정의한다. 각 세부 목표는 독자적으로 가치를 창출한다. 이 세부 목표의 성취 과정을 동시에 독립적으로 진행할 수 있다.

기업의 최대 가치는 공급망 데이터를 저장하는 데이터 웨어하우스와 NetLink-NSC™라는 데이터 전송 시스템 구축에 있다. 이 두 컴포넌트는 서로 협력하여 기업이 정의한 재정적 성과 기준을 최대한 충족시킨다. 재정적 성과 기준을 충족시키고 프로젝트의 리스크 요소를 줄이기 위해 완전히 새로운 시스템을 구축하기보다는 기존 웹 기반 제품 카탈로그와 주문 접수 시스템을 임대하기로 결정했다.

NetLink-NSC™ 시스템을 구축할 때 사람들은 업무 부서가 발행한 고객 송장의 에러를 확인하고 전자 영수증을 발행하는 기존 시스템의 일부를 다시 사용했다.

SOURCE: © 2000, 2001, 2002, 2003, Network Services Company.

한 인원의 팀원이 필요하다. 이들의 기본 급료와 업무에 투입되는 시간을 곱한다. 각 업무에는 특정 기술과 여행 경비, 숙박비 같은 경비도 필요하다. 각 세부 목표마다 업무당 필요한 제반 경비를 스프레드 시트로 작성한다.

총 프로젝트 비용 산정이 끝나면 비용 편익을 분석하라. 시스템이 제공하는 다양한 종류의 편익을 양으로 표현하기 어렵다면 이는 시스템의 목표를 제대로 정의하지 못했거나 그다지 가치 있는 시스템이 아니라는 뜻이다. 시스템 구축 비용이 시스템에서 얻는 편익보다 많다면 더 저렴하고 단순한 방식을 모색해야 한다. 필요 이상으로 비싼 기술을 사용하지 마라.

》 정의 단계의 결과

정의 단계에서는 후원하는 경영인과 시스템 구축 담당자가 협력하여 기업 목표와 그 목표를 성취할 하이 레벨 시스템 설계를 확인한다. 이 단계에서는 다음과 같은 5가지 결과물을 작성한다.

1. 성취해야 할 기업 목표를 명시한 선언문

2. 시스템의 성과 기준: 이 기준을 다시 (1)재무적인 결과 (2)고객의 기대 (3)중대한 업무 (4)학습과 지속적인 향상 등의 4가지 측정 범주로 나눈다. 이는 시스템이 반드시 충족시켜야 할 성공의 조건이다.

3. 기업 목표를 성취하고 성과 기준을 충족시키는 시스템을 위한 전략과 개념적 설계: 시스템 설계의 구성 요소는 사람, 프로세

표 9-3 정의 단계

2~6주

총 경비의 5~10%

목표는 업무의 표적 또는 특명이므로 명확하게 정의해야 한다. 한두 문장으로 원하는 결과나 활동, 목표 달성을 위해 필요한 성과 기준을 명시한다.

목표

1. 이 **목표**를 성취하기 위한 **전략**을 수립한다. 조직의 자원이나 효과적인 수단을 최대한 활용한다.

2. 이 전략을 특정한 성과 기준(재무, 고객, 업무, 학습)을 충족시킬 **프로세스**의 흐름으로 표현한다.

3. 그 흐름에서의 **사람들**의 역할을 구체적으로 밝히고, 프로세스와 사람들을 지원할 **기술**을 정의한다. 이것이 **개념적 시스템 설계**이다.

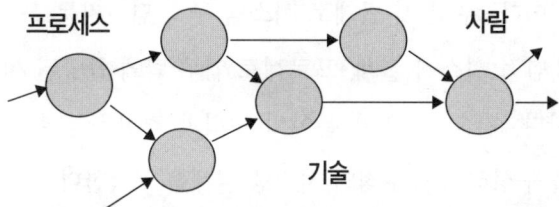

프로세스

사람

기술

4. 시스템 구축에 필요한 측정 가능한 성과를 확인한다. 이것이 프로젝트의 **세부 목표**이다.

세부 목표 A (시간과 비용)	세부 목표 B (시간과 비용)	세부 목표 C (시간과 비용)	세부 목표 D (시간과 비용)

5. 초기 **프로젝트 계획**과 **예산**은 각 프로젝트 세부 목표에 필요한 시간과 비용의 합계이다.

6. 비용 편익 분석을 통해 개념적 시스템 설계가 비용 효과적인 방식으로 목표를 성취할 수 있을지를 확인한다. 필요하다면 개념적 시스템 설계를 수정하여 비용을 절감한다.

스, 기술이다. 개념적 설계는 목표 달성에 이용되는 전략을 구체화한 것이다.

4. 시스템 구축을 위해 필요한 프로젝트 세부 목표의 정의: 세부목표란 개념적 설계에서 대략 설명한 시스템을 구축하기 위해 반드시 성취해야 할 일을 말한다.

5. 프로젝트를 수행할 가치가 있는지를 확인하는 비용 편익 분석: 기업 목표 성취 과정의 책임자인 고위 경영인이 이 분석의 타당성을 확인해야 한다([표 9-3] 참고).

설계-업무 흐름과 시스템 설계

설계 단계의 목적은 개념적 설계를 구체화하고 세부적인 명세를 만드는 일이다. 우선 첫 단계로 시스템 구축 담당자는 프로젝트의 목표와 개념적 시스템 설계, 프로젝트 업무 팀에 할당된 세부 목표를 검토한다. 기술 및 업무 분야의 능력과 경험을 갖춘 사람들로 업무 팀을 구성하여 세부적인 시스템 설계를 구축한다.

업무 팀은 프로젝트의 목표와 고위 경영진의 의도를 이해해야 한다. 이 단계에서 프로젝트의 세부 목표와 예산과 관련된 구체적인 문제를 조사하고, 필요하다고 판단되면 세부 목표와 예산을 수정한다. 다음은 설계 단계에서 수행해야 할 3가지 작업이다.

1. 새로운 시스템의 세부적인 프로세스 맵 다이어그램을 작성한다.

2. 논리적인 데이터 모델을 정의한다.

3. 시스템 프로토타이핑(사용자 인터페이스와 기술적 아키텍처)을 만들어 테스트한다.

설계 단계에 할당된 시간을 이 세 작업에 적절히 분배하라. 각 업무를 훌륭히 해낼 수 있을 만큼 시간을 할애하도록 한다. 각 작업 결과를 반복적으로 확인하고 분석하면서 지나치게 시간을 낭비하지 않도록 유의한다.

무엇보다 이 세 작업에 관련된 업무를 수행하는 팀원들끼리 서로 협력해야 한다. 시스템 프로세스 맵, 시스템 데이터 모델, 시스템 프로토타이핑은 동일한 시스템의 각기 다른 면일 뿐이다. 이 3가지 면이 서로 조화를 이루도록 설계해야 한다. 그렇지 않으면 시스템이 제대로 역할을 수행하지 못한다. 또한 이 세 분야의 업무는 동시에 진행되어야 한다.

JAD 테크닉을 이용하여 이 세 분야의 업무를 통합한다. 한 팀이 비즈니스 프로세스 맵의 세부 사항을 정의하는 동안 데이터 모델러가 프로세스에 필요한 데이터를 기록할 수 있다. 일단 프로세스의 필수 요건, 데이터 유형과 크기를 확인하면 기술적 아키텍처를 정의하여 그것이 프로세스와 데이터를 지원하는지를 테스트할 수 있다. 프로세스 흐름, 데이터 모델, 기술적 아키텍처를 정의한 다음에는 프로세스 흐름에 적합하고 관련 자료 처리 과정에 필요한 사용자 인터페이스를 정의할 수 있다.

» 시스템 구축 담당자의 역할

업무진과 기술진 사이에는 의사 소통에서 차이가 존재할 수밖에 없다. 시스템 구축 담당자는 이 두 부류의 사람들과 교류하고 그들 간의 차이를 해결하는 포괄적인 설계 프로세스를 마련해야 한다. 사람들은 흔히 프로세스의 진행 방식이나 이용할 기술의 종류를 성급히 결정하는데, 시스템 구축 담당자가 성급한 판단을 내리지 않고 여러 가지 설계 방안을 검토하면서 모범을 보인다면 팀원들도 창의력을 발휘하여 여러 가지 방안을 제시할 것이다.

시스템 구축 담당자는 효과적인 비즈니스 프로세스를 정의하는 단순한 기본 패턴과 이 프로세스를 기술로 지원할 단순한 방법을 찾아내도록 팀원들을 이끌어야 한다. 시스템이 복잡할수록 시스템 구축이 어려워지고 프로젝트의 성공률도 낮아진다.

» 설계 프로세스

설계 단계에서는 우선 업무진과 기술진이 JAD를 이용하여 여러 가지 프로세스 설계를 조사한다. 또, 틀 안에서 벗어나 최대한 많은 아이디어를 내서 그중 효과적인 아이디어를 몇 가지 선택한다. 그런 다음 아이디어를 결합하여 새로운 비즈니스 프로세스 흐름에서 업무를 체계화하고 진행할 일관적이고 세부적인 맵을 작성한다.

일단 프로세스 맵을 작성하면 기술을 이용해 프로세스를 지원할 방법에 초점을 맞춘다. 흔히 일련의 화면을 구성해 사용자 인터페이스를 설계한다.

사용자 인터페이스를 설계할 때는 반복적이고 기계적인 업무를 자동화하라. 사람들은 따분한 일을 싫어하는 반면 컴퓨터는 이런 종류의 일을 잘 처리한다. 사람들이 문제해결과 의사결정 업무를 맡아 보람 있는 경험을 할 수 있도록 시스템을 설계하라.

만일 소프트웨어 어플리케이션 패키지를 이용하기로 했다면 테스트 환경에서 패키지를 설치하고, 실제로 일어날 수 있는 상황을 예측하여 다양한 시나리오를 작성한다. 데이터베이스에 실제 데이터 샘플을 입력한 다음 패키지를 이용하고 지원할 사람들이 시나리오를 실행해 평가한다.

시스템 구축을 책임질 기술진도 JAD 과정에 참여한다. 설계를 진행할 때 기술진은 시스템을 효과적으로 지원할 하드웨어, 소프트웨어, 데이터베이스 등의 기술을 선택하고, 업무를 수행할 직원들에게 필요한 요소가 무엇인지 관심을 가져야 한다. 하지만 이런저런 기술적인 주제에 대해 장황한 말을 늘어놓거나 지나치게 많은 의문을 제기함으로써 설계 과정을 지연시키거나 혼란스럽게 만들어서는 안 된다.

설계 단계에서 특정한 성과 기준을 충족시키지 못해 정의 단계에서 마련한 초기 개념적 설계를 수정해야 할지도 모른다. 이 경우 프로젝트 목표는 바꿀 수 없지만 특정한 성과 기준은 변경해도 좋다. 이러한 재정의 프로세스에서 시스템 구축 담당자는 고위 경영진과 프로젝트 팀을 연결하는 역할을 담당한다.

» 세부적인 프로젝트 계획과 예산 수립

설계 단계가 막바지에 이르러 세부적인 설계 명세를 수립하면 관련자 전원이 구축 단계에서 자신이 맡은 업무 내용 및 예상 기간을 명확히 파악해야 한다. 시스템 구축 담당자는 각 팀에 업무 방식과 업무 기간을 스스로 정할 수 있도록 권한을 부여해야 한다. 팀은 도전적인 자세로 달성 가능한 기간을 정해야 한다.

시스템 구축 담당자는 전체 업무를 일주일 안에 끝낼 수 있는 소규모 작업으로 구분하도록 프로젝트 팀에게 권한다. 기업의 표준 시간 단위가 일주일이기 때문이며, 매주 수치로 확인할 수 있는 성과를 거두기 위해 노력해야 하기 때문이다. 프로젝트 계획을 통해 모든 팀원이 매주 성취해야 할 일을 명확히 제시하면 설계 업무를 조정하고 감시할 수 있으므로 구축 단계에서 정확하고 현실적인 프로젝트를 구축할 수 있다.

프로젝트 팀이 세부 목표에 대한 구체적인 업무 계획서를 작성하면 시스템 구축 담당자는 이 계획서를 전반적인 프로젝트 계획과 결합한다. 장군이 작전을 짜듯이 시스템 구축 담당자는 설계 단계에서 명시한 대로 시스템을 성공적으로 구축할 일련의 활동을 계획한다.

전체 프로젝트를 세부 목표에 따라 구분한다. 각 세부 목표마다 성취 과정에 필요한 활동을 결정하고 계획서를 작성한다. 프로젝트 팀이 작성한 세부 목표별 업무 계획을 관련 세부 목표의 계획서에 기재한다.

가능하면 여러 가지 작업을 동시에 진행하라. 동시에 진행하는 작업이 많을수록 프로젝트의 유연성은 커진다. 순서에 따라 차례로 작업을 진행하는 경우, 한 가지 작업이 지연되면 파문 효과가 일어나 후속 작업도 그만큼 늦어진다. 반면 여러 작업을 병행하면 하나의 작업 때문에 다른 작업이 영향을 받는 일이 없다. 그러면 한 작업이 끝났을 때 예정대로 진행되지 않은 다른 작업에 자원을 이동하여 지원할 수 있다. 프로젝트를 진행하는 과정에서 지연 사태를 피할 수는 없다. 하지만 이런 사태가 일어났을 때 원인을 파악하고 유연성을 발휘하여 대처하지 못하면 계획의 일정과 예산에 혼란이 일어날 것이다.

» 계속 진행할 것인가 그만둘 것인가

프로젝트를 제대로 실행할 수 있을지 의문스럽거나 프로젝트를 수정하는 데 예산이 지나치게 많이 소요된다면 프로젝트의 범위를 축소하거나 전면적으로 취소해야 한다. 이런 경우 총 경비의 20~40% 정도 손실이 날 것이다. 따라서 기업은 프로젝트 진행에 많은 노력을 기울여야 한다.

정의 단계를 졸속으로 마치고 설계 단계를 진행하는 기업이 많다. 흔히 기존 시스템을 상세히 분석하는 데는 막대한 시간을 투자하는 반면 새로운 시스템의 세부 사항은 대충 넘어간다. 뿐만 아니라 새로운 시스템 설계의 여러 면에 대해 열띤 토론을 벌이면서도 명확한 해답은 제시하지 못한다.

설계 단계를 훌륭하게 진행하면 프로젝트의 실패율이 낮아지기 때문에 기업은 막대한 시간과 돈을 낭비하지 않을 수 있다. 설계 명세가 자세할수록 시스템을 예산과 예정 시일에 맞게 구축할 가능성이 크다. 또한 업무진과 기술진이 시스템을 명확히 이해하고 광범위하게 지원할수록 시스템을 효과적으로 이용하여 바람직한 결과를 얻을 수 있다.

» 설계 단계 결과물

설계 단계에서 시스템 구축 담당자와 프로젝트 팀은 개념적 시스템 설계를 구체화한다. 시스템 구축 과정을 지도하고 비용 산정 과정에 필요한 세부적인 설계 명세를 작성한다. 또한 기술적 아키텍처와 사용자 인터페이스의 프로토타이핑을 제작해 시스템이 기대한 성과를 거둘지를 확인한다. 이 단계에서 다음과 같이 4가지 결과물을 얻을 수 있다.

1. **새로운 시스템의 업무 흐름에 대한 상세한 프로세스 맵**: 프로세스 맵핑 테크닉을 이용해 새로운 시스템 업무 흐름의 명세를 작성한다. 그런 다음 프로세스 다이어그램 및 프로세스에서 일어나는 활동이나 업무를 설명하는 프로세스 논리 명세와 같은 문서에 저장한다. 이때 사람들은 프로세스 맵을 바탕으로 새로운 시스템이 성과 기준을 충족시킬 것으로 동의해야 한다.

2. **비즈니스 프로세스 모델의 데이터 처리 능력을 갖춘 시스템 데이터 모델**: 모든 프로젝트 팀원이 이해할 수 있는 데이터 모델을 만든다. 얼마나 많은 데이터를 처리할 수 있는지, 다양한 형태의 데이터에 얼마나 자주 접근할 수 있는지를 기록한다.

표 9-4 설계 단계

1~3개월

총 경비의 15~30%

목표 및 세부 목표

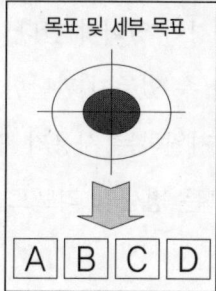

A B C D

시스템 구축 담당자는 목표
와 개념적 시스템 설계, 고
위 경영진이 정한 프로젝트
의 세부 목표를 프로젝트
팀과 함께 검토한다.

프로젝트 팀은 핵심 테크닉을 이용해 개념적 설계를 구체화하고, 세부적인
시스템 설계와 명세를 작성한다.

프로세스 맵

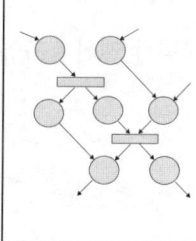

데이터 모델

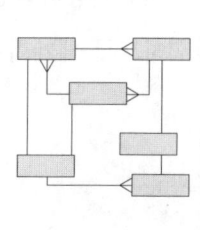

시스템 프로토타이핑

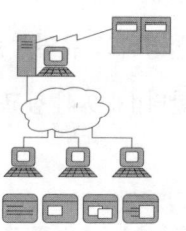

세부적인 시
스템 명세를
이용해 세부
적인 프로젝
트 계획과
예산을 세울
수 있다.

프로젝트 계획 및 예산

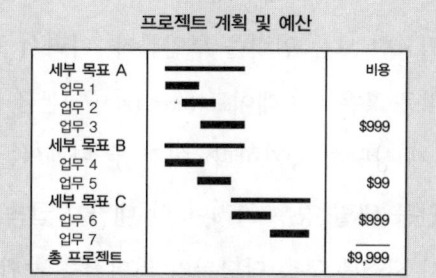

세부 목표 A		비용
업무 1		
업무 2		
업무 3		$999
세부 목표 B		
업무 4		
업무 5		$99
세부 목표 C		
업무 6		$999
업무 7		
총 프로젝트		$9,999

3. **기술적 아키텍처와 사용자 인터페이스를 구체화한 시스템 프로토타이핑**: 기술적 아키텍처의 모든 컴포넌트를 설치해 활용할 수 있는 시스템 개발 환경이 있어야 한다. 이 아키텍처가 예상 사용자의 데이터를 처리할 수 있는지 판단한다. 프로세스 관련 단계에서 프로세스 논리를 지원하는 사용자 인터페이스를 정의한다. 사용자 인터페이스의 모든 명세와 리포트 양식, 화면 레이아웃을 완벽하게 갖춘다.

4. **시스템 구축 과정에 필요한 시간, 비용, 자원을 정확히 알 수 있는 세부적인 프로젝트 계획과 예산**: 미래에 일어날 일과 장애물을 전부 예측하는 계획, 모든 비용을 정확히 산정한 예산을 만들 수는 없다. 하지만 프로젝트가 성공하려면 최대한 상세하게 작업을 설명하고 유연성을 발휘하도록 체계화한 계획과 예산을 수립해야 한다([표 9-4] 참고).

구축-시스템 구축과 롤아웃

구축 단계에서 프로젝트에 기울인 노력이 마침내 실현된다. 프로젝트 팀에 필요한 보충 인력을 투입한다. 따라서 프로젝트에 투입하는 주간 비용 혹은 '번 레이트(burn rate, 자본금 중 직원의 급료로 쓰이는 돈)'가 상당히 증가한다. 이전 두 단계와는 달리 성급하고 잘못된 판단을 내릴 경우 치러야 할 대가가 급속히 커진다. 바로 이 단계에서 시스템 구축 담당자가 리더십을 발휘해야 한다. 프로젝트의 세부 목표 성취를 위해 필요한 업무에 주력하면서 작업을 진행해야 한다. 훌륭한 설계와 계획이 진가를 발휘하는 시기가 바로 구축 단계이다.

» 시스템 청사진

이 단계에서는 우선 데이터 모델과 시스템 프로토타이핑의 명세를 바탕으로 시스템 객체 모델을 만든다. 흔히 설계 단계에서 세부 설계와 예산 프로세스의 일부로서 이 작업을 실행한다. 프로젝트 팀은 시스템 모델을 바탕으로 시스템의 세부적인 청사진을 제작한다. 그러면 팀원들은 자신의 업무를 이해하여 업무 수행 능력에 자신감을 가지게 된다.

이 시스템 청사진은 화면 레이아웃, 데이터베이스 설계, 시스템 객체 모델, 상세한 기술적 아키텍처 다이어그램의 형태를 띤다. 이 문서가 실제로 시스템 구축 업무를 지도하고 체계화한다. 시스템 구축 담당자와 팀 리더는 매주 문서를 이용해 진행 상황을 추적하고 세부적인 관련 업무를 논의한다.

시스템 데이터베이스와 소프트웨어를 만들어 이미 설계 단계에서 제작되었던 시스템 개발 환경에서 테스트한다. 시스템 개발 환경은 시스템 구축에 이용될 하드웨어, 업무 처리 시스템, 데이터베이스 패키지로 구성된다. 시스템의 일부나 전체에 이용될 소프트웨어 어플리케이션 패키지도 시스템 개발 환경에 설치한다.

일단 프로그래밍을 시작하면 객체 차트를 이용해 진행 과정을 객체별로 기록한다. 한 객체에서 작업을 시작하면 그 객체에 동그라미를 그려 표시하고, 작업이 끝나면 객체에 색을 넣는다. 이렇게 하면 모든 사람이 작업에 걸리는 시간을 확인할 수 있고, 객체 모델만 봐도 소프트웨어 개발 과정의 진행 상태를 알 수 있다. 문제가 발생할 경우 시스템 구축 담당자와 팀 리더들은 객체 모델을 이용해 어떤 객체에서 어떤 문제가 발생하는지 재빨리 파악하여 구체적인 해결 방안을 모색한다.

소프트웨어 개발 프로젝트의 진행 과정을 자세하게 파악하지 못하면 사람들은 악명 높은 '몇 % 완수'라는 방식에 의존하게 된다. 그러면 몇 주씩 걸리는 대규모 업무는 항상 '70% 완수(이 말이 무슨 뜻이건 간에)'라는 말로 진행 정도를 나타내게 된다. 하지만 나머지 30%를 완수하는 데는 지금까지 걸린 기간보다 최대 4배나 더 걸린다. 왜 그런지 이유는 알 수 없다.

» 프로젝트 관리 조직

시스템 구축 담당자가 신속하게 진행되는 프로젝트 작업에 집중하고 효과적으로 조정하려면 프로젝트 관리 조직의 지원이 필요하다. 시스템 구축 담당자와 팀 리더에게 협력하여 업무 진행 상황에 따라 프로젝트 계획과 예산을 업데이트하는 임무에만 전념하도록 노련한 직원들을 투입해야 한다.

시스템 구축 담당자가 회사 사장이라면 프로젝트 관리 조직은 회계부서와 비슷해진다. 사장의 임무는 회사 장부 관리가 아니며, 또 그럴 만한 시간도 없다. 하지만 아무도 회사 장부를 관리하지 않는다면 사장은 회사의 현재 상황을 파악하지 못해 잘못된 판단을 내릴 수밖에 없다.

사람들은 흔히 지연이나 경비 초과 같은 나쁜 소식을 숨기려 하는데, 시스템 구축 담당자가 이에 적극적으로 대처하지 않으면 문제가 발생한다. 팀원들은 나쁜 소식을 전해도 처벌받지 않는다고 믿어야 사실을 숨기지 않을 것이다. 업무 지연이나 비용 초과를 인식하자마자 즉시 보고하면 프로젝트 성공률이 높아진다고 가르쳐라. 문제를 조기에 보고하면 효과적으로 문제에 대처할 시간을 확보할 수 있다. 프로젝트 관리 조직은 팀원이 진행 상황을 추적하고 적절한 판단을 내리도록 돕는다. 이 점을 모든 사람들에게 분명히 전달해야 한다. 나쁜 소식을 숨기면 나중에 진실이 밝혀지더라도 효과적으로 대처할 시간이 거의 없기 때문에 최악의 사태가 벌어진다.

» 과정에 계속 참여함으로써 이끌기

시스템 구축 담당자는 업데이트한 프로젝트 계획과 예산을 검토하거나, 특별히 관심을 끄는 프로젝트의 몇 분야를 직접 조사하거나 경험에서 얻은 정보를 바탕으로 행동한다. 이메일을 읽고 무언가를 적으며 사무실에 느긋하게 앉아 있을 시간이 없다. 그는 매주 회의를 열어 프로젝트 리더들과 계획서를 검토한다. 문제가 발생하면 시스템 구축 담당자는 직접 문제를 살피거나 다른 사람에게 위임하여 끊임없이 상황을 판단한다.

장애는 발생하게 되어 있고, 이로 인한 업무 지연 또한 피할 수 없는 일이다. 유연한 프로젝트 계획을 세우고 교체 투입할 인력을 확보한 시스템 구축 담당자는 여러 가지 방식으로 프로젝트를 추진할 수 있다. 기술과 업무 과정을 단순하게 결합하여 여러 가지 세부 목표를 성취할 수 있도록 시스템을 설계했다면 그것을 시간과 예산에 맞게 구축할 가능성이 크다. 이런 경우 시스템 구축 담당자는 한 세부 목표에서 다른 목표로 자원을 신속하게 이동할 수가 있다. 똑같은 능력과 기술을 이용해 여러 가지 시스템 세부 목표를 성취할 수 있기 때문이다.

» 시스템 테스트와 롤아웃

주요 시스템 컴포넌트와 서브 시스템을 확보하면 테스트 집단을 구성하고 베타 테스트를 실시한다. 프로젝트 설계 단계에 참여했던 사람들로 테스트 집단을 구성한다. 그들은 이미 새로운 시스템의 필요성과 장점을 이해하고 수용했기 때문에 베타 테스트 대상으로 매우 적합하다.

베타 테스트를 실시하는 동안 시스템 아키텍처와 사용자 인터페이스를 조정한다. 시스템 아키텍처 담당자들은 업무 처리 과정의 여러 변수를 조정해 시스템의 안정성과 변화 대처 능력을 극대화해야 한다. 사용자 인터페이스 담당자는 테스트 집단과 대화를 나누어 특정 스크린의 개선 방법에 대한 의견을 수렴한다.

테스트 집단은 시스템을 테스트하고 조정 방안을 제시하면서 결점을 보완한다. 이 과정을 거치다 보면 테스트 집단 내에서 시스템 옹호자가 등장한다. 시스템이 자신의 제안에 따라 바뀐다고 느끼고, 실제로 그 과정을 지켜보면서 시스템에 개인적인 애착을 가지게 되어 성공을 바라기 때문이다. 이런 옹호자들이 나머지 직원들에게 시스템의 장점을 알리고, 때로는 그들에게 새로운 시스템 사용법을 가르치기도 한다.

» 구축 단계의 결과물

가장 많은 업무를 수행하고, 또 비용을 가장 많이 투입하는 시기가 바로 구축 단계이다. 하지만 이전 두 단계(정의와 설계)를 제대로 수행한다면 구축 단계에서 해결해야 할 리스크 요소가 줄기 때문에 과정을 성공적으로 마무리할 수 있다. 이 단계의 3가지 결과물은 다음과 같다.

1. **성과 기준을 충족시키고 설계 명세와 일치하는 업무 처리 시스템:** 시스템 구축 단계는 30~90일마다 귀중한 성과를 거둘 수 있도록 일정을 잡는다. 이는 전체 시스템이 완성되기 전에 이미 시스템의 몇몇 부분을 완성해 이용해야 한다는 뜻이다.

2. **업데이트를 거친 완벽한 기술적 설계 문서:** 설계를 문서화하는 과정은 구축 단계의 구조적 계획과 다이어그램 작성 작업에 견줄 수 있다. 이는 기업이 시스템을 개선하고 수정할 수 있도록 돕는 과정이다. 문서화 과정은 또한 적어도 객체 모델, 데이터 모델, 프로그램 소스 코드(source code, 컴퓨터 프로그램을 기억하고 있는 텍스트 파일, 원시 코드라고도 함)의 체계화된 라이브러리, 그리고 시스템의 전반적인 프로세스 흐름에 대한 다이어그램이나 기술을 포함해야 한다.

3. **완벽한 업무 처리 명령서:** 시스템을 운영하고 유지하는 사람

표 9-5 구축 단계

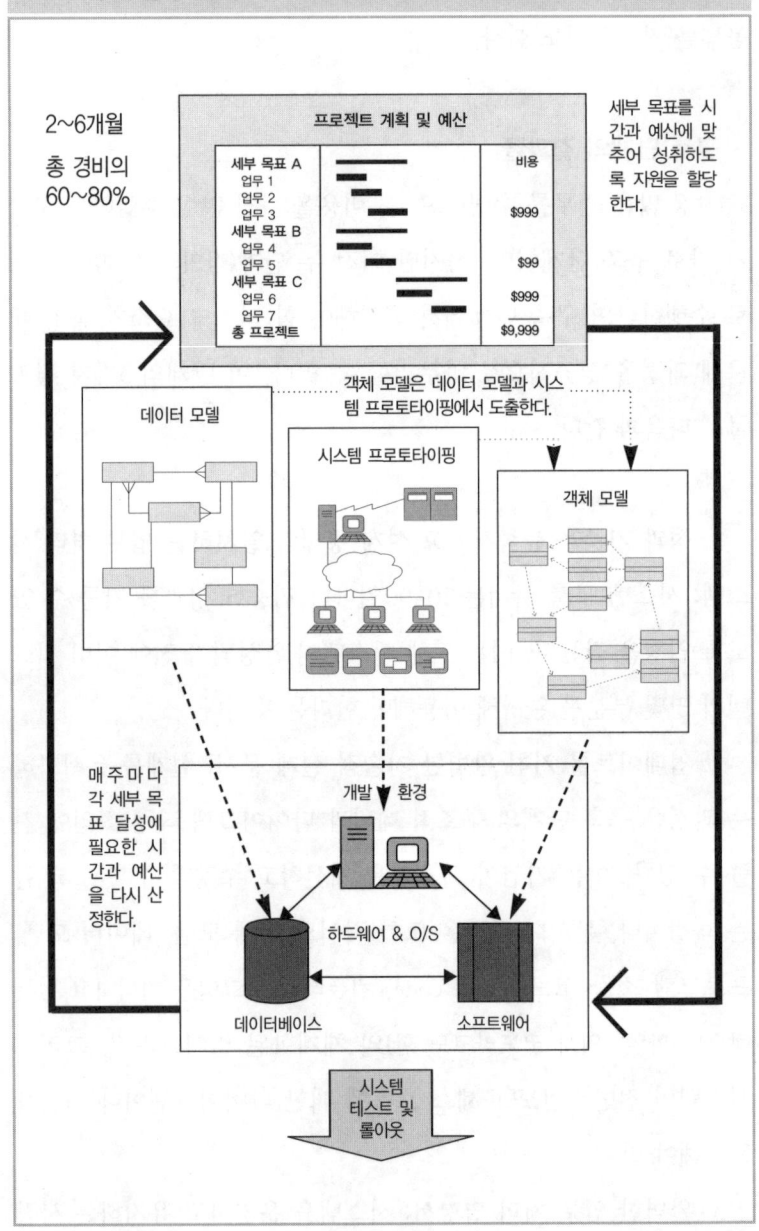

2~6개월

총 경비의
60~80%

프로젝트 계획 및 예산

		비용
세부 목표 A		
업무 1		
업무 2		
업무 3		$999
세부 목표 B		
업무 4		
업무 5		$99
세부 목표 C		
업무 6		$999
업무 7		
총 프로젝트		$9,999

세부 목표를 시 간과 예산에 맞 추어 성취하도 록 자원을 할당 한다.

객체 모델은 데이터 모델과 시스 템 프로토타이핑에서 도출한다.

데이터 모델

시스템 프로토타이핑

객체 모델

매 주 마 다 각 세부 목 표 달성에 필요한 시 간과 예산 을 다시 산 정한다.

개발 환경

하드웨어 & O/S

데이터베이스

소프트웨어

시스템
테스트 및
롤아웃

들은 시스템을 구축하는 사람과는 다르다. 시스템을 이용하는 사람들은 시스템을 가동법과 정지법, 세부 조정법, 문제 해결법과 시스템 운영법을 알아야 한다. 시스템 운영 책임자들은 시스템을 롤아웃하는 동안 개발팀과 협력하여 업무 처리와 운영 과정의 문서화를 정의한다([표 9-5] 참고).

■ 경영진 인사이트 Executive Insight

2승 1무 1패

시스템의 효과를 검토하는 한 가지 방법으로서 내가 경험한 4가지 실제 프로젝트를 제시하겠다. 이들 모두 수백만 달러 상당의 유명한 시스템 개발 프로젝트였다. 나는 이중 한 프로젝트의 전반적인 프로젝트 리더(시스템 구축 담당자)이면서 동시에 시스템 구축 담당자가 없었던 또 다른 프로젝트의 4명의 팀 리더 중 한 사람이기도 했다. 이 개발 프로젝트들은 1990년대 초반부터 2000년대 초반까지 진행되었다. 이중 두 프로젝트는 대성공이었고 하나는 실패였으며, 나머지 하나는 그 어느 쪽도 아니었다.

이들 프로젝트에는 코볼(COBOL)과 DB2를 이용한 IBM 메인프레임, 자바(Java)와 사이베이스(Sybase)를 운용한 선(Sun) 서버, 윈도우즈 PC와 웹 기반 신 클라이언트(thin clients)로 액세스하는 SQL 서버 데이터를 이용한 NT 서버 등 다양한 기술을 활용했다. 각 프로젝트의 기업 목표와 이용 기술은 달랐지만 프로젝트가 성공하거나 실패하는 이유는 똑같았다.

나는 이 사례들을 통해 몇 가지 교훈을 얻을 수 있었다. 첫째, 시스템 설계의 7가지 전략적 지침과 프로젝트 진행의 6가지 원칙이 정말 효과적이며, 이것을 무시하면 그만한 대가를 치러야 한다. 또한 핵심 테크닉(게임 기술)은 어떤 기술을 이용하든 모든 프로젝트에 적용할 수 있다. 이 지침과 원칙, 핵심 테크닉은 성공하기 위해 반드시 이해하고 적용해야 할 필수적인 지식이다.

마지막으로, 컴퓨터 시스템을 구축하는 프로세스에는 기본적인 연결 과정이 존재한다. 바로 정의-설계-구축이다. 여러분이나 여러분의 컨설팅 회사가 이용하는 시스템 개발 방법론에 따라 프로세스는 공식적으로 훨씬 더 복잡해질 수 있다. 정의 단계를 '예비 필요 분석(Preliminary Needs Analysis)'이나 '시스템 개념 조정(System Concept Justification)'과 같이 매우 중요하게 느껴지는 이름을 붙여 단계를 더 세분화할 수 있다. 이와 마찬가지로 설계 단계를 더 대단한 이름을 가진 서너 단계로 나누고, 구축 단계를 더 많은 단계로 구분할 수 있다.

하지만 이처럼 복잡하게 단계를 나눈다고 해서 성공률이 증가하거나 기본 업무가 바뀌는 것은 아니다. 우선 무슨 일을 할지부터 정의해야 한다. 그 다음에는 어떻게 할 것인지 설계하고 구축해야 한다.

모든 프로젝트에는 전 과정에 대한 전면적인 권한과 책임을 지닌 프로젝트 리더나 시스템 구축 담당자가 필요하다. 시스템 구축 담당자는 시스템을 후원하는 고위 경영진과 협력하여 특정 사업 기회를 확인하고 시스템 성과 기준을 정의하여 기회를 활용한다. 이 역할을 담당하는 사람이 없으면 시스템 개발 과정은 혼란에 빠지고 말 것이다.

시스템 구축 담당자는 기존 시스템에 없는 기능을 개발하는 데 중점을 두고 프로젝트를 진행해야 한다. 기존 시스템에 새 기술을 결합하여 새로운 시스템을 구축하는 방법이 가장 좋다. 현재 효과를 거두고 있는 기존 시스템의 기능을 새로운 기술로 대체하려 하지 마라. 기존 시스템을 새로운 기술로 대체하여 이전과 똑같은 기능을 수행한다면 비용을 낭비하고도 그만한 가치를 얻지 못할 것이다.

훨씬 더 단순한 기술을 이용해 기존 시스템의 기능을 수행할 수도 있다. 이를테면 터미널 에뮬레이션 소프트웨어(terminal emulation software) 운용에 PC 워크스테이션을 이용해 기존 메인프레임 시스템에 액세스할 수가 있다. 웹이나 서버 기반 어플리케이션을 이용하거나 혹은 아이콘에 각 어플리케이션을 제공함으로써 기존 어플리케이션과 다른 새로운 어플리케이션을 그래픽 사용자 인터페이스로 통합할 수도 있다.

정의―설계―구축 프로세스에서 제시한 시간 제한 제도를 도입하여 빠른 속도로 프로젝트를 진행하라. 그렇지 않으면 프로젝트 개발 과정은 지지부진해지고, 이렇다 할 성과를 거두지 못한다. 각 단계마다 마감 시한을 정하라. 그리고 이 기간을 나누어 단계마다 정의한 주요 업무의 마감 시한을 정하고, 이를 다시 작업별로 나누어라. 기간 내에 끝내기가 만만 찮더라도 현실적으로 가능한 마감 시한을 정하는 것이 성공의 비결이다.

무엇보다 획기적인 결과물을 창출하기 위해 집중적으로 노력한 결과 두 프로젝트를 성공적으로 이끌 수 있었다. 시스템의 효과를 증명하고 수많은 지지자를 확보할 수 있는 방법은 바로 이 결과물이다. 일단 획기적인 성공을 거두면 그 성공을 바탕으로 시스템을 더욱 개선하여 새롭게 등장하는 기회를 포착해야 한다.

[표 9-6]부터 [표 9-9]까지의 차트는 네 프로젝트의 맵이다. 이들 차트를 보면 시간에 따른 각 프로젝트의 진행 상황을 파악할 수 있다. 업무 과정을 연구하고 이 업무에 대한 설명을 읽으면 각 프로젝트를 빠르게 평가할 수 있다. 모든 차트 아래에는 프로젝트 과정에서 일어난 상황을 간단하게 덧붙여 두었다.

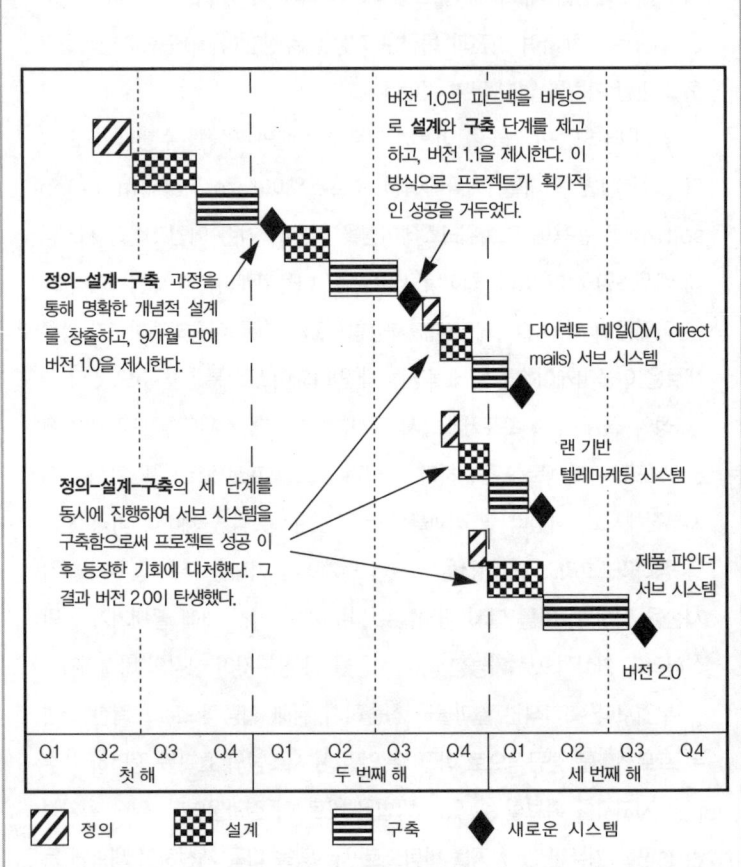

표 9-6 기업 판매 지원 시스템 – 승리

버전 1.0의 피드백을 바탕으로 **설계**와 **구축** 단계를 제고하고, 버전 1.1을 제시한다. 이 방식으로 프로젝트가 획기적인 성공을 거두었다.

정의-설계-구축 과정을 통해 명확한 개념적 설계를 창출하고, 9개월 만에 버전 1.0을 제시한다.

다이렉트 메일(DM, direct mails) 서브 시스템

정의-설계-구축의 세 단계를 동시에 진행하여 서브 시스템을 구축함으로써 프로젝트 성공 이후 등장한 기회에 대처했다. 그 결과 버전 2.0이 탄생했다.

랜 기반 텔레마케팅 시스템

제품 파인더 서브 시스템

버전 2.0

Q1	Q2	Q3	Q4	Q1	Q2	Q3	Q4	Q1	Q2	Q3	Q4
첫 해				두 번째 해				세 번째 해			

▨ 정의   ▩ 설계   ▤ 구축   ◆ 새로운 시스템

이 개발 단계에서는 시스템의 제1버전을 만들어 성공의 발판을 마련하는 데 초점을 맞추고, 자원을 집중 투입했다. 일단 1차 성공을 거둔 다음에는 그로 인해 등장한 다양한 기회를 포착하기 위해 여러 가지 **정의-설계-구축** 단계를 동시에 실시했다.

나는 모든 전략적 설계 지침을 그대로 따랐다. 프로젝트 관리 업무를 전적으로 담당한 직원은 없었지만, 프로젝트 진행의 전술적 원칙을 고수했다. 팀 리더와 내가 프로젝트 관리 업무를 맡았기 때문에 이따금 계획과 예산을 업데이트하지 못했다. 프로젝트 규모가 더 컸다면 프로젝트 관리 조직이 없다는 점 때문에 곤란을 겪었을 것이다.

표 9-7 웹 가동 공급망 - 승리

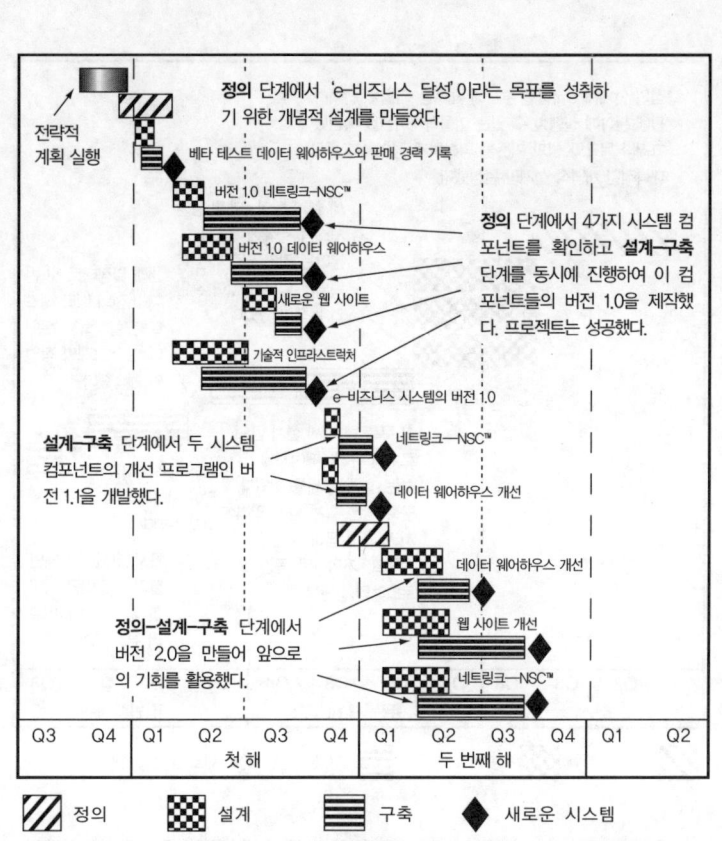

엄격하게 시간을 제한하고 집중적으로 개발 단계를 진행했다. 훌륭하게 시스템을 계획하고 조정해야 하는 **설계-구축** 단계 동안 여러 업무를 병행했다. 9개월 만에 e-비즈니스 시스템 인프라스트럭처의 버전 1.0을 만들었다. 버전 1.0의 긍정적인 수용과 피드백을 바탕으로 버전 1.1을 제작했다. 이후 업무를 재평가함으로써 다시 한번 기능을 개선해 e-비즈니스 인프라스트럭처의 버전 2.0을 만들었다.

나는 7가지 전략적 설계 지침과 프로젝트 진행의 6가지 전술적 원칙을 지켰다. 이 프로젝트는 경쟁력을 강화시켜 줄 새로운 시스템을 신속하고 비용 효율적인 방식으로 설계, 구축하는 방법을 명확히 제시했다.

표 9-8 새로운 판매 기술 프로젝트 - 패배

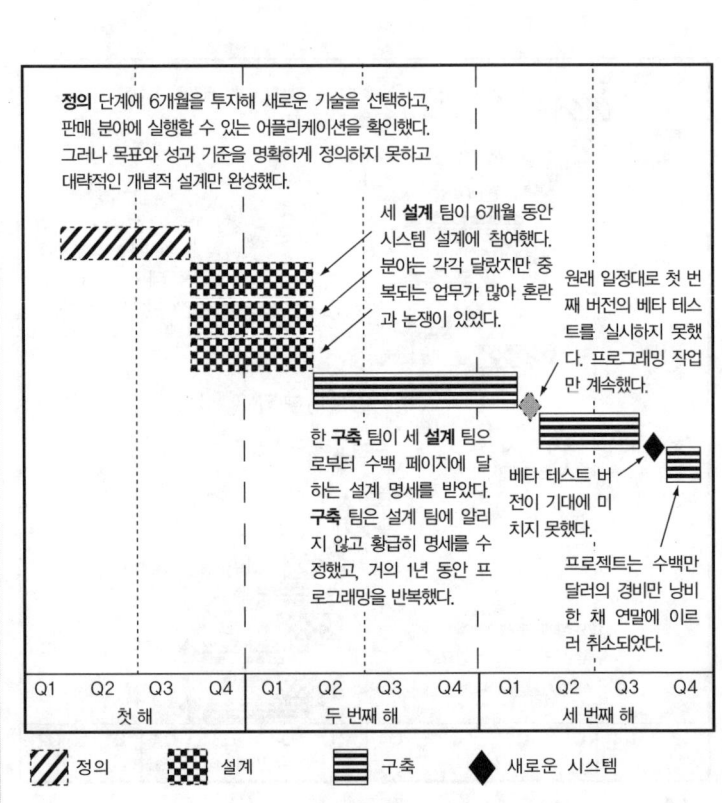

정의 단계에 6개월을 투자해 새로운 기술을 선택하고, 판매 분야에 실행할 수 있는 어플리케이션을 확인했다. 그러나 목표와 성과 기준을 명확하게 정의하지 못하고 대략적인 개념적 설계만 완성했다.

세 설계 팀이 6개월 동안 시스템 설계에 참여했다. 분야는 각각 달랐지만 중복되는 업무가 많아 혼란과 논쟁이 있었다.

원래 일정대로 첫 번째 버전의 베타 테스트를 실시하지 못했다. 프로그래밍 작업만 계속했다.

한 구축 팀이 세 설계 팀으로부터 수백 페이지에 달하는 설계 명세를 받았다. 구축 팀은 설계 팀에 알리지 않고 황급히 명세를 수정했고, 거의 1년 동안 프로그래밍을 반복했다.

베타 테스트 버전이 기대에 미치지 못했다.

프로젝트는 수백만 달러의 경비만 낭비한 채 연말에 이르러 취소되었다.

Q1	Q2	Q3	Q4	Q1	Q2	Q3	Q4	Q1	Q2	Q3	Q4
첫 해				두 번째 해				세 번째 해			

정의   설계   구축   ◆ 새로운 시스템

이 프로젝트는 오랜 정의 단계를 거치고도 프로젝트의 범위를 좁히지 못했다. 몇 개의 다른 설계 팀에 자원이 분산되어 집중적으로 프로젝트를 진행하지 못했다. 설계 명세가 매우 복잡했기 때문에 명세를 넘겨받은 구축 팀은 엄청난 업무량에 완전히 질려 버렸다. 프로젝트는 추진력을 잃고 구축 단계에서 붕괴되고 말았다. 프로그래머들이 오랫동안 열심히 노력했지만 프로젝트를 되살리지는 못했다.

나는 한 프로젝트 팀의 리더였다. 프로젝트 전체 관리자나 시스템 구축 담당자가 없었기 때문에 팀원들의 의문이나 분쟁을 해결하지 못했다. 전략적 설계 지침을 의도적으로, 혹은 부주의 때문에 완전히 무시했다. 프로젝트 진행의 전술적 원칙도 대부분 지키지 않았다. 프로젝트 팀은 2~7명으로 구성했고 업무 방식을 자유롭게 결정할 수 있었지만 프로젝트 목표를 명확하게 파악하지는 못했다. 따라서 계속해서 논쟁이 일어났고, 프로젝트는 일정대로 진행되지 못했다.

표9-9 차세대 재정 서비스 시스템 - 무승부

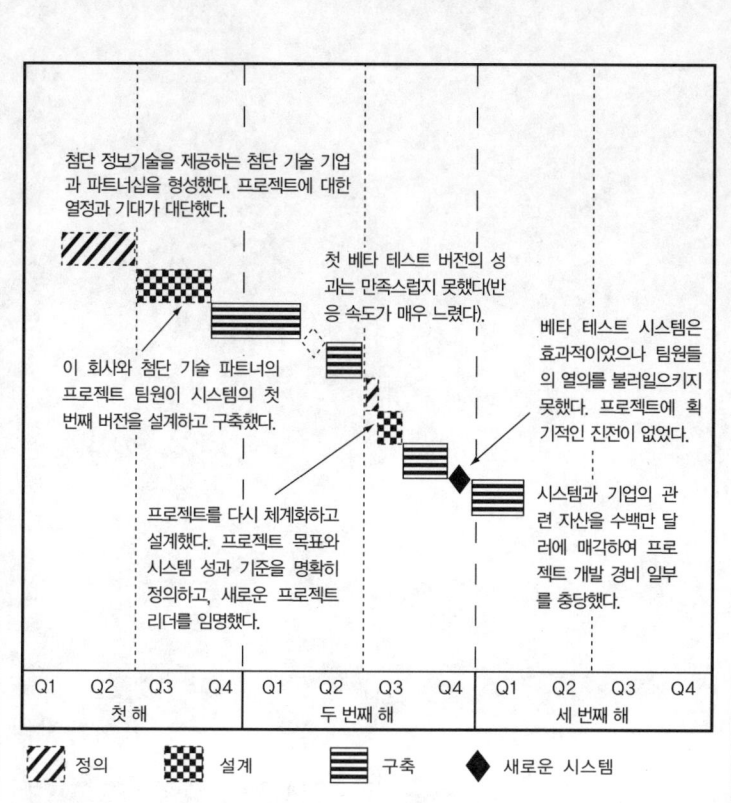

첨단 정보기술을 제공하는 첨단 기술 기업과 파트너십을 형성했다. 프로젝트에 대한 열정과 기대가 대단했다.

이 회사와 첨단 기술 파트너의 프로젝트 팀원이 시스템의 첫 번째 버전을 설계하고 구축했다.

프로젝트를 다시 체계화하고 설계했다. 프로젝트 목표와 시스템 성과 기준을 명확히 정의하고, 새로운 프로젝트 리더를 임명했다.

첫 베타 테스트 버전의 성과는 만족스럽지 못했다(반응 속도가 매우 느렸다).

베타 테스트 시스템은 효과적이었으나 팀원들의 열의를 불러일으키지 못했다. 프로젝트에 획기적인 진전이 없었다.

시스템과 기업의 관련 자산을 수백만 달러에 매각하여 프로젝트 개발 경비 일부를 충당했다.

Q1	Q2	Q3	Q4	Q1	Q2	Q3	Q4	Q1	Q2	Q3	Q4
	첫 해				두 번째 해				세 번째 해		

정의   설계   구축   ◆ 새로운 시스템

프로젝트의 출발은 좋았으나 기술 지원이 제대로 이루어지지 않았고, 설계 단계에 이르기까지 업무 논리를 정확하게 파악하지 못했다. 프로젝트를 다시 체계화하고 설계했지만 기술이나 프로젝트 범위를 근본적으로 바꾸지는 않았다. 그 결과 시스템은 다소 개선되었으나 목표 고객들에게 인정받을 만큼 훌륭하지는 않았다.

나는 프로젝트를 다시 체계화하는 과정에서 새로운 프로젝트 리더로 참여했다. 프로젝트 진행의 모든 전술적 원칙을 적극적으로 적용했다. 프로젝트를 업무 목표에 맞게 조정했고, 프로젝트 계획과 팀원 구성에 융통성을 발휘했다. 하지만 다른 5가지 전략적 지침을 따르지 않았다. 결국 전술이 아무리 훌륭해도 전략의 결함을 만회하지는 못한다는 사실을 깨달았다.

제**10**장

통제에 대한 환상

현대 경제계가 RT 세계로 더욱 빠져듦에 따라 통제와 관련된 개념과 업무가 변화하고 있다. 과거 기업은 전통적으로 계층 구조를 운영하며 명령 및 통제 체제에 의존했으나 점차 조화와 체계화를 중요시하고 있다. 이 장에서는 새로운 방식으로 구성원에게 동기를 부여하고 업무를 체계화할 때 나타나는 효과에 대해 살펴본다. 이를 통해 우리 경제와 기업의 미래를 어느 정도 예측할 수 있을 것이다.

> 기업의 성공은 기계적 사고보다는 이성에
> 소수의 권한보다는 다수의 판단에
> 강요보다는 동기 부여에
> 외적 통제보다는 내적 훈련에 달려 있다.
>
> ─디 호크(Dee Hock),
> 비자 인터내셔널(Visa International) 설립자 겸 명예회장 [1]

무리와 군집

　새 떼와 물고기 떼는 어떻게 한 몸인 듯 움직일까? 어떻게 한꺼 번에 갑자기 방향을 바꿀 수 있을까? 리더 역할을 하는 새나 물고 기가 무리에게 명령하는 걸까? 여기에는 분명 이보다 더 미묘한 이 유가 있다. 이런 무리의 행동은 RTE를 조직하고 운영하는 방식과 비슷하다. 이를 통해 우리는 RTE에 대해 과연 무엇을 배울 수 있 을까?

　갑작스럽게 방향을 전환하는 새나 물고기 떼를 보면 일종의 즉 각적이고 강력한 의사 소통 방식이 있는 듯 보인다. 우리는 이를 '군집 행동'이라고 부른다. 새나 물고기 사이에 어떤 의사 소통 방 식이 존재하건 간에 오늘날 우리는 대부분 인간 사이에서 '무리 행 동'을 일으킬 수 있는 물건을 가지고 있다. 바로 휴대 전화이다.[2] 수많은 사람들이 다양하면서도 서로 연결된 의사 소통 방식을 이 용하고 있다. 이 물건은 지금 이 순간에도 발전을 거듭하고 있다. 가장 최근에는 전화와 디지털 카메라, 웹 브라우저, 인스턴트 메신 저의 기능을 모두 갖춘 휴대 전화가 등장했다.

　모든 조직 구성원들이 최첨단 휴대 전화를 가지고 있다면 어떤 대단한 일을 할 수 있을지 떠오르는 대로 최소 20가지를 적어 보 라. 모든 사람이 웹 액세스와 이메일뿐 아니라 음성, 자료, 영상을 즉각적으로 주고받을 수 있는 수단을 가지고 있다면 기업의 업무 처리 방식이 어떻게 달라지고 수익성이 얼마나 높아질지 생각해 보라. 여러분이 하지 않는다면 경쟁자가 대신 할 것이다. 그리고 여러분이 미처 신경 쓰지 못한 틈을 타 어느 순간 매우 강력한 무언가를 내놓을 것이다.

초보자들을 위해 이렇게 생각해 보자. 위성 위치 확인 시스템 데이터(Global Positioning System data, GPS data)와 휴대 전화 데이터를 결합하기는 쉽다. 구성원 모두 최신 기종 휴대 전화를 가지고 있다면 조직은 세계적으로 동일한 큰 그림 혹은 지도를 만들 수 있다. 이 그림을 실시간으로 업데이트하여 정보를 얻고 다음 행동을 결정한다. 모든 구성원이 조직의 목표를 명확히 이해하면 구체적으로 지시받지 않아도 공통의 목적에 맞게 업무를 수행할 것이다. 이것이 무리 행동이다. 이는 빠르고 강력하며 끊임없는 변화에 대처하는 효과적인 방식이다.

정보와 통제의 분산

민첩한 RT 조직의 구성원들은 동일한 세계관을 가지고 있다. 전 구성원이 회사의 모든 업무를 세부 사항까지 속속들이 알아야 할 필요는 없지만, 회사 각 분야의 업무와 작업 지표, 중대한 개요는 이해하고 있어야 한다. 그리고 이 정보를 매일 매시간 끊임없이 전달받아야 한다.

전 구성원이 조직의 목표나 업무 목표를 이해하고, 매 순간 현재 상황과 업무 진행 상황을 이해한다면 대단한 일이 일어난다.[3] 즉, 구성원의 개인 행동이 결합하여 쉴 새 없이 변화하는 세계에 체계적으로 대처함으로써 조직의 목표를 성취하게 되는 것이다. 구성원들이 이 사실을 깨달을 때 무리 행동이 나타난다.

혼자서는 조직에 생명을 불어넣지 못하지만 무리를 지으면 가능하다. 사람들이 조직적으로 행동하여 반복적으로 크고 작은 성공을 거두면 효율성과 수익성이 끊임없이 증가한다. 고객 서비스 담당 직원과 영업 사원이, 영업 사원과 마케팅 담당자가, IT 담당자와 모든 직원들이 효과적으로 협력한다면 실로 놀라운 일이 벌어진다.

모든 구성원에게 전체 조직에 대한 공통적인 그림을 제공함으로써 정보를 분산한다. 각 구성원은 세부적인 관련 정보에 액세스하여 자신이 맡은 특정 작업을 지원한다. 이런 방식을 통해 사람들은 개인 업무와 회사 전체 업무의 관계를 파악한다.

뿐만 아니라 모든 구성원에게 성취해야 할 업무 목표를 명확히 제시함으로써 통제권을 분산한다. 구성원은 업무 목표를 통해 조직이 구성원에게 기대하는 결과를 전달받지만, 구체적인 업무 방식은 스스로 결정한다. 구성원이 자신의 행동만 통제한다면 RT 조직처럼 빠르고 효율적으로 업무를 처리할 수 있다.

하지만 통제 분산이 민주주의적인 방법은 아니라는 사실에 주목해야 한다. 조직의 전략과 업무 목표, 그리고 각 부서가 지켜야 할 업무 영역을 정하는 일은 여전히 기업을 책임지는 경영인의 몫이다. 각 부서는 정해진 범위 내에서만 자유롭게 업무 방식을 정할 뿐 임의로 기업 전략이나 업무 목표를 바꾸거나 업무 영역을 벗어나지는 못한다.

위대한 비즈니스 게임

RTE로 변화하려면 조직의 전 구성원이 변화 과정에 참여해야한다. 전통적인 산업 혁명 시대 기업과는 다른 방식으로 일상적인 업무를 조정하고, 기업의 현재 상황과 자신의 구체적인 업무에 초점을 맞추며, 자신이 하는 일이 전체 기업에 끼치는 영향을 깨달아야 한다. 그래야만 모든 사람이 독자적으로 현명하게 판단하고 조직 전체의 이익을 위해 열심히 일하게 된다.

어떻게 사람들 스스로 업무 방식을 바꾸도록 유도할 수 있을까? 기업은 지금껏 '팀'이라는 단어를 즐겨 써 왔다. 하지만 사실 스포츠 팀이 상대 팀을 물리치고 챔피언 타이틀을 거머쥘 때 느끼는 진정한 팀워크나 팀 스피리트를 기업에서 발견하기란 매우 어려운 일이다. 하지만 희소식이 있다. 우리는 이제 위 질문의 해답을 코앞에 두고 있다. 인간은 사회적 동물로서, 게임을 좋아한다. 그리고 비즈니스는 게임이다.

어렸을 때 우리가 게임을 즐기면서 무언가를 배웠듯이 이제부터 게임을 통해 RT 세계에서 발전하기 위해 필요한 요소를 배울 것이다. 비즈니스는 전쟁이나 전투보다는 게임에 비교하는 것이 더 적절하다. '게임'이라는 단어를 썼다고 해서 우리의 임무가 하찮아지거나 심각성이 줄어드는 것은 아니다. 게임이 얼마나 심각한지 프로 골프나 농구, 축구 선수들에게 물어보라.

게임 결과에 개인적인 이익이 달려 있으면 게임에 관심을 가지게 마련이다. 사람들은 관심 있는 분야에 주의를 기울이고 또한 빨리 습득하게 된다. 그리 유식해 보이지 않는 사람이 관심 분야에 대해 방대한 지식을 쏟아 놓는 것을 보면 얼마나 놀라운가! 가장 좋아하는 팀의 선수 이름이나 통계 수치를 줄줄 외우거나, 경주 중인 말과 기수를 묘사하는 복잡한 용어를 설명하거나, 연속극 등장인물의 경력과 앞으로 예상되는 행동을 정확하게 전달하는 사람들을 주변에서 흔히 볼 수 있다. 뮤추얼 펀드 매니저가 여러 회사 주식을 조합해 수익을 내는 포트폴리오를 작성하듯 뛰어난 스포츠 선수들을 결합해 가상으로 환상적인 팀을 만들어 보는 사람도 있다.

고위 경영인과 기업인은 '비즈니스'라는 위대한 게임을 펼치는 방법을 이미 알고 있다. 그들에게는 이 게임에 대해 상당한 관심과 지식을 가질 만한 중대한 이유가 있기 때문이다. 성공적인 RTE를 구축하려면 조직의 모든 구성원이 조직 업무에 대해 깊은 관심을 가지고 개인과 조직의 성과를 개선할 방법을 지속적으로 학습해야 한다. 사실 기술은 어떤 기업에서든 쉽게 배워서 업무에 활용할 수 있다. 따라서 기술만으로는 경쟁력을 강화할 수 없다. 지속적인 경쟁력은 선수들의 기술과 게임 방식에서 비롯된다.

잭 스택(Jack Stack)은 《위대한 비즈니스 게임(The Great Game of Business)》[4]에서 이 비즈니스 방식을 지원하기 위해 자신의 회사에서 이용했던 기술과 경험을 설명했다. 그는 스프링필드 리매뉴팩처링 코퍼레이션(Springfield Remanufacturing Corporation, SRC)의 CEO이다. SRC는 1980년대 초반 인터내셔널 하비스타(International Harvester)라는 파산 직전의 회사였고, 잭은 그 회사의 해체 업무에 파견되었었다. 하지만 그를 비롯한 몇몇 관리자들은 사재를 동원하고 은행 대출을 받아 회사를 매입했다. 이 회사의 부채가 워낙 막대했기 때문에 대출해 준 은행에서는 사태의 추이를 지켜보기 위해 매주 대차대조표와 손익계산서를 제출하라고 요구했다.

잭과 경영진은 전 직원이 단결하여 전심전력을 다하지 않으면 회사가 살아남지 못할 것이라고 판단했다. 그들은 전 직원에게 대차대조표와 손익계산서 읽는 법을 가르치고, 부서별로 직원들에게 더 상세한 손익계산서를 제공했다. 사분기별 성과 목표를 정하고, 사분기 목표를 성취하거나 초과 달성하면 최대 13%까지 보너스를 지불했다. 반면 목표를 성취하지 못하면 급료조차 지급하지 않았다. 하지만 사분기가 다시 시작될 때마다 직원들은 다시 게임을 시작해 빠르게 배웠고, 그 교훈을 다음 사분기에 적용했다. 몇 년 동안 이런 과정이 반복되었다. 그리고 마침내 SRC는 부채에서 벗어나 성장하기 시작했다.

잭 스택은 비즈니스라는 위대한 게임을 시작하고 지속하는 4가지 조건을 다음과 같이 정의한다.

1. **사람들이 게임의 규칙과 방법을 이해해야 한다**: 다시 말해, 서페어플레이와 파울플레이, 점수를 획득하는 방법을 배워야 한다.

2. **사람들이 원하는 포지션이나 역할을 선택할 수 있어야 한다**: 또한 훈련과 실전 경험을 통해 각자의 포지션에서 성공하기 위해 필요한 기술을 개발해야 한다.

3. **모든 선수들이 늘 현재 득점 상황을 알고 있어야 한다**: 즉, 자기 팀이 지고 있는지 이기고 있는지, 자신의 행동이 어떤 결과를

초래하는지 알아야 한다.

　4. 모든 선수들이 게임 결과에 개인적인 이해관계가 있어야 한다: 중대한 보상(대개 금전적인 보상)을 제공해 각 선수가 성공을 위해 노력하도록 만들어야 한다.

자기 조정 피드백 루프의 활용

　특정한 목표를 성취해야 하는 게임에서 구성원이 협력할 때 매우 강력한 피드백 루프가 등장한다. 기업이 직원들에게 필요한 자료를 실시간으로 제공하면 목표 성취가 쉬워진다. 또, 목표 성취에 따른 보상을 주면 그들은 더욱 많은 목표를 성취하기 위해 노력한다. 즉, 자기 조정 피드백 루프의 이윤 잠재력이 현실로 나타나게 되는 것이다.

　시장은 끊임없이 움직이며 변화한다. 제품 수명 주기는 이제 몇십 년이 아니라 몇 년 혹은 몇 달이 되었다. 기업은 이제 몇 년씩 똑같은 방식으로 업무를 처리할 수 없다. 세계는 변했고, 기존 모델로는 더 이상 원하는 이윤을 산출할 수 없다. 훨씬 더 유연한, 즉 변화와 기회에 맞추어 지속적으로 바뀔 수 있는 대안이 필요한 것이다.

　시장이 변화할 때마다 기업은 업무 처리 방식을 비롯해 전반적으로 작지만 끊임없는 변화를 감행하게 된다. 이러한 변화의 효과는 복리 이자의 효과와 비교될 수 있다. 초기 원금에 적용되는 금리가 비교적 낮기 때문에 처음에는 복리 이자가 앞으로 자본 축적에 초래할 결과에 대해 그다지 높게 평가하지 않는다. 하지만 금리는 낮아도 시간이 지남에 따라 원금이 증가하기 때문에 기하급수적으로 새로운 자본이 형성된다.

이와 마찬가지로 조금씩 끊임없이 변화하여 환경에 좀 더 효과적으로 대처하는 RTE는 비용을 절감하고 수입을 증대시킬 수 있다. 한 번의 변화는 그리 중요하지 않지만 지속적인 축적 효과는 실로 엄청나다. 이렇게 지속적으로 작은 변화를 거듭해도 이윤을 올리지 못한다면 그 기업은 어떤 방법으로도 이윤을 얻지 못한다.

강제적인 시스템의 부정적 단면

이 장에서 우리는 RT 세계에서의 가장 생산적인 대처 방식을 살펴보았다. 이 방식을 통해 가장 많은 사람들이 가장 큰 부를 얻을 수 있다. 하지만 이와는 달리 RT 기술을 다른 방식으로 이용하려는 사람들이 있을 수 있다. 이들은 업무에 방해가 될 정도로 아주 사소한 세부 사항까지 감시하는 가공할 시스템을 만들어 극단적인 명령을 내리고 통제권을 행사하려 한다.

가령 당신이 '해피 토크(Happy Talk)'라는 회사에 근무한다고 가정해 보자. 해피 토크는 콜 센터를 운영해 고객을 위한 텔레마케팅과 헬프 데스크를 지원한다. 당신은 2년 동안 이 회사에 근무하면서 감독관으로 승진했다. 회사 정문을 들어서면 ID 배지에 달린 RFID(Radio Frequency Identification) 인식표가 당신의 정확한 출근 시각을 기록한다. 사장인 닐 헤비핸드(Neil Heavyhand)는 이렇게 말한다.

"그렇게 해야 공정하죠. 왜 내가 당신이 사무실에 없는 시간까지 급료에 포함시켜 지불해야 합니까?"

매달 당신은 한 달 동안 지각한 시간의 누적치를 이메일로 받는다. 그 누적치가 8시간이 되면 회사는 당신의 휴가일 수에서 하루를 뺀다.

당신은 자리에 앉아 PC 스크린 밑에 있는 6개의 작은 윈도우를 연다. 이것을 통해 당신은 6명의 직원이 일하는 모습을 실시간으로 지켜보며 감독한다. 이들은 하루 동안 일정한 수의 고객에게 전화를 걸어야 한다. 당신은 그들이 적절한 속도로 전화를 걸고 있는지를 감시한다. 각 윈도우의 디스플레이는 해당 직원의 시간당 생산성을 실시간으로 보여 준다. 하지만 당신의 대시보드에는 다른 부서의 업무 상황은 전혀 나타나지 않는다. 헤비핸드는 이렇게 말하곤 한다.

"그건 당신하고는 상관없는 일이니 알 필요 없지요. 당신은 당신이 맡은 직원만 감시하면 됩니다."

헤비핸드 사장과 3명의 경영진이 전체 시스템을 관리한다. 그들은 최근 전 직원에게 업무 처리 속도를 높이라고 지시했다. 이들의 대시보드에는 각 팀이 몇 통의 전화를 거는지, 그중 몇 통이 성공하는지 등 여러 가지 업무 현황이 나타난다. 당신은 팀의 업무 성과가 떨어지기를 원치 않는다. 그래서 상부의 지시대로 모든 감독관은 팀원을 감시해 생산성이 떨어지기 시작하는 직원이 나타나면 즉시 해고시킨다. 과거에는 당신 역시 직원이었기 때문에 이런 처사가 몹시 가혹하다고 생각했지만 지금은 왜 그래야 하는지 충분히 이해하므로 혼자 이렇게 중얼거릴 뿐이다.

"직원들은 믿을 수가 없어. 기회만 있으면 어떻게든 농땡이를 치려고 한다니까."

당신은 이 여섯 직원들의 운명이 자신의 손안에 있다고 생각해 마치 자신이 대단한 사람이나 된 것 같은 기분에 젖는다. 그리고 헤비핸드 사장이 자신을 얼마나 대단한 인물로 생각할지 상상해 본다.

앞으로는 이런 식으로 막강한 통제권을 행사할 회사가 다양한 형태로 등장할 것이다. 하지만 머지않아 그들은 이런 방식이 전혀 쓸모가 없음을 깨닫게 될 것이다. 그들은 RT 기업으로부터 유연성을 발휘하고 통제권을 분산시키는 방식을 배워야 한다.

조직이 공통적인 세계관을 제시하면 전 구성원이 현재 상황을 잘 파악할 수 있기 때문에 효과적으로 업무에 참여할 수 있다. 소수의 직원에게만 전체 상황을 알려 주는 회사는 그 소수의 능력과 통찰력에 지나치게 의존하게 된다. 명확한 목표와 세부 목표를 결정하고 판단하고 행동할 권한과 함께 각 부서에 이를 위임하는 조직은 변화하는 상황에 신속하고 현명하게 대처할 수 있다. 반면 소수의 사람이 다수를 위한 결정을 내리는 기업은 판단과 행동이 느리고 둔하며, 열정이나 후속 조치를 찾아보기 힘들다. 이런 기업과 경쟁하고 있다면 여러분은 매우 운이 좋은 셈이다.

Real-Time 경제의 이윤

오늘날 개별 국가나 지역은 서로 결합하여 글로벌 경제 시대를 열었다. 이러한 변화로 인해 기업의 이윤 마진은 크게 변했다. 1980~1990년대에는 대다수 기업이 대부분 간신히 이윤 마진을 확보했고, 이런 추세는 현재까지 이어지고 있다. 일부 기업의 총 마진은 10% 미만에 불과하다. 논리적으로 볼 때 앞으로 8%, 6%, 4%로 계속 감소할 것이다.

글로벌 경제와 RT 체제로 변화함에 따라 시장은 주식 시장처럼 변했다. 이를 상품 거래 용어로 표현하자면 더욱 효과적인 '가격 발견(price discovery)'이 존재한다는 뜻이다. 월마트(Wal-Mart)나 이베이(eBay) 같은 기업은 특정 품목의 가격을 실시간으로 정한다. 그러면 곧 모든 사람들이 자동차에서 휴대 전화, 청바지에 이르기까지의 전 제품과 미용, 회계, 프로그래밍, 육아 등 기본 서비스의 시장 가격을 파악할 수 있다. 이 같은 상황에서 일부 사람들이 특정 품목과 서비스에 시장 가격보다 많은 돈을 지불한다면 이는 그들이 원하는 맞춤형 부가가치 서비스를 받기 때문일 것이다. 기본 제품이나 서비스의 이윤은 사실 그리 중요하지 않다.

고객은 대부분 구매 결정을 내릴 때 가격뿐 아니라 몇 가지 가치 요소를 고려한다. 그들은 자신의 상황에 가장 적절한 제품 선택, 교육, 애프터서비스, 포장과 상표 표시 조건, 특수 배달 조건, 유연한 신용 및 임대 조건 등 여러 가지 조건을 따진다. 어떤 제품이든 이런 맞춤형 서비스가 더해지면 그 제품은 이제 일상 용품이

아니다.[5]

자신의 능력과 장점을 발휘하여 고객의 욕구를 최대한 충족시키는 기업은 성공할 것이다. 이윤을 얻고 싶다면 고객의 니즈를 더욱 세밀하게 파악해야 한다.

광범위한 시장에서 가격 경쟁의 전략을 세운 기업은 시장의 주도 세력이 되어야 하며, 그렇게 되려면 업계에서 최저 가격을 제시해야 한다. 이런 전략에서 얻을 수 있는 마진은 너무나 미약하기 때문에 돈을 벌려면 엄청난 양의 제품을 팔아야 한다. 자사 구매력을 이용하여 협력 업체와 끊임없이 어려운 흥정을 해 원가를 낮추기 때문에 시장의 주도 세력만이 성공할 수 있다.

원칙적으로 어떤 시장이든 주도 세력은 한두 기업, 혹은 기껏해야 세 기업에 불과하다. 따라서 대다수 기업은 가격으로 경쟁하는 대신 특정한 고객의 니즈에 초점을 맞추고, 고객의 니즈가 변할 때마다 그 고객과 함께 발전해야 한다. 그러려면 IT 인프라스트럭처를 쉬지 않고 개발하여 비즈니스 모델을 지원해야 한다.

Real-Time 시스템 설계 및 설치

RTE는 일상 용품에 독특한 부가가치 서비스를 제공해 이윤을 얻는다. 모든 부가가치 서비스는 특정한 고객의 현재 니즈를 정확히 충족시키도록 만들기 때문에 이런 서비스에서는 정보가 가장 중요하다. 끊임없이 변화하는 세계에서는 오늘 혁신적으로 등장한 서비스가 내일은 평범한 매물로 전락한다. 따라서 조직은 항상 새로운 서비스와 그것을 제공할 새로운 방식을 모색해야 한다.

과거에는 3~4년에 한 번씩 새로운 컴퓨터 서비스를 롤아웃하는 것으로 충분했으나 이제는 기업의 IT 인프라스트럭처를 지속적으로 구축하고 개선해야 한다. 이 과정에서 대처 능력과 비용 효율성을 극대화하는 것이 바로 CIO(최고 정보 책임자, Chief Information Officer)의 임무이다. RT 세계에서 기업은 새로운 정보 시스템을 능숙하게 설계하고 이용해야 한다. 그렇지 못한 기업은 신제품 개발과 판매 실적이 저조한 기업과 마찬가지로 실패하고 말 것이다.

새로운 시스템을 구축할 때는 '롤링 스타트(rolling start; 자동차 경주 용어로, 참가자가 많을 경우 출발선에서 일제히 출발하지 않고 순서대로 천천히 움직이면서 페이스 카의 출발 신호를 기다리는 방식)'로 시작해 롤링을 유지하는 것이 가장 좋다. 현재 상황을 장기적이고 포괄적으로 분석하여 기업의 현황과 다음 몇 년 동안 겪어야 할 일들을 파악하라. 기존의 여러 어플리케이션 시스템과 그 상호 작용 방식 및 기능을 목록으로 작성하고, 기존 어플리케이션을 바탕으로 새로운 시스템을 구축할 계획을 세워라.

이때 각 어플리케이션 시스템은 응집력을 갖추면서 어느 정도 독자성을 유지해야 한다. 즉, 매우 집중적이고 명확한 니즈에 대처할 시스템을 개발해야 하지만 '스위스 아미(Swiss Army, 다용도 칼을 전문으로 제조하는 빅토리녹스Victorynox의 별칭) 칼'처럼 한 가지로 모든 일을 처리하는 총괄적인 시스템은 시도하지 말아야 한다. 어플리케이션 프로그램 인터페이스(Application Program Interfaces, APIs)라는 표준 인터페이스를 통해 여러 시스템을 연결하라. 이

APIs는 ASCII 플랫 파일이나 확장성 표기 언어(XML), 혹은 웹 서비스 같은 인터페이스를 이용할 수 있다. 이 테크닉을 이용하면 기존 시스템의 일부 조직과 기능을 결합하여 새로운 시스템을 개발하고 새로운 프로그램만 입력해 새로운 기능을 수행할 수 있다. 이런 식으로 구축한 시스템은 단시간 내에 설계 비용을 충당한다.

각 어플리케이션을 완성한 다음에는 그것을 토대로 다음 시스템을 개발하지만, 엄격한 순서에 따라 프로젝트를 진행하지는 않는다. 각 시스템을 완성해 생산 과정에 들어갈 때 기업 환경이 어떻게 변하는지 평가하라. 필요하다면 시스템 설계를 업데이트하고 회사에 맞는 새로운 시스템을 구축하라.

장기간 큰 효과를 거두었던 믿을 만한 어플리케이션 시스템을 비즈니스 프로세스 관리(BPM) 시스템과 결합하면 매우 효과적이다. BPM 시스템은 일상적인 거래를 자동화하고, 이례적인 거래가 발생하면 담당자에게 알린다. 담당자는 이처럼 이례적인 상황 처리 과정에만 주의를 기울인다. 이 방식을 이용하면 기업의 생산성과 수익성이 급속도로 증가한다. 가장 수익성이 높은 이례적인 경우에 인력을 집중적으로 투입할 수 있기 때문이다.

이 단순한 기술과 전술을 익히면 경쟁력을 강화할 수 있다. 단순한 전술을 이용하면 긴급한 상황에서도 쉽게 기억할 수 있을 뿐 아니라 대부분 기대한 만큼 효과를 거두기 때문이다. 모든 토의와 실행 과정을 거쳐 경쟁자보다 실수가 적고 기회에 적절하게 반응하면서 일관적인 성과를 거둔다면 반드시 성공할 것이다

혁신과 동기 부여 기술

공연 예술가는 항상 창의력과 통제력을 동시에 발휘해야 한다. 예술가는 자금이 부족하기 때문에 적은 돈으로 많은 일을 해내야 한다. 따라서 그들은 생산성을 극대화할 방법을 찾는다. 공연 일자는 절대 바꿀 수 없다. 공연하기로 홍보한 날이 오면 예술가는 무슨 일이 있어도 무대에 올라 고객 집단만큼 변덕스럽고 지나친 요구를 하는 관객 앞에서 공연을 해야 한다. 이들에게서 기업은 혁신과 생산성과 RT 세계의 업무에 대해 어떤 교훈을 얻을 수 있을까?

베네치아 스티플러(Venetia Stifler)는 노스이스턴일리노이대학(Northeastern Illinois University) 음악 무용 프로그램학과(Department of Music and The Dance Program) 조교수 겸 시카고의 루스 페이지 아트 센터(Ruth Page Center for the Arts)의 연출 책임자이다. 그녀는 또한 유니언 인스티튜트(Union Institute)에서 무용학과 안무 연출 박사 학위를 받았다.

유명한 도심 지역에 위치한 루스 페이지 아트 센터는 무용수와 연기자를 교육시키고, 뛰어난 여러 무용단의 업무와 리허설을 위한 공간을 제공하며, 220석 규모의 극장을 운영하고 있다. 베네치아가 이끄는 무용단 콘서트 댄스(Concert Dance, Inc.)는 스코틀랜드에 위치한 에든버러(Edinburgh)의 프린지 페스티벌(Fringe Festival)에서부터 시카고 심포니 오케스트라(Chicago Symphony Orchestra)의 여름 공연지인 라비니아 페스티벌(Ravinia Festival)에 이르기까지 여러 곳에서 공연을 펼친다. 그녀는 현재 모스크바 투어를 준비하고 있다.

공연 준비 업무를 체계화하는 방법에 대해 묻자 그녀는 다음과 같이 대답했다.

"내가 무엇을 하려고 하는지, 공연 날짜가 언제인지부터 확실히 알아야 합니다. 그런 다음 남은 일수를 계산해서 일정표를 작성하죠. 정해진 시간까지 공연 준비를 마칠 수 있을지 확인하는 겁니다."

그녀는 공연에 필요한 예술인과 유능한 기술진을 확보할 수 있을지를 판단하고, 그 결과를 바탕으로 일정을 정한다.

"적절한 사람들을 확보할 수 있다고 생각되면 예산과 예산 내에서 할 수 있는 일의 범위를 살펴봅니다. 자금이 충분하지 않으면 범위를 수정할 것인지 혹은 자금을 확보할 때까지 기다릴 것인지 판단합니다."

일단 계속 진행하기로 결정되면 그녀는 사람들을 모아 리허설을 시작하고, 공연 제작 과정에 들어간다.

"아그네스 드밀(Agnes de Mille)은 1분간의 공연을 위해 6시간을 준비해야 한다고 말했죠. 좀 더 많이 걸릴 수도, 더 빨리 끝낼 수도 있겠지만요."

베네치아는 전반적인 연출 과정을 통제하지만 함께 일하는 다른 예술인들의 의견도 상당히 중요하게 여긴다.

"무용수들이 모두 연습실에 모이면 하루 일과를 시작합니다. 우선 워밍업을 하는 무용수들에게 기본 동작과 이미지를 설명해 놓은 자료를 나누어 주죠. 나는 무용수들과 육체적으로 대화를 나누기를 원합니다. 자료에 실린 이미지를 내가 직접 설명하고 동작을 보여 주면 그들은 내 아이디어에 대해 몸으로 반응하지요. 그러면 그중 괜찮은 몇 가지 동작을 선택해 잘 다듬는 거예요. 모든 사람들이 이 과정에 참여해 똑같은 비전을 가지고 일합니다."

이런 과정을 몇 시간 동안 거친다.

"나는 무용수들에게 동작을 보여 준 다음 어떤 이미지나 느낌이 떠오르는지 묻습니다. 나를 비롯한 모든 무용수들이 어떤 무용수의 동작을 보고 영감을 떠올리기도 하죠. 바로 이거다 싶은 동작은 누구나 다 알아보니까요. 정말 예술적인 작품은 누구나 다 공감하듯이 말이에요. 작품의 구조와 형태, 단계를 최종적으로 결정하는 사람은 나지만, 작품을 완성하도록 돕는 것은 바로 무용수들입니다. 그들 전부가 예술가니까요."

베네치아는 항상 동기 부여에 대해 생각한다.

"작품이 좋다고 생각되면 사람들은 의욕을 얻습니다. 뛰어난 테크닉을 갖춘 무용수들이 모두 창작 과정에 참여하죠. 누군가 책임을 지고 최종 결정을 내려야 하지만, 결정하기가 어렵지는 않습니다. 좋은 동작은 누구나 공감하게 마련이니까요. 몇 사람이 의문을 제기하면 나는 결정을 보류하고 상황을 다른 관점에서 봐요. 모든 안무가가 저처럼 일하지는 않습니다. '파이브, 식스, 세븐, 에잇… 내 구호에 동작을 맞추세요. 내가 책임자니까 여러분은 그저 생각 없이 따라 하기만 하면 됩니다.'라는 식으로 일할 수도 있죠."

그녀는 자신이 처음 안무가로 일할 때도 그랬다고 털어놓았다.

"하지만 그렇게 일하면 너무 외로워요. 외로우면 창작이 매우 어려워지고, 이따금 판단을 잘못하는 경우도 많죠. 하지만 공동 작업을 하면 사람들이 훨씬 헌신적으로 협조합니다."

공연계에서 마감 일자는 매우 중요하다.

"일단 날짜를 정하고 티켓을 판매하면 공연을 무를 수 없으니까요. 무슨 수를 써서라도 공연에 맞추어 준비를 끝내야 합니다."

베네치아는 프로젝트 스케줄을 매우 빡빡하게 정한다. 하지만 예기치 않은 일이 일어나 차질이 생기면 즉시 수정하고 보충한다. 리허설 일정을 지키는 일(적절한 시간과 장소에 적절한 사람들을 모으는 일)이 가장 어렵다.

"변화하는 상황에 항상 적절히 대처해야 합니다."

공연 예술에 있어서의 훌륭한 지도자 자질에 대해 베네치아는 이렇게 말한다.

"자신이 원하는 일이 무엇인지, 어떻게 해야 그것을 훌륭히 해낼지를 명확하게 파악해야 합니다. 그리고 목표를 성취할 수 있도록 도와줄 유능한 사람들을 찾아야 하구요. 여러분이 그들에게 기대하는 바를 명확히 전달하세요. 그런 다음 필요한 도구와 지원을 제공하고, 프로젝트 진행 과정에서 업무를 올바른 방향으로 진행시키는지, 그것이 우리의 목표 성취와 메시지 전달 과정에 도움이 되는지를 지속적으로 살피세요."

무용가로서의 경력을 돌아보면서 베네치아는 자신이 리더로서 발전한 과정에 대해 다음과 같이 말했다.

"전에는 세부적인 일까지 전부 다 내가 책임져야 한다고 생각했었어요. 하지만 지금은 그렇지 않습니다. 신뢰를 바탕으로 공연을 준비해야 한다고 생각해요. 함께 일하는 사람들을 믿고, 그들에게 많은 역할을 맡기세요. 함께 일하는 사람을 못 믿겠다면 처음부터 함께 일하지 말아야 해요. 무대에 작품을 올리는 날이 가장 중요하지만, 실제로는 이날 내 통제권은 가장 작아집니다. 무용단을 이끌던 어떤 발레리나의 이야기를 예로 들어 볼게요. 공연이 시작되면 그녀는 무대 옆에 서서 무용수들이 춤추는 동안에도 계속 틀린 동작을 지적하며 고쳐 주곤 했습니다. 하지만 이런 행동은 상황을 악화시킬 뿐입니다. 리허설이 끝난 후에도 제대로 못하는데 공연 중에 고함친다고 알아듣겠어요? 무용가들이 그저 즐거워서 춤춘다고 생각하는 사업가가 있다면 큰 오산입니다. 물론 우리는 춤을 춥니다. 바로 그 춤을 통해 우리의 창조력을 발휘하구요. 하지만 우리는 사력을 다해 춤을 보여 줍니다. 거의 무일푼으로 공연을 무대에 올리고, 약속한 날짜에 반드시 공연을 하며, 일에 잘못되어도 절대 변명하지 않습니다. 우리는 공연을 할 때마다 명예를 겁니다. 그런 압박감을 견뎌 낼 기업가가 몇이나 될지 궁금하군요."

제11장

성공적인 프로젝트를 위하여

기업은 수많은 업무를 아웃소싱으로 처리할 수 있지만, 최고의 이익을 얻을 방법을 모색하는 과정은 그럴 수 없다. 만일 그렇게 한다면 결국 '낯선 사람의 친절에 의존'[1]해야 하는 나약한 존재로 전락하고 만다.

새로운 시스템을 지속적으로 개발하여 RTE를 지원하려면 기술진과 시스템 구축 담당자뿐 아니라 경영진이 정의, 설계, 구축(DDB) 단계를 통해 프로젝트 활동과 프로젝트 성공 가능성을 평가하는 능력을 더욱 향상시켜야 한다.

지금부터는 시스템 개발 프로젝트를 후원하는 경영진과 이 프로젝트를 이끄는 시스템 구축 담당자가 DDB 과정을 거쳐 프로젝트를 평가하는 방법을 살펴보자. 이들의 지식과 관심사, 프로젝트에 대한 책임이 각각 다르기 때문에 각기 다른 점검 목록을 이용해야 한다. 이 점검 목록은 모든 IT 개발 프로젝트에 적용할 수 있으며, 그 결과를 바탕으로 프로젝트의 진행 과정을 명확히 파악할 수 있다.

3대 핵심 체크 영역

점검 목록을 통해 프로젝트 관련자들은 정확한 평가를 내리고 적절한 수정 조치를 취할 수 있다. 경영진이든 시스템 구축 담당자든 다음과 같은 3가지 주요 관심사를 조사해야 한다.

1. 시스템 설계의 효과
2. 시스템 구축 과정의 진행 상황
3. 프로젝트 팀의 능력과 자신감

» 시스템 설계의 효과

훌륭한 설계에는 반드시 첨단 기술이나 복잡한 프로세싱 논리가 필요하다고 생각하는가? 절대 그렇지 않다. 특정 시스템 설계의 효과를 측정할 때는 2가지 가능성을 기준으로 이용한다. 즉, 시스템이 기업 목표를 성취하기 위해 명시한 성과 기준을 충족시킬 가능성과 시스템을 성공적으로 구축할 가능성이다.

최고의 시스템 설계는 대개 첨단 기술이나 복잡한 프로세스를 이용하지 않는다. 생소하고 복잡한 기술이나 프로세스는 파악하기 어렵기 때문에 시스템을 시간과 예산에 맞게 구축하거나 시스템이 기대하는 업무를 제대로 수행할 가능성이 적다.

시스템 설계의 효과는 7가지 전략적 지침을 얼마나 잘 따르는지를 근거로 정확하게 예측할 수 있다. 이 지침을 잘 따를수록 보다 훌륭한 설계가 탄생한다. 이중 한 가지 지침(첫 번째 지침 제외)을 어겨도 훌륭한 설계가 탄생할 수 있으며, 2가지 지침을 무시한다 해도 타당한 이유가 있다면 상관없다. 이를 보충할 수 있는 대책이 있기 때문이다. 하지만 3가지 이상의 지침을 어긴다면 그 시스템 설계는 실패할 것이다. 이렇게 많은 지침을 무시하고도 성공적으로 시스템을 구축할 가능성은 복권에 당첨될 확률만큼 희박하다.

» 시스템 구축 과정의 진행 상황

시스템 개발 프로젝트가 성공하려면 신속하게 진행되어야 한다. 그렇지 않으면 집중력을 잃어 급속하게 변화하는 환경에 적절히 대처할 수 없다. 과감하게 프로젝트를 진행하려면 (1)프로젝트 진행의 6가지 전술적 원칙과 (2)효과적인 시간 제한이 필요하다.

개발 프로젝트를 후원하는 고위 경영진은 반드시 유능한 리더(시스템 구축 담당자)가 프로젝트를 책임지고 있는지 확인해야 한다.

다른 5가지 전술적 원칙을 효과적으로 적용하는 일은 시스템 구축 담당자의 몫이다. 이 원칙은 어떤 이유로든 절대 어겨서는 안된다. 만일 한두 가지 원칙이 적용되지 않았다는 사실이 발견되면 온갖 수단을 동원해서라도 바로잡아야 한다. 이 원칙에는 상호 강화적인 경향이 있기 때문에 한 가지를 적용하지 않으면 다른 원칙을 적용하기 어려워지기 때문이다.

효과적으로 시간을 제한하려면(두 번째 요건) 정의-설계-구축 단계를 정확하게 따를 수 있도록 각 프로젝트 팀의 활동을 체계화해야 한다. 일정한 시간과 예산을 정하고, 그에 따라 각 단계의 활동을 완수한다. 다시 말해, 시스템 구축 담당자가 프로젝트 팀 리더와 협력하여 마감 시한을 정하고, 팀원들은 그 마감 시한에 맞추어 속도를 조절해야 한다.

》 프로젝트 팀의 능력과 자신감

새로운 시스템 개발에 성공하려면 유능하고 자신감 넘치는 인재가 필요하다. 유능하지만 자신감이 부족하면 난관에 부딪힐 것이다. 자신감은 넘치지만 능력이 부족하다면 훨씬 더 큰 난관에 부딪힐 것이다. 팀원들은 주어진 임무를 수행할 방법과 리더십을 갖추어야 한다.

2가지 요소를 기준으로 팀원이 이러한 자질을 갖추었는지를 판단한다. 첫째, 프로젝트 팀원들이 6가지 핵심 테크닉을 효과적으로 활용하는지를 살핀다. 시스템 개발 관련자에게 가장 중요한 것은 테크닉이다. 시스템 구축 담당자와 프로젝트 리더는 이 6가지 핵심 테크닉을 이용할 시기를 파악하여 자유자재로 활용해야 한다. 프로젝트 팀원들도 자신이 맡은 업무에 필요한 특정 핵심 테크닉에 능해야 한다. 이 핵심 테크닉을 효율적으로 이용해야만 정해진 기간 내에 업무를 완수할 수 있다.

둘째, 시스템 구축 담당자와 프로젝트 리더가 시스템 설계 기술과 리더십을 발휘하는지를 살핀다. 이는 다소 주관적인 기술이지만 전적으로 그렇지는 않다. 일정 기간 동안 관찰하면 관찰자가 그 분야의 전문가가 아니라 해도 대부분 리더십이나 설계 기술을 비교적 정확하게 평가할 수 있다. 프로젝트 리더와 팀 리더가 이러한 능력을 갖추었다면 훌륭한 시스템 설계가 탄생하고, 팀원들도 자신감을 가질 수 있을 것이다.

경영진을 위한 체크 리스트

» 시스템 설계의 효과

자신과 프로젝트 시스템 구축 담당자에게 다음 질문을 해 보라. 프로젝트를 시작하고 2~6주(정의 단계)에 답변을 구하는 것이 가장 효과적이다.

기업 목표나 프로젝트의 목적은 무엇인가?

기업이 취해야 할 조치와 그 조치로써 얻고 싶은 결과를 한두 문장으로 명시한다. 목표는 프로젝트가 도달하려는 목적지나 표적이다. 목적지를 모른다면 절대 그곳에 도착할 수 없다. 시스템의 목표를 명확하고 단순하게 표현하지 않으면 팀원들이 무엇을 위해 시스템을 개발하는지 제대로 파악하지 못한다. 팀원들이 목표를 모르고 있다면 프로젝트를 즉각 중단하라. 설명이 더 필요하다면 다음 부분을 참고하라.

- 제8장: 응용 전략과 전술, 정의-설계-구축 프로세스
- 제9장: 정의-활동의 기초, 프로젝트 목표 정의

시스템의 성과 기준은 무엇인가?

시스템이 충족시켜야 할 필수 요소를 다음 네 분야로 명시하라.

1. 업무
2. 고객의 기대
3. 재정적 성과
4. 기업의 학습과 개선

성과 기준은 시스템의 성패를 결정하는 구체적인 척도이다. 프로젝트에 참여한 모든 사람들에게 이 성과 기준을 분명히 알려라. 그렇지 않으면 시스템을 통해 기업이 원하는 것을 얻지 못할 것이다. 설명이 더 필요하다면 다음 부분을 참고하라.

• 제9장: 프로젝트 목표 정의, 전략 수립
• 제10장: 위대한 비즈니스 게임, 자기 조정 피드백 루프의 활용

노련한 사업가로서 당신은 이전의 성과 필수 조건을 충족시킨 시스템으로 현재의 기업 목표를 성취할 수 있다고 믿는가?

중대한 성과 필수 조건이 빠졌다고 느껴진다면 프로젝트를 더 진행하기 전에 그 조건을 보충한다. 하지만 우선 기업 목표 성취 과정에 꼭 필요한 조건인지 반드시 확인해야 한다. 성과 필수 조건이 지나치게 많아지면 시스템이 너무 복잡해져 성공적인 구축 가능성이 낮아진다. 설명이 더 필요하다면 다음 부분을 참고하라.

• 제2장: 일반 시스템 이론, 6시그마
• 제3장: 복합 적응 시스템, 시스템 다이내믹스

- 제9장: 개념적 시스템 설계, 계속 진행할 것인가 그만둘 것인가

새로운 컴퓨터 시스템 설계 과정에 기존 시스템의 어떤 요소를 이용하는가?

새로운 시스템은 여러분 기업에 이미 존재하고 있는 시스템 및 절차의 장점을 충분히 활용해야 한다. 그러면 현재 효과적으로 업무를 수행하는 시스템을 해체하지 않고도 새로운 기능만 첨가할 수 있다. 기존 시스템을 모두 없애고 완전히 새 출발을 하려면 상당한 시간과 비용이 필요하다. 그럴 만한 가치가 있는지 심사숙고하라. 설명이 더 필요하다면 다음 부분을 참고하라.

- 제6장: 새로운 IT 전략을 향해, 민첩한 RTE를 위한 IT 인프라스트럭처
- 제8장: 시스템 설계를 위한 전략적 지침

새로운 시스템의 전체 설계를 독자적으로 업무를 처리하고 가치를 창출하는 독립적인 서브 시스템으로 어떻게 나눌 것인가?

막대한 비용이 드는 대규모 컴퓨터 시스템은 더 적은 규모의 몇몇 시스템으로 구성된다. 이 서브 시스템이 독자적으로 업무를 수행할 수 있도록 시스템을 설계하라. 그래야만 한 서브 시스템에 문제가 발생하더라도 다른 시스템은 업무를 계속 처리할 수 있다. 서브 시스템을 완성하면 최대한 빠른 시일 내에 가동하여 시스템

구축에 투입한 경비를 충당하라. 만일 모든 서브 시스템을 완성해야 특정 서브 시스템을 이용할 수 있다면 이는 매우 위험한 시스템 설계이니 당장 수정하라. 설명이 더 필요하다면 다음 부분을 참고하라.

- 제6장: 완벽한 시스템이 아닌 훌륭한 시스템을 신속하게 구축하라
- 제9장: 프로젝트 세부 목표 정의
- 제10장: RT 시스템 설계 및 설치

새로운 시스템의 비용 편익 분석이 얼마나 정확한가? 기업이 얻을 수 있는 이익을 과장하지는 않았는가?

실제 얻을 수 있는 편익이 예상 편익의 반 정도에 그친다 해도 프로젝트를 개발할 가치가 있을까? 비용 편익 분석은 대개 비용은 줄여서 말하고 편익은 과장한다. 이를 정확하게 판단할 수 있는 사람은 바로 여러분이다. 분석 결과가 정확하다고 믿는가? 시스템 개발 프로젝트의 규모와 리스크가 클수록 얻을 수 있는 편익도 크다. 시스템에 불필요한 투자는 피하라. 설명이 더 필요하다면 다음 부분을 참고하라.

- 제8장: 정의-설계-구축 프로세스, 정의-설계-구축 프로세스의 이점
- 제9장: 초기 계획 및 예산 수립

프로젝트를 담당하는 전문가, 즉 시스템 구축 담당자는 누구인가? 그가 프로젝트에 적절한 설계 능력과 리더십을 갖추고 있는가?

유능한 시스템 구축 담당자가 없다면 시스템 구축 과정은 방향을 잃고 실패할 것이다. 경영위원회도 효과가 없을 것이다. 다른 기술을 아무리 많이 갖추었다 해도 리더십과 설계 능력이 없는 시스템 구축 담당자는 반드시 교체해야 한다. 설명이 더 필요하다면 다음 부분을 참고하라.

- 제4장: 리더십이란 무엇인가?
- 제7장: 시스템 구축 담당자, 시스템 설계, 프로젝트 이끌기

시스템 구축 담당자에게 시스템 설계의 전략적 지침 중 어떤 것을 지키고 있는지, 만일 지키지 않는 것이 있다면 그 이유를 물어라.

7가지 전략적 지침을 모두 따른다면 매우 훌륭한 시스템을 개발할 수 있다. 첫 번째 지침만 제외한다면 어떤 한 가지 지침을 따르지 못한다 해도 크게 걱정할 필요는 없다. 불가피한 이유로 2가지 지침을 어겨야 할 경우 시스템이 실패할 위험이 높아지므로 각별히 주의한다. 만일 3가지 이상의 지침을 따르지 않는다면 설계에 치명적인 결함이 생긴다. 즉, 온갖 수단을 동원해서 시스템을 구축해도 계획한 시일이나 예산에 맞추지 못한다. 설명이 더 필요하다면 다음 부분을 참고하라.

- 제8장: 시스템 설계를 위한 전략적 지침

- 제9장: 7가지 전략적 지침 적용, 경영진 인사이트: 2승 1무 1패

» 시스템 개발로 인한 발전

일단 개념적 시스템 설계와 초기 예산안에 동의하고 설계와 구축 단계로 넘어갈 때 여러분 자신과 시스템 구축 담당자, 그리고 모든 프로젝트 팀원들에게 다음과 같이 질문하라.

프로젝트 계획안과 예산안을 마련했는가? 사람들이 그 계획안에 주의를 기울이는가? 계획안과 예산안을 정기적으로 정확하게 업데이트해 줄 프로젝트 관리 조직이 있는가?

수백만 달러를 투자하는 시스템 개발 프로젝트에는 막대한 인력과 시간이 필요하다. 프로젝트 계획안은 모든 사람들에게 특정 시간에 해야 할 업무를 지시하는 핵심 조정 도구이다. 계획안이 없으면 팀원들은 효과적으로 서로의 업무를 조정하지 못하고, 시스템 구축 담당자는 세부 사항을 놓치기 쉽다. 그 결과 지연과 비용 초과와 혼란이 일어나고, 예산을 통제하지 못해 현재까지 지출한 비용과 앞으로 필요한 비용을 정확히 파악하지 못한다. 이런 상황이 벌어지면 프로젝트는 이른바 '죽음의 소용돌이(death spiral)'에 빠지고 만다. 다음 부분에서 더 많은 설명을 볼 수 있다.

- 제9장: 세부적인 프로젝트 계획과 예산 수립, 프로젝트 관리 조직, 경영진 인사이트: 2승 1무 1패

각 서브 시스템 담당 팀이 명확하게 정의한 설계 및 구축 단계에 따라 업무를 체계화하는가? 이 단계가 예산과 마감 기한에 맞게 진행되고 있는가? 혹은 업무가 지연되고 예산이 증가하고 있는가?

각 서브 시스템을 담당하는 프로젝트 팀은 3개월 내에 세부 설계와 시스템 프로토타이핑을 만들어야 한다(설계 단계). 세부 설계는 다시 2~6개월 내에 시스템 작동 단계로 넘어가야 한다(구축 단계). 만일 이보다 시일이 더 걸리면 프로젝트 진행이 너무 느려져 추진력을 잃고 표류할 것이다. 시스템 구축 담당자가 이 과정을 체계화하고 진행해야 한다. 유능한 시스템 구축 담당자를 확보하라. 다음 부분에서 더 많은 설명을 볼 수 있다.

- 제5장: RTE의 민첩성
- 제8장: 정의–설계–구축 프로세스, 정의–설계–구축 프로세스의 이점, 복잡성에 대처하기
- 제9장: 시스템 구축 담당자의 역할, 과정에 계속 참여함으로써 이끌기, 경영진 인사이트: 2승 1무 1패

시스템 구축 담당자에게 6가지 전술적 원칙을 프로젝트 실행에 어떻게 적용하고 있는지 질문하라.

여러분은 시스템 구축 담당자의 답변을 믿는가? 시스템 구축 담당자가 쉬운 용어로 명확하게 설명해 주었는가 아니면 전문 용어를 남발했는가? 유능한 시스템 구축 담당자라면 여러분의 질문에 솔직하게 답할 수 있다. 시스템 구축 담당자는 사실 프로젝트 개발

을 담당한 협력 업체나 다름없다. 시스템의 성패를 결정하는 사람은 바로 시스템 구축 담당자이다. 다음 부분에서 더 많은 설명을 볼 수 있다.

- 제8장: 프로젝트를 실행할 때 반드시 지켜야 할 전술적 원칙, 경영진 인사이트: IT를 이용한 사업 확장

수시로 프로젝트 계획과 예산을 살펴보라. 시스템 구축 담당자가 여러분과 현재 상황에 맞도록 업데이트한 프로젝트 계획안을 검토하고, 특정 주의 프로젝트 상황에 대해 설명해 주었는가?

현재까지 각 서브 시스템에 투입한 비용과 각 서브 시스템을 완성하는 데 필요한 시간과 예산의 추정치를 시스템 구축 담당자에게 물어보라. 시스템 구축 담당자의 답변을 믿는가? 시스템 구축 담당자가 전문 용어를 쓰지 않고 명확하게 상황을 설명해 주었는가? 가장 최근에 산정한 시간과 예산이 원래 계획과 얼마나 차이가 있는가? 프로젝트를 끝내기 위해 계속 비용을 투자할 가치가 있는가? 설명이 더 필요하다면 다음 부분을 참고하라.

- 제9장: 계속 진행할 것인가 그만둘 것인가, 프로젝트 관리 조직, [표 9-5] 구축 단계

» 프로젝트 팀원의 능력과 자신감
여러분 자신과 시스템 구축 담당자, 프로젝트 팀원들에게 다음

과 같은 질문을 해 봄으로써 능력과 자신감을 알아볼 수 있다.

각 프로젝트 팀에게 설계 단계가 끝날 무렵 설명회를 열고 그들이 작성한 설계 명세와 서브 시스템의 논리적 데이터 모델과 프로세스 흐름 다이어그램, 사용자 인터페이스와 기술적 아키텍처 다이어그램을 보여 달라고 요청하라.

여러분은 자사가 이 시스템을 통해 어떻게 비용 편익 분석에서 예측한 이익을 얻을 수 있을지 정확히 이해하고 있는가? 설계 명세를 이해하는가? 팀원들은 자신이 하는 말의 요지를 알고 있는가? 설명이 더 필요하다면 다음 부분을 참고하라.

- 제7장: 핵심 테크닉
- 제9장: 계속 진행할 것인가 그만둘 것인가, 설계 단계 결과물

프로젝트 팀원들이 팀 리더만큼 프로젝트 성공을 자신하는가? 팀 리더들은 시스템 구축 담당자만큼 자신감을 가지고 있는가?

팀원들 각자가 자신이 훌륭한 시스템 설계에 따라 업무를 수행하고 있으며 업무 수행에 적절한 능력을 갖추고 있다고 믿는다면 자신감을 가질 것이다. 프로젝트 각 단계에서 일하는 사람들의 자신감이 부족하다면 이는 어딘가에 문제가 있다는 뜻이다. 반면 이들이 프로젝트에 노력을 기울인다면 프로젝트의 성공을 자신한다는 뜻이다. 설명이 더 필요하다면 다음 부분을 참고하라.

- 제4장: 변화는 두려움을 부른다–기업이 변화에 실패하는 이유
- 제9장: 세부적인 프로젝트 계획과 예산 수립, 계속 진행할 것
  인가 그만둘 것인가

시스템 구축 담당자를 위한 체크 리스트

» 시스템의 효과

여러분이 프로젝트를 이끄는 시스템 구축 담당자나 프로젝트 리더라면 우선 앞에서 나열한 시스템 설계와 관련된 모든 질문을 스스로에게 던져 보아야 한다. 프로젝트를 후원하는 고위 경영진이 여러분에게 똑같은 질문을 할 것이기 때문이다. 각 질문에 분명하고 정확하게 답변하라. 그런 다음 다음과 같이 자문해 보라.

새로운 시스템의 모든 특성이 정확히 어떻게 비즈니스 프로세스 흐름을 개선해 시스템이 효과를 거둘 수 있는 것인가?

현재 개발 중인 시스템 중에서 시스템 효과에 직접적으로 기여하지 않는 특성은 모두 제거하라. 설명이 더 필요하다면 다음 부분을 참고하라.

- 제6장: 기술을 이용한 RTE 지원, 행동: 기존 절차 개선 및 새
  로운 절차 구축, 완벽한 시스템이 아닌 훌륭한 시스템
  을 신속하게 구축하라
- 제7장: 조직에 필요한 IT, 시스템 설계

• 제10장: RT 시스템 설계 및 설치

사업가가 사용자 인터페이스를 보고 어떤 피드백을 제공했는가? 그들이 좋아하는가? 여러분이 그들이라면 시스템을 사용하고 좋아할 것 같은가?

해당 시스템을 실제로 사용할 사람을 사용자 인터페이스 제작 과정에 참여시키면 그들은 시스템에 애정을 갖는다. 시스템이 지원하는 업무 흐름의 패턴이 단순하고 사용자 인터페이스를 훌륭하게 설계할수록 사람들은 사용자 인터페이스를 쉽게 배우고 사용할 것이다. 설명이 더 필요하다면 다음 부분을 참고하라.

• 제6장: 정향: 데이터의 정보 전환
• 제7장: 시스템 설계

업무 처리 기술과 비즈니스 프로세스를 단순하게 결합하는 방법을 발견했는가?

몇 가지 기술과 절차를 다양하게 결합하여 전반적인 시스템 설계에 필요한 모든 서브 시스템을 구축한다면 이는 여러분이 '우아한 단순성'을 발견했다는 뜻이다. 반면 서로 다른 기술을 이용하여 각 서브 시스템을 구축한다면 아직 단순한 결합을 발견하지 못한 것이다. '복잡성'이 시스템 구축 과정의 가장 큰 걸림돌이다. 더욱 단순하게 설계하라. 복잡하게 설계한 시스템은 그 복잡성 때문에 어려움을 겪고 실패하고 만다. 이 부분에 대해 좀 더 자세한 설명이 필요하다면 다음 부분들을 참고하라.

- 제5장: RTE의 민첩성
- 제6장: 새로운 IT 전략을 향해, 민첩한 RTE를 위한 IT 인프라
  스트럭처
- 제9장: 시스템 구축 담당자의 역할

기술적 아키텍처의 프로토타이핑을 이용한 벤치마크 테스트를 통해 어떤 결과를 얻었는가? 시스템의 기술적 설계에 명시된 하드웨어와 소프트웨어가 기대대로 업무를 수행하고 시스템이 처리해야 할 데이터를 수용할 수 있다고 믿는가?

여러분의 상황과 유사한 상황에서 얻은 것인지 확실하지 않으니 하드웨어와 소프트웨어 공급업자가 제공하는 벤치마크 테스트 결과를 믿지 마라. 직접 적절한 테스트 환경을 조성하여 특정 기술이 효과적인지 확인하라. 특정 하드웨어나 소프트웨어가 공급업자가 장담한 대로 업무를 처리하지 못한다면 주저하지 말고 기술 컴포넌트를 변경하라. 효과적이라고 확신하는 기술만 이용하라. 설명이 더 필요하다면 다음 부분을 참고하라.

- 제7장: 핵심 테크닉
- 제9장: 설계-업무 흐름과 시스템 설계, 설계 프로세스

» 시스템 개발로 인한 발전

첫째, 앞에서 고위 경영진이 진행 상황에 대해 여러분에게 던질 질문을 자문해 보라. 분명하고 명확하게 답할 수 있도록 준비하라. 그리고 다음와 같이 질문하라.

각 프로젝트 업무의 진행 과정을 세부 상황까지 살피고 있는가? 그 업무를 일주일 내에 완수하도록 시한을 정했는가?

프로젝트 업무는 '시작했다', '시작하지 않았다', '완수했다' 로 표현한다. 업무의 진행 과정을 '몇 % 완수' 라는 방식으로 파악하지 마라. 이런 방식으로 진행 과정을 추적하다 보면 바로 지난 주까지만 해도 예정대로 잘 진행되던 대규모 업무에 문제가 생겨 예정대로 끝내지 못한다는 보고를 받게 될 것이다. 따라서 여러분은 결국 마감 시한을 넘긴 죄인처럼 주눅 들고 예상하지 못했던 이런 저런 문제 때문에 흔들리게 된다. 설명이 더 필요하다면 다음 부분을 참고하라.

- 제3장: 시스템 다이내믹스
- 제8장: 프로젝트를 실행할 때 반드시 지켜야 할 전술적 원칙, 복잡성에 대처하기
- 제9장: 시스템 청사진

마감 시한을 넘기거나 비용을 초과해야 할 문제를 얼마나 신속히 파악할 수 있는가? 시간과 예산에 맞게 프로젝트를 진행하기 위해 얼

마나 효과적으로 수정 조치를 취할 수 있는가?

프로젝트 업무의 진행 과정을 세부 사항까지 파악하여 프로젝트 관리 조직이 맡은 임무를 잘 수행하면 매주 프로젝트 계획과 예산을 업데이트할 수 있다. 계획과 예산이 정확할수록 문제를 더 신속하게 발견할 수 있다. 문제가 발생하면 시간이나 돈을 더 투입하거나 해당 서브 시스템의 범위를 줄임으로써 문제에 대처하라. 설명이 더 필요하다면 다음 부분을 참고하라.

- 제7장: 프로젝트 이끌기
- 제9장: 프로젝트 관리 조직, 과정에 계속 참여함으로써 이끌기

매주 정기 회의에서 시스템 구축 담당자와 프로젝트 팀 리더가 직접 만나 계획과 예산을 검토하고 문제와 대응책을 의논하는가?

신속한 업무 진행은 성공적인 프로젝트의 필수 조건이다. 프로젝트 팀 리더들이 매주 정기적으로 만나 진행 과정에 대해 의논해야 지속적으로 신속하게 업무를 진행할 수 있다. 업데이트한 계획과 예산을 가지고 회의를 연다면 더욱 생산적이다. 회의 참석자들이 당면 문제에 초점을 맞추고, 개인적인 비방을 피하며, 지나간 결정에 대해 연연해하지 않는다면 효과적으로 문제를 해결할 수 있다. 설명이 더 필요하다면 아래 부분을 참고하라.

- 제9장: 프로젝트 관리 조직, 과정에 계속 참여함으로써 이끌기

30~90일마다 서브 시스템이나 시스템 컴포넌트를 제시하는가? 사람들이 그 서브 시스템에 대해 어떤 의견을 내놓는가? 서브 시스템이 어떤 방식으로 업무 흐름을 개선하는가?

여러분은 프로젝트가 추진력을 얻고 사람들이 긍정적인 기대를 가지도록 만들어야 한다. 그러려면 첫째, 가능한 한 빨리, 그리고 자주 가치를 창출해야 한다. 그래야만 여러분이 돈을 낭비하지 않고 회사의 성공에 이바지하는 인물로 인정받고, 긍정적인 피드백을 얻을 수 있다. 설명이 더 필요하다면 다음 부분을 참고하라.

- 제8장: 프로젝트를 실행할 때 반드시 지켜야 할 전술적 원칙, 복잡성에 대처하기, 경영진 인사이트: IT를 이용한 사업 확장
- 제10장: RT 시스템 설계 및 설치

» 프로젝트 팀원들의 능력과 자신감

여러분이 시스템 구축 담당자라면 자신과 팀 리더, 팀원들에게 다음과 같이 질문하라.

핵심 테크닉을 자신 있게 사용할 수 있는가? 이 테크닉을 이용해 만든 설계 명세 문서, 즉 프로세스 흐름 다이어그램, 데이터 모델, 시스템 아키텍처 개략도, 객체 모델 등을 검토하고 비평할 수 있는가?

핵심 테크닉은 시스템 구축 과정에 필요한 기본 지식이다. 이 테크닉은 지속적으로 발전하므로 시류를 잘 따라가야 한다. 언제, 어

떻게 이 테크닉을 활용하여 업무를 신속하고 효과적으로 처리하는지 파악하라. 이는 복잡성에 대처하여 업무를 더 작은 규모의 여러 작업으로 나누고 각 작업을 처리하는 강력한 도구이다. 설명이 더 필요하다면 다음 부분을 참고하라.

- 제7장: 핵심 테크닉
- 제9장: 시스템 구축 담당자의 역할, 시스템 청사진, 시스템 테스트와 롤아웃

팀 리더들이 모범을 보이며 팀원을 이끌고 있는가? 자신이 가장 유능하다면서 팀원들이 해야 할 업무를 팀 리더가 떠맡고 있는가?

리더는 '내가 하는 대로 하라', '나를 따라 하라'라고 말하는 반면 행정 담당자는 '내가 말한 대로 하라', '내가 뒤에서 봐주겠다'고 말한다. 리더는 개발 업무를 담당하고, 경영인은 운영 업무를 담당한다. 이 두 사람의 임무를 혼동하지 마라. 경영인에게 개발 업무를 맡기면 신속하게 해내지 못할 것이다. 설명이 더 필요하다면 다음 부분을 참고하라.

- 제4장: 리더십이란 무엇인가?
- 제8장: 프로젝트 실행의 전술적 원칙

프로젝트 팀원이 업무 및 업무에 이용되는 기술을 모두 이해하고 있는가? 또한 핵심 테크닉을 이용하여 프로젝트의 성공을 위해 자신

의 업무를 처리하는 방법을 알고 있는가?

프로젝트 팀원은 업무 처리 과정은 물론 그 업무를 지원하는 기술과 핵심 테크닉에 대한 지식을 갖추고 있어야 한다. 그래야만 각 업무에 할당된 시간 내에 업무를 지속적으로 훌륭하게(때로는 탁월하게) 완수할 수 있다. 설명이 더 필요하다면 다음 부분을 참고하라.

- 제7장: 시스템 설계, 핵심 테크닉
- 제9장: 설계-업무 흐름과 시스템 설계, 시스템 구축 담당자의
  역할, 설계 프로세스

프로젝트 팀원들의 사기와 낙천성은 어느 정도인가?

팀원들이 프로젝트에 전념하는가 아니면 프로젝트에서 손을 뗄 방법만 찾고 있는가? 사람들은 누구나 실패를 싫어하고 성공의 일원이 되기를 원한다. 그들은 여러분이 모르는 무언가를 알고 있을지도 모른다. 이 점에 주목하라. 설명이 더 필요하다면 다음 부분을 참고하라.

- 제7장: 프로젝트 이끌기
- 제10장: 경영진 인사이트: 혁신과 동기 부여의 기술

성공적인 경영진으로서의 CIO

셸린 퀴시(Sheleen Quish)는 U.S. 캔 코퍼레이션(U.S. Can Corporation)의 부사장이면서 동시에 최고 정보 책임자(Chief Information Officer, CIO)이다. U.S. 캔은 북미와 유럽에서 공장을 운영하는 자산 규모 8억 달러의 기업으로, 에어러졸 스프레이 캔, 페인트와 일반 캔, 특수 주문 캔, 소비자 제품 포장용 플라스틱 용기 등을 제조한다. 셸린은 이렇게 말한다.

"사람들은 마치 오페라 프리마돈나의 노래를 지겨워하듯이 CIO의 의견에 신물을 냅니다. 우리는 Y2K에서 마지막으로 큰 성과를 거두었는데, 그 이후로는 아무 일도 일어나지 않았죠. 스스로 인정하든 인정하지 않든 우리의 신뢰도는 심각하게 타격을 받았습니다. 이제 IT는 너무 쉬워서 C등급에도 못 미치는 수단이라고 생각하는 경영인이 많습니다."

그녀는 기술에 대한 지식만으로는 고위 경영진 자리에 오를 수 없다고 말한다. 또한 CIO의 역할이 변해 이제 고위 기술진이 아니라 고위 경영진이 되어야 하기 때문에 새로운 기술을 습득해야 한다고 주장한다.

지난 10년 동안 IT 분야는 실수를 거듭해 왔기 때문에 CIO는 이따금 매우 곤란한 입장에 처한다.

"CIO는 대개 효과적으로 의사를 전달하지 못합니다. 너무 겸손해서 자기를 내세우는 일에 서투르지요. 일이 잘못될 때에도 앞에 나서서 이끌지 못하구요. 하지만 나는 일이 제대로 진행되지 않는다고 생각하면 즉시 앞장섭니다. 먼저 책임을 지고 상황에 대해 경고하죠. 사람들에게 현재 상황을 알리는 겁니다. 나는 상황을 통제하는 사람이 되고 싶어요. 그래서 일이 잘 진행되면 다시 또 앞장서구요. 우리는 또 다음 세대 교육도 잘 해내지 못했습니다. 기술진에게 업무 상황 전체를 보여 주지 않았으니까요. 가끔씩은 CIO가 되려는 젊은이가 있기나 할지 정말 궁금하다니까요."

기술진은 실제 업무를 잘 이해하지 못한다. 뿐만 아니라 경영진도 기술에 대해 잘못된 정보나 단순한 개념을 가진 경우가 허다하다.

"예를 들어 ERP나 CRM 같은 소프트웨어 어플리케이션 패키지로 회사 전체를 운영할 수 있다고 생각한다면 큰 오산입니다. IT 기술진이 IT 관리에 대해서만 말하고 생각한다면 경영 업무에 해로울 수 있어요. 그런 경향이 지나치다 보니 우리 IT 전문가들이 다른 경영인과 섞이지 못하고 고립되고 만 거죠. 하지만 CFO(최고 재정 관리 책임자, Chief Financial Officer)와 COO(최고 운영 책임자, Chief Operating Officer)는 그렇지 않습니다. 항상 다른 경영인들에게 프로젝트 효과를 확인하라고 부탁하죠. 기업에는 모든 IT 프로젝트를 검토하는 경영 조정 위원회가 있는데, 그런 검토 과정을 싫어하는 최고 책임자는 CIO밖에 없습니다. 우리는 IT 프로젝트를 독립적인 업무로 내세우려 하면서 기업 리더들이 업무에 IT 지원을 요구하면 왜 안 된다는 겁니까?"

셸린은 CIO가 임무를 수행하는 다른 방법이 있다고 덧붙였다.

"나는 지금까지는 전혀 다른 모델을 생각하고 있습니다. CIO가 경영진에 필요한 자원을 제공하고 비용을 관리하는 경영인이 되는 거죠. 즉, CIO도 COO처럼 자기 비즈니스를 운영하는 겁니다. 말하자면 이런 식이죠. '예산을 책정해 주세요. 그러면 제가 현명하게 투자해서 회사의 다양한 분야를 지원하겠습니다.' '내가 할 수 있는 서비스를 홍보하고 그 결과로 평가받겠습니다.' 훌륭한 결과를 제시하면 경영인들이 그것을 얻기 위해 여러분에게 다가올 겁니다."

그녀는 이전 직장에서 자신이 CIO로서 했던 일과 현재 회사에서 하고 있는 일을 설명하면서 이 요점을 전달했다.

"켄터키(Kentucky) 주에 있는 블루크로스 블루쉴드(BlueCross BlueShield)에서 CIO로 일할 때, 청구서 발행 및 지불 업무를 처리하는 컴퓨터 시스템을 만들어 각 병원에 판 일이 있었습니다. 우리는 곧바로 이윤의 핵심으로 떠올랐죠. 하드웨어와 독점 소프트웨어 솔루션 특허, 교육과 지원 프로그램을 팔았습니다. 우리 회사는 캐시 플로 관리법을 제시하고 특허 관리 회사에 지출하는 비용을 절감하여 공급업자와 유리한 거래를 할 수 있었죠. 그것은 윈-윈 거래였습니다. 지금 나는 U.S. 캔에서 고객의 공급망과 관련된 업무를 처리하는 시스템 개발 계획을 구상하고 있습니다. 이 시스템을 구축하면 고객이 원하는 정보를 적절한 시간에 적절한 포맷으로 제공받아 좀 더 현명한 판단을 내릴 수 있습니다. 우리 회사와 고객 모두에게 의사 전달 과정을 효율화하고 주문 접수에 필요한 시간과 노력을 줄여 융통성을 극대화할 수 있는 협력의 도구인 셈이죠."

CIO는 업무를 처리하고 시스템 해결책을 제공해야만 한다. 셀린은 시스템 설계와 구축 과정을 효과적으로 감독하는 일이 CIO의 핵심 기술이라고 말한다.

"업무상의 문제는 비즈니스 용어로 명확하게 정의해야 합니다. CIO가 경영 지식을 갖추면 객관적인 위치에서 대안을 정의하고 효과적인 해결책을 제시하는 과정에 참여할 수 있습니다. CIO는 프로젝트를 시작함으로써 특정 프로세스와 기술적인 견해에 일어날 변화를 파악해야 합니다. 바람직한 결과와 그것을 측정하는 방법도 알아야 하구요. 그런 다음 기존 시스템을 잘 이해하고 경영상의 필요성을 설명해 줄 경영 분석가, 프로그래머와 함께 의논합니다. 이들에게는 다양한 의견과 더불어 그 문제를 해결할 시기를 제시하고 적절한 해결책을 마련할 능력이 있습니다. IT의 미래는 훌륭한 경영 분석가에게 달려 있죠. 기술과 경영을 합칠 수 있는 사람이니까요. 훌륭한 분석가는 프로젝트 팀이 문제를 검토하고 해결책을 마련하도록 돕는 의사 전달자이자 조력자입니다."

CIO나 CIO 지망자들에게 경력 관리에 대해 조언을 해 달라고 요청하자 그녀는 이렇게 답했다.

"내가 어려움에 처하는 이유는 특정 프로젝트 때문이 아닙니다. 프로젝트는 경영 팀과는 아무 상관이 없어요. 문제는 여러분의 경력과 직접 연결되는 요소입니다. 이를테면 여러분이 몸담을 조직을 신중하게 살펴 그 조직이 자신과 잘 어울릴지, 만일 그렇다면 어떤 방식으로 업무를 진행해야 할지 파악해야 합니다. 다른 사람의 전문 지식을 존중하세요. 세계는 IT 중심으로 돌아가지 않습니다. 회사의 문제를 자기 문제처럼 생각하고, 다른 경영진과 협력해 문제를 책임지고 해결하십시오."

다음은 셸린이 기업 내 자신의 가치를 평가하는 수단으로 추천한 자가 진단 테스트로, 자신의 현재 역할을 얼마나 오랫동안 성공적으로 완수할 수 있을지를 가늠할 수 있는 훌륭한 도구이다. 단, 절대 가정하지 말고 솔직하게 답변해야 한다.

1. 지난 2년 동안 이 회사에서 어떤 특정한 문제 해결에 도움을 준 일이 있는가? 그 문제와 해결책, 그리고 총 비용을 대략적으로 설명하라. 사람, 프로세스, 기술 등 변화 요소를 확인하라. 기대했던 결과와 실제 결과를 비교하여 설명하라. 시간과 예산에 맞게 프로젝트를 완수했는가? 경영진이 그 최종 해결책의 가치를 인정했는가? 모든 사람들이 그 성공을 축하했는가?
2. 위 질문을 실제 업무에 종사하는 사람에게 물어보라. 그의 답변이 여러분의 답변과 얼마나 비슷한가?
3. 만일 인간관계 카운슬러가 여러분과 경영진 중 한 사람에게 그동안 어

떤 관계를 유지하며 일했는지 묻는다면 (1)조화롭고 개방적인 관계 (2)도전적인 관계 (3)불협화음의 관계 중 어떤 것이었다고 대답하겠는가? 이 관계를 계속 유지해 나갈 것인가 아니면 양측이 함께 노력하여 개선할 의향이 있는가?

| 참고 문헌 |

▶ **제1장**

1. Walter Janowski, "Management Update: The Real-Time Enterprise at the Customer Front Line," *InSide Gartner*: Note Number IGG-05282003-01, 2003.

2. Ibid.

▶ **제2장**

1. Lucent Technologies, "Bell Labs Celebrates 50 Years of Information Theory," (Murray Hill, NJ: Lucent Technologies), *http://www.lucent.com/*.

2. Norbert Wiener, *Cybernetics* (Cambridge, MA: Massachusetts Institute of Technology Press, 1948).

3. Ibid., p.11.

4. Ibid., p.12.

5. A book that examines the impact of cybernetics on society is also written by Norbert Wiener, *The Human Use of Human Beings: Cybernetics and Society* (Boston, MA: Houghton Mifflin Company, 1950).

6. Ludwig von Bertalanffy, *General Systems Theory: Foundations, Development, Applications* (Middlesex, England): Penguin Books, 1968).

7. Ibid.

8. Another very thoughtful and insightful book on systems theory is written by Ervin Laszlo, *Introduction to Systems Philosophy: Toward a New Paradigm of Contemporary Thought* (New York: Harper & Row, 1972).

9. F. Heylighen, "Cybernetics and Systems Theory," in F. Heylighen, C. Joslyn, and V. Turchin (eds.), *Principia Cybernetica Web* (Brussels: Principia Cybernetica, 2000), *http://pespmc1.vub.ac.be/REFERPCP.html*.

10. George Eckes, *Six Sigma for Everyone* (New York: John Wiley & Sons, Inc., 2003), p.29.

11. Michael L. George, *Lean Six Sigma: Combining Six Sigma Quality with Lean Speed*

(New York: McGraw-Hill, 2002), p.35.

12. James Champy and Michael Hammer, *Reengineering the Corporation: A Manifesto for Business Revolution* (New York: HarperCollins, 1993).

13. Ibid.

14. Peter Fingar and Howard Smith, *Business Process Management: The Third Wave* (Tampa, FL: Meghan-Kiffer Press, 2003), p.73.

▶제3장

1. Jay Forrester, *Industrial Dynamics* (Cambridge, MA: Pegasus Communications, 1961).

2. Stafford Beer, *The Heart of Enterprise* (New York: John Wiley & Sons, 1979), p.372.

3. Peter Checkland, *Systems Thinking, Systems Practice: Includes a 30 Year Retrospective* (New York: John Wiley & Sons, 1999).

4. society for Organizational Learning (2004), *http://www.solonline.org/aboutsol/purposes/*.

5. Peter Senge, *The Fifth Discipline: The Art and Practice of The Learning Organization* (New York: Doubleday/Currency, 1990).

6. A good overview of Forrester's writings is provided by F. Heylighen, "Cybernetics and Systems Thinkers," in F. Heylighen, C. Joslyn, and V. Turchin (eds.), *Principia Cybernetica Web* (Brussels: Principia Cybernetica), *http://pespmc1.vub.ac.be/REFERPCP.html*.

7. Stafford Beer, *Brain of the Firm* (New York: John Wiley & Sons, 1981); and *The Heart of Enterprise* (New York: John Wiley & Sons, 1981).

8. Peter Checkland, *Systems Thinking, Systems Practice* (New York: John Wiley & Sons, 1981).

9. A book that further explores the forces that shape societies, economies, and organizations is written by Mark Buchanan, *Nexus: Small Worlds and the Groundbreaking Science of Network* (New York: W.W. Norton & Company, 2002).

10. A book that offers useful insights for designing Systems to operate in a complex world is written by Jamshid Gharajedaghi, *Systems Thinking: Managing Chaos and Complexity, A Platform for Designing Business Architecture* (Boston, MA: Butterworth Heinemann, 1999).

▶제4장

1. Peter Senge, *The Fifth Discipline: The Art and Practice of the Learning Organization* (New York: Doubleday/Currency, 1990), p.14.

2. James Drogan, "Automate the Rote, Give People the Creative Stuff to Do," in James Drogan, ed., *Droganbloggin* (2003), *http://www.jmsdrgn.com/2003_10_01_archive.html.*

3. John Kotter, *Leading Change* (Cambridge, MA: Harvard Business School Press, 1996), p.25.

4. Another very insightful book on the subject of leadership is written by John Heider, *The Tao of Leadership: Lao Tzu's Tao Te Ching Adapted for a New Age* (Atlanta, GA: Humanics Limited, 1985).

5. John Kotter, *Leading Change* (Cambridge, MA: Harvard Business School Press, 1996), p.33.

6. Ibid., p.68.

▶제5장

1. Robert Coram, *Boyd, The Fighter Pilot Who Changed the Art of War,* (Boston, New York, London: Little, Brown and Company, 2002).

2. Ibid., p.135.

3. Material on the OODA Loop can be found on the Internet and in several books. Two authoritative Web sites are *www.belisarius.com and www.d-n-i.net.* Robert Coram's book (see note 1) is also a good source.

4. Sun Tzu, *The Art of War*, Thomas Cleary, (Boston: Shambhala Publications, Inc., 1988), p.91.

5. A thoughtful book that expands on the analogies between business and war is written by Mark McNeilly, *Sun Tzu and the Art of Business* (New York: Oxford University Press, 1996).

6. Ibid., p.95.

7. U.S. Marine Corps, *Warfighting* (New York: Currency/Doubleday, 1989).

8. Ibid., p.79.

9. Ibid., p.67.

10. Ibid., p.68.

11. General George S. Patton Jr., "Notes on Combat Armored Divisions" (1944), *http://www.pattonhq.com/textfiles/divnotes.html.*

12. Stafford Beer, *Brain of the Firm* (New York: John Wiley & Sons, 1981), p.195.

13. Vivek Ranadive, The Power of Now: How Winning Companies Sense & Respond to Change Using Real-Time Technology (New York: McGraw-Hill, 1999), p.185.

▶제6장

1. Vivek Ranadive, The Power of Now: How Winning Companies Sense & Respond to Change Using Real-Time Technology (New York: McGraw-Hill, 1999), p.99.

2. A clear and detailed description of XML and web services technology is given by Eric Newcomer, Understanding Web Services (Boston, MA: Addison Wesley, 2002).

3. Kalev Leetaru and Emma Smith, "Architectural Design in Immersive Virtual Reality," http://shadowlight.ncsa.uiuc.edu/.

▶제7장

1. Standish Group, "The CHAOS Report" (West Yarmouth, MA, 1994-2001), *http://www.standishgroup.com/sample_research/index.php.*

2. Sally Helgesen, *The Web of Inclusion* (New York: Currency/Doubleday, 1995), p.20.

3. This process of problem definition and resolution is well covered in an article by Richard Coyne and Adrian Snodgrass, "Problem Setting Within Prevalent Metaphors of Design," *Design Issues* 11, no. 2 (The Massachusetts Institute of Technology, Summer 1995).

4. Christopher Alexander, *Notes on the Synthesis of Form* (Cambridge, MA: Harvard University Press, 1971), p.32.

5. Peter Senge, *The Fifth Discipline-The Art and Practice of the Learning Organization* (New York: Currency/Doubleday, 1990).

6. I am much influenced by the 11 characteristics of leadership in a complex environment presented by William Fulmer, *Shaping the Adaptive Organization* (New York: AMACOM, 2000), p.228.

7. Tom Peters, *Thriving on Chaos* (New York: Alfred A. Knopf, 1987), p.437.

8. William Fulmer, *Shaping the Adaptive Organization* (New York: AMACOM, 2000), p.250.

9. A classic book on the technique of process mapping is written by Tom DeMarco, *Structured Analysis and System Specification* (Englewood Cliffs, NJ: Yourdon Press/P T R Prentice Hall, 1979).

▶ 제8장

1. Sir Basil Henry Liddell Hart (1895-1970), *Strategy* (New York: Penguin Books, 1967). I came across Mr. Hart's book years ago and found Chapter 20, "The Concentrated Essence of Strategy," to have insights that are extremely relevant to the building of computer systems.

2. Kevin Kelly, *Out of Control: The Rise of Neo-Biological Civilization* (Reading, MA: Addison-Wesley, 1994). This book has many useful insights for the design and building of systems and many of these insights are summarized in Chapter 24, "The Nine Laws of God."

▶ 제9장

1. Robert Kaplan and David Norton, "The Balanced Scorecard-Measures That Drive Performance." *Harvard Business Review* (January-February 1992), pg.71-79.

▶ 제10장

1. Thoughts attributed to Dee Hock by Howard Smith and Peter Fingar, *Business Process Management: The Third Wave* (Tampa, FL: Meghan-Kiffer Press, 2003), p.157.

2. For an interesting discussion of this phenomenon, read Howard Rheingold, *Smart Mobs* (Cambridge MA: Basic Books, 2002).

3. A very thoughtful book that discusses behavior similar to swarming behavior is written by Malcolm Gladwell, *The Tipping Point: How Little Things Can Make a Big Difference* (New York: Little, Brown and Company, 2000).

4. Jack Stack, *The Great Game of Business* (New York: Currency/Doubleday, 1992).

5. Tom Peters, *Thriving on Chaos* (New York: Alfred A. Knopf). Peters presents the idea very clearly in this book in a section titled "The Total Product Concept," p.92.

▶제11장

1. These are the famous words spoken by the vulnerable character Blanche DuBois in the play by Tennessee Williams, A Streetcar Named Desire (New York: Viking Penguin, 1947).

KI신서 740

스피드 경영의 실행전략 RTE

지은이 | 마이클 휴고스
옮긴이 | 딜로이트 컨설팅 코리아

1판 1쇄 인쇄 | 2005. 11. 14.
1판 1쇄 발행 | 2005. 11. 21.

펴낸곳 | (주)북21
펴낸이 | 김영곤
책임편집 | 서영준 · 김기정 · 김선미 · 이성용
영업마케팅 | 정성진 · 안경찬 · 이종률 · 김진갑 · 이희영 · 박진모 · 이연정 · 박창숙
관리 | 이인규 · 이도형 · 고선미
제작 | 강근원 · 이영민 · 김순옥

등록번호 | 제10-1965호
등록일자 | 2000. 5. 6.

경기도 파주시 교하읍 문발리 파주출판문화정보산업단지 500-11 2, 3층 (413-756)
전화 | (031)955-2100(대표)
팩시밀리 | (031)955-2151
이메일 book21@book21.co.kr
홈페이지 www.book21.co.kr

값 15,000원
ISBN 89-509-0807-7 13320